臺灣歷史與文化 研究輯刊

二 三 編

第 3 冊

日據臺灣五十年（上）

李 理 著

花木蘭文化事業有限公司

國家圖書館出版品預行編目資料

日據臺灣五十年（上）／李理 著 -- 初版 -- 新北市：花木蘭

文化事業有限公司，2023〔民112〕

目 4+178 面；19×26 公分

（臺灣歷史與文化研究輯刊二三編；第 3 冊）

ISBN 978-626-344-195-8（精裝）

1.CST：臺灣史 2.CST：日據時期

733.08   111021713

ISBN-978-626-344-195-8

9 786263 441958

臺灣歷史與文化研究輯刊

二三編 第三冊   ISBN：978-626-344-195-8

日據臺灣五十年（上）

作　者 李　理
總 編 輯 杜潔祥
副總編輯 楊嘉樂
編輯主任 許郁翎
編　輯 張雅淋、潘玟靜　美術編輯　陳逸婷
出　版 花木蘭文化事業有限公司
發 行 人 高小娟
聯絡地址 235 新北市中和區中安街七二號十三樓
　　　　 電話：02-2923-1455／傳真：02-2923-1452
網　址 http://www.huamulan.tw 信箱 service@huamulans.com
印　刷 普羅文化出版廣告事業
初　版 2023 年 3 月
定　價 二三編 13 冊（精裝）新台幣 38,000 元

日據臺灣五十年（上）

李理 著

作者簡介

李理，中國社會科學院中國歷史研究院近代史研究所研究員。2006 年畢業於中國社會科學院研究生院，歷史學博士。現為臺灣史研究室研究員、中國社會科學院研究生院聘任教授，研究方向為臺灣史及臺灣問題、琉球與釣魚島問題、南海問題。2005 年度日本國際交流基金博士項目者，日本中央大學比較法研究所博士項目留學者。曾受臺灣陸委會及夏潮基金會的資助，到臺灣中央研究院、政治大學、玄奘大學、中國文化大學、中央大學等處作訪問學者。出版《日本吞併琉球與出兵侵臺關係探析》、《日據臺灣時期警察制度研究》、《日本近代對釣魚島的非法調查及竊取》等專著。

提　　要

　　在近代，臺灣被迫割讓給日本長達五十年之久。站在民族的立場上，五十年的日本殖民統治確實是一段陰影的歷史，但歷史的長流綿延不斷，無法割捨，也不能截斷。李、扁執政後的「去中國化」的文化宣導，致使結束日本殖民統治至今已有 70 年的臺灣，依然存在呈現一個全世界曾經被殖民後獲得解放的國家及人民所罕見的現象，對殖民統治者公開進行表態，表示感念歌頌，並以此為進步民主的象徵，宣稱這是被「分享文明」之後的「知恩圖報」。

　　美化日本殖民統治的「分享文明」怪論，起自於以李登輝為首的一批皇民菁英，他們利用手裏的行政權力，在各個領域推進的「去中國化——寧靜革命」的成果。在這種意識下，臺灣史研究成為新的顯學。臺灣史研究的重點主要集中在「日據時期的歷史」及「原住民的文化與族源」上。「日據時期歷史」的研究，往往側重於將臺灣一切美好的事物歸因於「日據時代的經驗」，刻意隱藏一些不愉快的經歷，以重塑這個時代的記憶，其目的就是企圖以強調臺灣現代化始於日據時期，今天台灣的經濟成就主要依賴於日本人當年的建設，藉以貶低清朝統治以及光復後國民黨政府的統治，來達到脫離中國聯繫的臺灣認同，及造成這種認同的歷史記憶動向。

　　面對臺灣歷史研究與教育界的去中國化，大陸應當加強臺灣史的研究，特別是日據臺灣五十年的殖民地史的研究更應當加強，這關係到大陸史學界對這五十年殖民地歷史的闡釋權及話語權的爭奪，故書寫大陸自己的日據臺灣史十分必要。

目

次

下　冊

前　言

　　臺灣與大陸能否和平發展、互利共贏，是二十一世紀中華民族復興崛起的關鍵之所在。讓大陸人民瞭解臺灣人民在幾百年來曲折磨難的歷史，是大陸史學工作者的重要使命。臺灣特殊的地理位置，使其歷史也非常有其特殊性。特別是在近代，臺灣被迫割讓給日本長達五十年之久。站在民族的立場上，五十年的日本殖民統治確實是一段陰影的歷史，但歷史的長流綿延不斷，無法割捨，也不能截斷。儘管日本的殖民統治未必是臺灣人民心甘情願的或愉快的經驗，然而，我們不能否認，經過半個世紀的日本殖民統治，臺灣的社會、經濟、文化已經產生相當程度的量變和質變；隨著日本殖民政權的退出，這些社會、經濟、文化的新內涵和特質已經成為並屬臺灣的歷史遺產，對戰後臺灣的發展帶來重大影響。

　　日本謀取臺灣為殖民地，是為其南進做跳板，實現其大東亞共榮美夢。其主旨一方面使臺灣成為其原料的產地、商品的推銷地及過剩人口、資本的分散地；一方面也欲同化臺灣人為日本皇民，實現其稱霸東亞的夢想。但日本一進入臺灣，各地人民反抗鬥爭風起雲湧。日本殖民者為剿滅臺灣人民的抗日武裝鬥爭，依據所謂「生物學原理」，建立起嚴密的、強有力的警察機構。日本殖民政府所執行的政策：治安的維持、專賣制度的實施、公共衛生制度的建立、現代學校教育的引進、對原住民的馴化、經濟的開發等，都借助於完備的警察制度來完成。警察將總督的權力執行到人們日常生活中，將生活的一些細節合理化，使之成為對國家政權有用的規訓、教育工具。這一些工具訓練了臺灣人民的肉體，增進了國家權力對肉體的控制，更重要的是，透過訓練肉體以控制

心靈，使臺灣人民成為「柔軟身體」、「柔順心靈」的順民，以形塑新的社會認同，達到再塑造新臺灣社會的目的。在所謂的「剿匪」工作告一段落後，日本殖民者又將其警察機構轉變為行政手段，特別是後期經濟警察的設立，使警察的觸角深入到社會的各個層面。日本據臺五十年，以警察為強制手段，從心靈、外貌到生活，試圖改造臺灣人，一方面欲使臺灣人成為其民族性的翻版；另一方面又希望臺灣人成為一個帝國殖民下順服的被統治者。

代表中國收復臺灣的中華民國政府，在治理期間迴避對被殖民歷史嚴肅公正清理，加之強烈的反共意識形態及宣傳，兩岸在戰後長期處於敵對的狀態，致使臺灣民眾對大陸的認知出現重大的偏差。

李、扁執政後的「去中國化」的文化宣導，致使結束日本殖民統治至今已有70年的臺灣，依然存在呈現一個全世界曾經被殖民後獲得解放的國家及人民所罕見的現象，對殖民統治者的公開表態感念歌頌，並以此為進步民主的象徵。並拿日據時期與今天比較，刻意低貶祖國光復後的施政建設，宣稱這是被「分享文明」（李登輝、許文龍那一代部分人的論點）之後的「知恩圖報」。這種畸形病態論述，展現臺灣嚴重異化的深層面目，也間接證明光復後的中國政府並未曾務實嚴肅的認識與處理這個問題。

荒謬恐怖的是，日本殖民統治臺灣留下的一小撮皇民菁英，頑固排他如同病毒一般的乖謬政治意識，竟通過「寧靜革命」茁長蔓延，悄悄竊取到現階段臺灣社會思想主流地位。美化日本殖民統治的「分享文明」怪論，起自於以李登輝為首的一批皇民菁英，他們利用手裏的行政權力，在各個領域推進的「去中國化——寧靜革命」的成果。

在這種意識下，臺灣史研究成為新的顯學。中央研究院及各大學歷史系所，開始加強臺灣史的研究，並紛紛將臺灣史從原來的歷史系所中分離出來，成立新的臺灣史研究系所，臺灣史的研究成果也如雨後春筍般地生長出來。這其中有一些專家學者，有意將「臺灣主體意識」導向「臺獨意識」。他們打著經世致用的旗號，將研究重點放在「日據時期的歷史」及「原住民的文化與族源」上。而他們對於「日據時期歷史」的研究，往往側重於將臺灣一切美好的事物歸因於「日據時代的經驗」，刻意隱藏一些不愉快的經歷，以重塑這個時代的記憶，其目的就是企圖以強調臺灣現代化始於日據時期，今天台灣的經濟成就主要依賴於日本人當年的建設，藉以貶低清朝統治以及光復後國民黨政府的統治，來達到脫離中國聯繫的臺灣認同，及造成這種認同的歷

史記憶動向。

　　在臺灣史研究中，一些臺灣學者會故意抹殺掉一些東西，並使用非常微妙的表述來達到他們的間接「去中國化」目的。如「日據」與「日治」、其實單純從字面上看，「日據」與「日治」似乎沒有太大區別，但實際上區別非常之大。從字面上講，「據」是「據有」、「佔據」的意思，是指臺灣是經過「馬關條約」被割讓給日本的，所以是一種佔據的形式。1941 年 12 月中國政府發布對日宣戰文告，明確否認了《馬關條約》的正當性，這一立場已為《開羅宣言》、《波茨坦公告》所採納，這就是臺灣回到中國懷抱的國際法根據。這種情況下，日本的統治是不合理的、非法的，不符合歷史發展的大勢。但如果用「日治」就使得日本對臺灣的殖民統治合法化了。將「日本殖民統治」就簡化成為「日本統治」，就是日本「統治」、「治理」臺灣，這裡首先忽略了日本通過戰爭手段強行割讓臺灣的意涵。這裡隱含著日本並不是非正常手段取得臺灣這塊領土，所以是合法的取得，故日本統治臺灣也就變得合理化，去除了殖民地的本質。甚至有人公開提出臺灣不是日本的殖民地，更是將割讓臺灣的責任全部推給清政府。

一、臺灣不是日本的殖民地嗎？

　　為迎合了日本右翼勢力及臺獨勢力，在日據臺灣史觀上，出現了一些極其荒謬的唯心論調，比如黃文雄在《從日清戰爭到太平洋戰爭：被捏造的日本史》及《被捏造的近現代史》等書中提出的「臺灣不是日本的殖民地」。

　　1895 年中日甲午海戰，中國戰敗，被迫簽訂了《馬關條約》，臺灣及澎湖列島才從祖國分離出去，這是一個不爭的歷史事實。那麼黃氏是基於什麼樣的理論提出這種觀點的呢？他首先承認臺灣是因《馬關條約》而由中國割讓給日本的，日本內閣、議會、學者就採用什麼樣的方式進行開拓和經營，有兩種理論爭議，即採用與北海道和沖繩相同的政策，還是採用歐式的「殖民地」政策。〔註 1〕在爭議的基礎上確定的統治方針是「內地延長主義」。〔註 2〕黃氏同時也

〔註 1〕即以原敬的「內地延長主義」和後藤新平的「特別統治主義」為各自代表的「相剋」的殖民地統治思想。

〔註 2〕所謂「內地延長主義」即是原敬在著名的《臺灣問題二案》中主張其漸進的內地化論，但其主張並未獲得多數的同意。參見：（日）春山明哲：《明治憲法體制和臺灣統治》、《岩波講座近代日本和殖民地 4——統合和支配的論理》、東京：岩波書店、1995 年、第 33 頁。

承認在臺灣統治的最初時期並沒有實行「內地延長主義」，而是以現地領導者後藤新平的「特別統治主義」即「生物學理論」〔註3〕為統治臺灣的策略。而這種策略又是源於英式的殖民地理論。

黃氏提出臺灣不是日本殖民地的關鍵性依據是：「如果是殖民地的話，即使是在哪個國家都沒有對其實施憲法的實例。可是，伊藤內閣為了要在臺灣實施憲法特意制定了『六三法』」、「隨著文官總督的赴任，日本開始實行內地延長主義、同化主義、皇民化運動。這些都與近代國民國家形成過程中西歐諸國的國民化運動相類似。」〔註4〕黃氏明知日本憲法並沒有在臺灣實施，而「六三法」也是殖民地特殊的法律，還叫囂說皇民化運動等與國民化運動相類似，並以此為藉口說臺灣不是日本的殖民地，這顯然是對殖民地理論的無知。這一荒謬的理論，對於一些不瞭解日本殖民臺灣歷史真相的年輕人來說，可以說是不無影響。臺灣真的如黃文雄所言的那樣不是日本的殖民地嗎？

殖民一詞的原詞 Colony 是羅馬語 Colonia（本意是指耕地、地產或定居地）派生出來的。但在希臘時代，與 Colonia 相當的詞是 apoikia 及 kleriuchia。這兩個詞表達了在希臘時代存在的兩種不同的殖民活動。Apoikia 原意為「從本國分離出去的移居地或遙遠的地方的家庭」；主要是指古希臘時，由於對國家的政治及社會狀態不滿而脫離自己的國家，通過自由地流浪發現新天地或移居國外，與本國斷絕往來，在新的移居地永遠居住的人。Kleriuchia 原意是「被分給的土地」，是指波斯人在遠征希臘後，希臘的主權漸次轉移給雅典，雅典把附近的屬地的一部分分配給雅典市民從事農業經營。〔註5〕

「殖民」及「殖民地」從文字上追尋的原義即是以上語意，但在希臘羅馬時代以後，各國殖民活動的動機、目的、內容、形態等都有很大的變化，特別是在羅馬以後，殖民或殖民地的觀念通常都與本國有政治從屬關係。今天的 Colony 一詞包含了對「人」及對「土地」的語意。對「人」的語意主要是指「從本國移居到遙遠的地方定居，或服從於本國統治權下的一群人」；〔註6〕而對

〔註3〕所謂「生物學理論」主要是尊重臺灣人的舊有習慣。

〔註4〕（日）黃文雄：《捏造された近現代史》、發行者：松下武義、發行所：株式會社德間書店、2002年1月31日初刷、第191～192頁。

〔註5〕（日）稻田周之助、綾川武治：《現代社會問題研究第六十卷——植民地問題》、發行所：同文館、昭和2年11月13日發行、第3～4頁。

〔註6〕（日）稻田周之助、綾川武治：《現代社會問題研究第六十卷——植民地問題》、第5頁。

「土地」的語意主要是指「本國人為維持與本國有政治的從屬關係而定居的土地」，廣義上講其語意為「服從本國統治權的遠隔之地」。〔註7〕

追尋了「殖民」及「殖民地」語意後，再來看一看自古以來殖民活動的動機、目的、方法及形態。古埃及的腓尼基人〔註8〕全然為了作為貿易上的根據地而形成不與本國聯絡的獨立的城市聯合體被稱為「殖民」。在羅馬時代，由武力來擴張領土，把過剩的人口移居到新獲得的土地上被稱為「殖民」或「殖民地」。十五世紀以後，由於新航路的開關，歐洲各國開始大規模的近代殖民活動。他們把新占的土地或當作商業基地、或作為財富的掠奪地、或作為人口的移居地、或作為原料的生產基地、或作為勢力範圍而謀取經濟利益、或以聯邦之名合併等等形態來進行的擴張侵略活動。

最早給「殖民」下定義是英國的培根，他認為「新拓殖民即是由母國派生出來的子國」。〔註9〕在培根以後，很多學者對「殖民」進行了定義，他們可以分為兩派，一派以 Janes Mill、J.B.Say、A.H.Snow、A.Girault、A.Caldecott 等為代表，主張：與本國的政治關係並不視為一個重要的指標，「殖民」是指移居及以經濟開發為主。另一派以 W.Roscher、A.Zimmermann、Hübbe-Sh-leiden、A.Ireland、C.F.Stengel、H.E.Egerton、A.G.Keller、Otto Köbner、P.S.Reinsch 等為代表，認為與本國的政治從屬關係是「殖民」的必要條件。並且，現在越來越多的學者認為「殖民地」與本國國民的移住沒有必然的聯繫。所以，「Colony」一詞今天的基本解釋為：所謂的殖民地其多少包含著其本國國民移住定居的土地的意思，但在近代，本國人的移住定居並不是必要的，本國人在母國，而對在新的與本國有政治從屬關係的土地上，進行的投資的、商業的、軍事發展的必要的設施的種種努力都被稱為是「殖民地」。〔註10〕

根據以「移住定居」或「與本國的從屬關係」為著眼點，日本的殖民學者分為兩派。一派以松崗正男為首，主張以「本國的居民的移住」為重要要素，

〔註7〕（日）稻田周之助、綾川武治：《現代社會問題研究第六十卷——植民地問題》、
　　　　第5頁。
〔註8〕古代生活在地中海東岸北部沿海狹長地帶的居民。腓尼基人主要從事商業貿
　　　　易和航海活動，足跡遍及愛琴海、地中海、北非沿岸、西班牙、不列顛等廣大
　　　　地區。
〔註9〕（日）稻田周之助、綾川武治：《現代社會問題研究第六十卷——植民地問題》、
　　　　第10頁。
〔註10〕（日）稻田周之助、綾川武治：《現代社會問題研究第六十卷——植民地問題》、
　　　　第13頁。

一派以近代日本殖民政策學的確立者及完成者山本美越乃〔註 11〕為首。他認為：不考慮「母國國民及子孫的移居或其他人種的定居」，如果是從屬母國政府的國外的領土，即可以主張它就是「殖民地」，必要的條件即是與本國的政治從屬關係。〔註 12〕這也就是說，山本美越乃認為：所說的殖民地，是指本國領土以外的領土，它的統治方針與本國不同且從屬本國政府，不管母國的國民及子孫是否移居，殖民地的統治通常必須從屬母國。

在「殖民地」的外延上，山本美越乃博士認為，就殖民地的分類可用「形式上」及「實質上」這兩種標準。形式上的標準即是：國家在本國的領土之外保有土地，具體可細分為：領土、保護領、租借地、勢力範圍這四種。〔註 13〕實質上的標準即是：在該區域內的本國國民殖民活動的特徵，即在形式上本國對殖民地的法制關係及本國對殖民地的實質的利害關係。〔註 14〕

黃氏既然承認臺灣是因《馬關條約》由中國割讓給日本的，那麼「臺灣」就符合於「新的與本國有政治從屬關係的土地」這一「殖民」定義的內涵，更符合於「國家在本國的領土之外保有土地——領土」這一「殖民」定義的外延的特質之一。至於實質上的另一個標準即「在該區域內的本國國民殖民活動的特徵」，必須從殖民政策學入手才能解決。

所謂的「殖民政策學」，即是「殖民」活動所需要的使「殖民地」獲得、設定、和維持的方法。這是考察「殖民」、「殖民地」的必要問題。殖民政策一般包括以下幾方面的內容：一、殖民政策的主體是國家或公私的團體；二、殖民政策的客體是與本國有政治從屬關係的殖民地的土地及住民；三、殖民政策

〔註11〕 山本美越乃是日本殖民政策學的確立者及完成者，他採用ランチ博士的殖民定義。他的殖民地統治主義理論請參見《植民地政策研究》、京都：弘文堂書房、昭和 2 年。

〔註12〕 （日）稻田周之助、綾川武治：《現代社會問題研究第六十卷——植民地問題》、第 11 頁。

〔註13〕 「殖民地」在形式上的分類可分為領土、保護領、租借地、勢力範圍這四種。「領土」被稱為普通純殖民地；「保護領」、「租借地」被稱為準殖民地；「勢力範圍」被社會主義學者稱為半殖民地。

〔註14〕 「殖民地」在實質上的分類由於殖民學者的不同，分類也不盡相同。A.H.L.Heren 分為：農業殖民地、栽培殖民地、礦業殖民地、商業殖民地；W.Roscher 分為：征服殖民地、商業殖民地、農業殖民地、栽培殖民地；G.Dedel 分為：掠奪殖民地、商業殖民地、農業殖民地、栽培殖民地；O.Köbner 分為：原始生產殖民地(移住、投資)、根據地殖民地(商業、政治及軍事)；P.S.Reinsch 分為：移住殖民地、開拓及投資殖民地（商業、農業、產業）。

的目的是對殖民地土地及住民的經濟掠奪及文化的開發；四、殖民政策的內容
主要是對殖民地的土地及住民進行政治、法律、經濟及文化上的一切方針及設
施。臺灣作為日本從海外獲得的第一塊「新殖民地」，其殖民政策的主體是日
本國，客體是「臺灣」這塊土地及住民，這一點黃氏自己也是知道的，不然怎
麼會一邊口口聲聲地說「臺灣不是日本的殖民地」，一邊還說「臺灣的統治制
度和經營研究機構實質上是伊藤博文首相為局長的臺灣事務局」、「日本就獲
得的新領土臺灣，採用北海道式還是歐式殖民政策爭論不斷」〔註15〕這樣自相
矛盾的話呢！黃氏之所以這樣做，實質就是假借對殖民地理論的無知，藉口所
謂的「近代民族主義、國民主義史觀」，進而捏造出「臺灣不是日本殖民地」
的理論根據，為日本殖民臺灣的目的及政策作掩蓋，來欺騙他人。「民族」一
詞，英文和法文均為 nation。此詞原係拉丁文之 natio 一字而來，原意為「天
生」、「自然」之意。民族是一種靈魂，是一種精神的原則。它源自於豐富的歷
史傳承，來自於實際認可的一起生活的願望。正如孫中山先生所言，民族是由
天然力造成的，國家才是由武力造成的〔註16〕。如果按照「民族主義」的理
論，「每一個民族應該形成一個國家——那個民族自己的國家，且國家應該包
容形成那個國家之族籍的每一個成員，便成為一個普遍承認的原則。」〔註17〕
中華民族是臺灣人的「原鄉」，而「原鄉人的血，只有流回原鄉才會停止沸騰」。
黃氏在這裡顯然是用「民族主義」來掩蓋「殖民主義」，正如臺灣著名學者王
小波指出的那樣：「常常有人將此二者（帝國主義、法西斯主義）與民族主義
混為一談，有些英美學者甚至認為有法西斯民族主義的存在，其實這是誤解。
最多只能說，他們利用了民族意識而假借民族主義之名」〔註18〕，所以，無論
從「殖民」的內涵還是從外延來看，臺灣都是日本的殖民地，這一點是毋庸質
疑的，更不是黃氏假借「民族主義史觀」之名所能改變的。

二、是清政府拋棄了臺灣嗎？

　　另外，在臺灣及日本言及 1895 年臺灣被日本強行割讓之事，經常有「被

〔註15〕（日）黃文雄：《捏造された近現代史》，第 190 頁。
〔註16〕王小波：《民族主義與民主運動——一個統派知識分子的探索》出版者：海峽
　　　　學術出版社，2004 年 12 月出版，第 110 頁。
〔註17〕陳映真譯：《新版大英百科全書論民族主義》，參見：王小波《民族主義與民主
　　　　運動——一個統派知識分子的探索》，第 344 頁。
〔註18〕王小波：《民族主義與民主運動——一個統派知識分子的探索》，第 192～193 頁。

拋棄了的臺灣」、「亞西亞孤兒」之說。臺灣為「亞西亞孤兒」之說是怎麼來源為何？首先是臺灣著名作家吳濁流的小說《亞細亞的孤兒》原名為《胡太明》，是書中主人翁的名字。後來又改成了《亞細亞的孤兒》，因為臺灣是亞洲的一部分，地處邊陲地帶，受到日本的統治，離開了祖國的懷抱，就像一個孤兒一樣。當時臺灣老百姓被日本人壓榨得十分淒慘，生活在水深火熱之中。更可憐的是，中國大陸認為，臺灣人是日本人的間諜，所以到大陸的臺灣人都被受歧視，甚至要隱瞞身份，不能承認自己是臺灣人。實際上《亞細亞的孤兒》是吳濁流筆的「武器」，反映的是臺灣民眾極力反抗日本的欺壓。他的作品中充滿了正義，也給人是非不容混淆的感覺。

　　「亞西亞孤兒」、「被拋棄了的臺灣」之說，而帶著情緒、怨恨、不滿色彩。這種消極的語言，可能是一些別有用心的人，借普通民眾對歷史、對文學背景的不瞭解而故意為之。這種說法是將「清政府」作為拋棄臺灣的罪人，激起人們對清政府的怨恨，間接誘導人們對國民黨及中國大陸產生敵意。這種說法，對處心積慮謀取臺灣的日本殖民者沒有任何的批評，其實質就是隱晦地美化日本殖民者。故正本清源，釐清日本長期圖謀臺灣的野心極為重要。

　　日本窺伺臺灣，早於西方列強，從倭寇開始，只是倭寇之侵犯，日商之來臺，屬個人行為，以國家力量計劃侵臺的，以豐臣秀吉為開始。明治維新後，日本也確定了領土擴張之政策，即是北部，必先佔領朝鮮，南進，先侵佔臺灣。1874 年，日本藉口「山原號難船事件」，發動了侵臺之役，最後雖在中國因循畏事及外國的反對聲中，沒有達到殖民臺灣的目的，但其對外殖民擴張的野心，卻開始得寸進尺，乃有滅琉球，侵朝鮮等一系列事件發生，更為乙未割臺種下了惡果。

　　甲午戰爭後期，日本政府內部開始醞釀獲取中國之土地，陸軍方面認為：「遼東半島既為我軍流血暴骨結果所取得，不得與我軍足跡未至之臺灣比較，且該半島撫朝鮮之背後，扼北京之咽喉，為國家將來之長計，主張必須予以佔領。」〔註19〕故在 1894 年 11 月，大連、旅順相繼攻陷後，以山縣有朋為代表的軍部，主張繼續攻占山海關及直隸，直逼北京皇城。但海軍方面則明確提出割讓臺灣之主張，認為：「割讓臺灣全島比割讓遼東半島重要。」〔註20〕而財政當局切望獲得更多的賠款。駐清公使青木周藏則主張割讓不與俄國接壤的

〔註19〕陸奧宗光著，陳鵬仁譯：《甲午戰爭外交秘錄》，第 102〜103 頁。
〔註20〕陸奧宗光著，陳鵬仁譯：《甲午戰爭外交秘錄》，第 102 頁。

吉林及直隸。這些說明日本政府內部及軍方，就割讓領土一事，存在著不少意見。但為什麼最後只鎖定臺灣，此與俄國的遠東利益密切相關。

日本駐俄公使西德二郎探悉，俄國特別反對割讓遼東半島，預測「遼東半島之割讓，尤其接近朝鮮國境部分之割讓，俄國絕不可能坐視。」〔註21〕而俄對臺灣之讓與不持異議，故先向外務大臣陸奧宗光建議政府索取臺灣。

首相伊藤博文匯總各方意見，也認為取得臺灣是最可行之策。12月4日，伊藤博文向日本大本營遞交了《攻陷威海衛略取臺灣之方略》，提出：留下相應的部隊駐守佔領地，其他的部隊與海軍一起，攻擊威海衛，徹底摧毀北洋艦隊，同時向臺灣派出軍隊，並佔領之，以此作為將來講和的條件，奠定割讓此島的基礎。〔註22〕

另外，他還對各列強干涉佔領臺灣的態度，也進行了具體的分析：「雖然列國中也有垂涎臺灣並伺機染指的國家，對於我方佔領臺灣或許會感到不快，但我方並不妨礙各國的通商權利，且我方也不會給他們留下保護商民的藉口。另外我軍逼近直隸重地，彼方將陷入無政府狀態，即使各列國共同干涉，也不可同日而語，況且最近朝野上下多數人主張，戰爭的結果，就是臺灣諸島必須歸屬我方。割讓臺灣，是和平條約的一個要件，如果不先行武力佔領的話，就會喪失割讓的基礎。」〔註23〕

從伊藤博文的「方略」之內容分析來看，作為日本首相的伊藤本人，極力主張以武力佔領臺灣，使割讓臺灣成為和平條約之要件。另外，從「方略」中也可看出，日本朝野中想要擁有臺灣的人很多。

當時負責財政的松方正義，也批評大本營不應當把作戰方向指向直隸，認為佔領北京雖然聲名赫赫，但在實際利益上卻不如佔領臺灣重要，因為「臺灣之於我國，正如南門之鎖鑰，如欲向南發展，以擴大日本帝國之版圖，非闖過這一門戶不可，佔領了臺灣，既可使日本的勢力伸向東南亞及南洋群島，還可防止其他國家插足。今日不能佔領（臺灣），則將永遠失去佔領的機會。」〔註24〕

日本的輿論界，此時對割地賠款的呼聲也日益高漲，「把臺灣永久割讓給日本」，幾乎是當時日本各階層人士的共同要求。明治啟蒙思想家、有「日本

〔註21〕陸奧宗光著，陳鵬仁譯：《甲午戰爭外交秘錄》，第103頁。
〔註22〕春畝公追頌會、金子堅太郎：《伊藤博文傳》（下卷），日本株式會社統正社，1940年，第136～137頁。
〔註23〕春畝公追頌會、金子堅太郎：《伊藤博文傳》（下卷），第137頁。
〔註24〕藤村道生：《日清戰爭》，上海澤文出版社，1981年，第179頁。

的盧梭」之稱的福澤瑜吉在中日開戰後不久，便連續在報刊上發表文章，主張：「應首先佔領盛京、吉林和黑龍江三省，……納入我國版圖」、「把旅順口變成東亞的直布羅陀，……把金州、大連港變成屬日本的華北的香港」，並希望「除佔有威海衛，山東省和臺灣之外」，「即使要求幾十億的賠償也並不苛刻。」〔註25〕另外，前首相大隈重信、眾議員島田五郎等，都有類似的意見。

故在媾和條件中包括割讓臺灣等土地，是日本內部既定的方針。但為了確保不受列強干涉，日本政府內部還確定：「清國誠實來求和以前，我方絕對隱藏要求條件，嚴格將時侷限於清日之間，使第三國事先毫無作任何交涉餘地之方針。」〔註26〕故 1895 年 1 月 27 日，日本大本營召集在廣島的閣員及高級幕僚，就兩國媾和問題舉行御前會議，所確定的媾和條約方案為：「以此次中日兩國開戰主因之朝鮮獨立、割讓土地、賠償軍費及將來帝國臣民在中國通商航海之利益等問題為重點」。〔註27〕

此方案沒有明確規定割讓之土地。但日本軍方卻採納了伊藤博文的建議，12 月 4 日，大本營決定了派遣軍隊奪取臺灣，以迫使清國割讓臺灣。日本海軍大臣西鄉從道，即命令其常備艦隊司令官海軍中將伊東佑亨，率松島、千代田、高雄三艦，以「遊歷」為名到臺灣沿海一帶活動，並在淡水窺探多日。

1895 年 1 月 14 日，日本內閣秘密決議，攻佔臺灣附屬島嶼，為進攻臺灣本島作準備。3 月中旬，抽調東京灣、下關海峽的守備隊，組編南方部隊，即日本聯合艦隊，繞過臺灣南端，開進澎湖列島，佔領了該島所有炮臺，並以此島為據點，進行攻佔臺灣的準備。〔註28〕為確保割讓臺灣成功做保證。

澎湖列島位於東經 119.32.0 度、北緯 23.30.5 度，是中國臺灣海峽斷裂帶中噴出的玄武岩臺地，經海浪侵蝕分割成的一片島群。列島呈團塊狀，東西 45 千米，南北 70 千米，面積 127 平方千米。由 64 個大小島嶼組成。其中馬公島最大，又名澎湖島，面積 64.3 平方千米。澎湖島與北面的白沙島、東面的漁翁島環成一內灣即澎湖灣。馬公港水深港寬，但風大、浪大、潮急。澎湖列島地理位置優越，東隔澎湖水道，與臺灣島相對，最短距離約 24 海里，兩面與

〔註25〕藤村道生：《日清戰爭》，第 133～134 頁。

〔註26〕陸奧宗光著，陳鵬仁譯：《甲午戰爭外交秘錄》，第 105 頁。

〔註27〕王芸生：《六十年來中國與日本》第二卷，三聯書店，2005 年，第 201～204 頁。

〔註28〕鞠德源：《日本國竊土源流釣魚列嶼主權辨》，首都師範大學出版社，2001 年，第 149 頁。

福建省廈門市隔海相望，最短距離約 75 海里。過去橫渡臺灣海峽，往來於大陸與臺灣島之間的船隻，常常進入澎湖島上的馬公港停泊。從這裡出發，往北可抵達馬祖列島、大陳島和舟山群島，往南可去東沙群島，南沙群島，並可通往菲律賓和東南亞各國。澎湖列島居臺灣海峽的中樞，扼亞洲東部的海運要衝，被稱為「東南鎖匙」。

澎湖很早以前就是臺灣島的軍事要衝，同時也是艦船登陸臺灣本島的必經之所。故早在清政府統一臺灣之前，平臺功臣施琅就上奏朝廷，提出了臺灣海防的重點，強調臺澎相互成防，對於屏障東南的重要。此種觀點一直是康熙、雍正、乾隆朝的海防政策。由於「澎湖乃臺灣之門戶，而鹿耳門又臺灣之咽喉。」〔註 29〕加之清政府戰勝鄭氏政權的經驗，使清政府認識到澎湖對於控制臺灣的重要性。於是清初臺灣防禦的措施得以明確，決定厚結兵力於澎湖、鹿耳門，借助守軍熟悉港灣優勢，以逸待勞地迎戰敵人。

1884 年清法戰爭中，澎湖大部分防禦設施遭到法軍破壞。清政府從 1887 年至 1889 年間，重新修建了防禦工程。甲午戰爭爆發前，澎湖島已修建了拱北、天南、東南、西嶼東和西嶼西 5 座炮臺，配置各種火炮 14 門。島上駐有果毅軍、宏字練軍 3 營。戰爭爆發後，清廷為加強澎湖的防禦力量，令閩浙總督譚忠麟增募兵勇，島上防軍續有增加，至 1894 年底，駐軍達 13 營，另有保護糧臺親兵百餘人，分別由澎湖鎮總兵周振邦和知府朱上泮統領。

日本在攻佔威海衛以後，即派艦隊南進佔領澎湖，對清國艦隊形成鉗式包圍，以殲滅南部清政府的殘存海軍，形成戰場上的有利局勢，也為了確保割讓臺灣的成功作準備。〔註 30〕

日本軍方大本營方面，早在甲午戰爭爆發後，就開始對澎湖駐軍情況進行偵察。當大本營確定出兵澎湖時，即評估此情況而編組了日本遠征軍，由後備步兵第一聯隊長比志島義輝兼任「混成支隊」司令官，總計約 5,508 名士兵。〔註 31〕

1895 年 2 月中旬之時，當日本大本營獲悉，清政府北洋艦隊滯留於山東威海衛的其餘戰船，已經全部被日軍消滅後，便下令千代田、近江丸、相撲丸、元山丸等，集結於日本九州島的佐世保軍港，又令混成支隊與常備隊在此進行

〔註 29〕高拱乾：《臺灣府志》（卷 1），臺灣省文獻委員會，1993 年，第 25 頁。
〔註 30〕《日本軍の佔領／其の 1 攻略の動機》，JCAHR：C11110362200。
〔註 31〕鄭天凱：《攻臺圖錄》，遠流出版事業有限公司，1995 年，第 11 頁。

等待出兵澎湖。〔註32〕大本營3月13日正式下達攻佔澎湖島的命令。

15日清晨，日本常備艦隊由佐世保起錨出發，繞經臺灣南方海域，於20日午前到達澎湖近海將軍澳嶼附近，日軍在倉島拋錨休息，並馬上派出吉野及浪速兩船開赴澎湖島，偵察預定的上陸地點及全島炮臺的情況。午後五時，吉野、速浪返回，向東鄉報告認為：里正角附近為最佳登陸地點，附近沒有炮臺，只有三艘帆船停泊，人家也只有一百多戶；角灣以北二點的高地上，有並新築的炮臺，園頂山上，亦有炮臺，園頂灣里停泊著五艘帆船，「シヤウチ」灣有法國軍艦三艘停泊，其附近陸上有大小五所炮臺，大炮臺各有四門大炮，其他炮臺炮數不詳。〔註33〕

但由於天氣不佳及風浪過大，日軍一直等到23日，才將登陸澎湖的作戰計劃付諸行動。此日，風浪漸停，早六點，日本西京丸及載有混成支隊的運輸船出航。各艦沿既定之陣形，漸次靠近登陸點。九點四十九分，日艦向清陣地之炮臺開火。清炮臺當即還擊，並企圖遏止日軍，但由於清火炮射程遠不及日炮，沒有擊中日艦，反被日炮擊中了炮臺。日軍從里正角開始登陸。

7時，日本艦隊又開始攻擊里正角海灣西側的拱北炮臺，守臺清軍以岸炮還擊，炮戰持續數小時，清軍炮兵擊傷日艦1艘。11時許，日軍步兵在里正角西側海岸登陸，清軍炮兵猛烈轟擊登陸的日軍步兵，日艦也用猛烈炮火壓制清軍炮臺，掩護步兵搶佔了拱北炮臺以北的太武山，因兵力軍火未齊，日軍沒有立即進攻拱北炮臺。駐馬公城的總兵周振邦，要求知府朱上泮率圓頂半島守軍支持拱北炮臺。朱上泮顧慮日軍攻打圓頂半島，沒有及時赴援。周振邦率宏字軍、果毅軍和親兵，進至拱北炮臺西面的東衛社，見朱上泮沒有到來，就停止前進。日軍火炮猛轟拱北炮臺，守軍傷亡很大。

24日天未明，日軍即向太武山背後的馬公城進攻。日軍兵分兩路，步兵首先攻打拱北炮臺，而以佔領馬公城為最後目標；陸戰隊負責阻擋澎湖西方圓頂半島上的清軍，使他們無法趕赴馬公城救援。朱上泮率軍在大城北社抗拒日軍。日軍從太武山來攻，日艦從海上發炮支持。清軍佔據民房，憑壁抵抗，傷甚眾，朱上泮受傷，率部西走。周振邦正派軍來援，見朱軍已退，便隻身逃往白沙島。朱上泮退回馬公城，乘舟逃往西嶼，後雇船渡海至廈門。這時，馬公城及火燒坪守軍尚在拒守。聞統帥已逃，紛紛丟棄陣地，逃往白沙島和吉貝嶼。

〔註32〕《連合艦隊出征第26報告》，JCAHR：C08040482400。
〔註33〕《連合艦隊出征第26報告》，JCAHR：C08040482400。

在圓頂半島堅守的清軍被日軍圍困，於 25 日投降。守衛西嶼東、西兩炮臺的清軍，見日軍入城，乃卸下炮栓，盡投海中，於翌晨退往吉貝嶼，轉赴廈門或臺灣，澎湖淪於日軍之手。

日軍佔領澎湖島，使臺灣失去了地緣上的屏障，直接處於日軍敵對前沿。特別是日軍攻下澎湖之時，正值馬關談判不斷拉鋸，相互折衝，且俄、德、法三國積極干涉還遼，使日本認識遼東半島歸還清朝是形勢所逼。特別是當時清軍之全部精銳都駐紮於遼東半島，日本主力船隊又全部集結於澎湖，國內海陸軍空虛，日本無力對抗三國聯合之海軍。故日本決定「絕不可與第三國撤破臉，以不新增敵國為上策。」〔註 34〕但為保證臺灣的割讓，日軍先行攻下澎湖，並於 4 月 1 日談判停戰地區時，刻意提出不包括臺灣，從武力上保證實現奪取臺灣的目標。

清政府在大兵壓境、戰敗屈辱的情況下，不得不派李鴻章為全權代表赴日和談。李鴻章在行前曾先後訪問英、美、俄、法、德等國駐華公使，並請中國駐外公使與各該國密商請求幫助，但各國都從自己的利益出發，並無幫助清國的想法。1895 年 2 月 22 日，李鴻章進京請訓，表示「割地之說不敢承擔」〔註 35〕。由於「不割地則不能開議」，而且此時北洋海軍已經全軍覆沒，清政府沒有能力在短時期內轉敗為勝，且戰爭如果進行下去，北京也在危險之中，便急於議和。3 月 2 日，光緒帝授予李鴻章「商讓土地之權」〔註 36〕。

3 月 14 日，李鴻章啟程赴日。20 日起，與日方全權代表內閣總理大臣伊藤博文、外相陸奧宗光舉行首次會談，李鴻章提交了擬請停戰的備忘錄。次日下午，雙方第二次會談，伊藤博文提出極為苛刻的覆文，其中包括日軍將佔領目前並未到達的大沽、天津、山海關等戰略要地，以及支付佔領軍軍費等，並限三日答覆。李鴻章再三懇商，伊藤絲毫不鬆口。

在 3 月 24 日舉行的第三次談判中，伊藤博文突然言及臺灣之事，並稱：「我國之兵已向臺灣進行。」李鴻章十分驚愕，立即意識到其中的陰謀：「幾日前議及停戰，貴大臣不肯輕許，蓋為出兵臺灣之故歟？」明確表示：「臺灣已為一行省，不能送給他國。」並以「臺灣地近香港，英國不會聽任日本佔

〔註 34〕陸奧宗光著，陳鵬仁譯：《甲午戰爭外交秘錄》，第 142 頁。
〔註 35〕王芸生：《六十年來中國與日本》（第二卷）、三聯出版社，2005 年，第 219〜223 頁。
〔註 36〕李鴻章：《李文忠公全書》，奏稿，卷 19，第 50 頁。

領」為由，勸說日本收斂。伊藤對英國與日本的外交默契了然於胸，微笑著說：「豈止臺灣而已！不論貴國版圖內之何地，我倘欲割之，何國能出面拒絕？」〔註37〕

由於隨即發生了日本浪人擊傷李鴻章的事件，國際輿論譁然，日本政府惟恐列強藉此干涉，使局勢對日本不利，因而主動同意停戰，但巧妙地利用停戰來達到自己的目的。《中日停戰協定》第一款規定，中日雙方「在奉天、直隸、山東地方」停戰，而把臺灣、澎湖排斥在外。而此時，日軍已經攻下澎湖列島，並為下一步佔領臺灣作準備。

4月1日，日方出示了「和約備忘錄」，提出中國要將盛京省南部地方、臺灣全島及澎湖列島「永遠讓與日本國」，並限四日答覆。李鴻章雖早已料到日本所欲甚奢，卻未想到如此苛刻，急將和約底稿電告總理衙門。

光緒帝為此召集樞臣商議，翁同龢力主「臺灣不可棄」，為此，廷臣再起爭議。4月8日慈禧懿旨：「兩地皆不可棄，即使撤使再戰，亦不恤也。」〔註38〕在左右為難中，8日總理衙門發給李鴻章一封語義含糊的電報，內稱：「南北兩地，朝廷視為並重，非至萬不得已，極盡駁論而不能得，何忍輕言割棄。」要求李鴻章「反覆辨駁」，「不得退避不言」〔註39〕。

李鴻章據理力爭，除承認朝鮮自主外，對日方要求的其餘三項皆有辨駁。其中有關「讓地」的部分說：「日本與中國開戰之時，令其公使布告各國曰：『我與中國打仗，所爭者朝鮮自主而已，非貪中國之土地也』，」何以現在「持一時之兵力，任情需索。」〔註40〕

伊藤博文邀見中國新任全權大使李經方，厲聲恫嚇：「尊意欲將奉境全行收回，萬作不到。南北兩處均要割讓，僅讓一處亦斷不行。」並直接以戰爭再起相威脅：「尚希中國使臣能深切考慮現在兩國之間的形勢，即日本為戰勝者、中國為戰敗者之事實。……若不幸此次談判破裂，則我一聲令下，將有六七十艘運輸船隻搭載增派之大軍，舳艫相接，陸續開往戰地。如此，北京的安危也有不忍言者。如再進一步言之，談判一旦破裂，中國全權大臣離開此地，能否再安然出入北京城門，恐亦不能保證。」〔註41〕

〔註37〕《日本外交文書》第28卷，第1089號，附件2。
〔註38〕《翁文公恭日記》，乙未三月十二、十四日。
〔註39〕李鴻章：《李文忠公全集》，電稿，第20卷，第33頁。
〔註40〕《使相祖東公牘》，《中日戰爭》（5）第388～395頁。
〔註41〕王芸生：《六十年來中國與日本》，第2卷，第272頁。

　　整個和談期間，李鴻章唇焦舌敝，竭力與爭，甚至近乎哀求，打出臺灣人民反割臺這張牌，希冀有一線轉機，伊藤回答十分乾脆：「聽彼鼓譟，我自有法」，「中國一將治權讓出，即是日本政府之責。」〔註42〕對李鴻章提出的修改意見幾乎寸步不讓。由於停戰協定規定的最後期限將滿，各國列強並未給以實質性支持，清政府自知無力再戰，在萬般無奈的情況下，電令李鴻章：「原冀爭得一分，有一分之益。如竟無可商改，即遵前旨，與之定約。」〔註43〕

　　4月17日，中日雙方簽訂了《馬關條約》，其第二款規定：中國割讓遼東半島、臺灣全島及所有附屬島嶼給日本。《馬關條約》簽字當天，割臺的消息便傳到臺灣，全臺震駭，官紳紛紛上書抗議，質問朝廷，4月19日，總理衙門復臺灣巡撫唐景松電，謂：「割臺係萬不得已之舉，臺灣雖重，比之京師則臺灣為輕，倘敵人乘勝直攻大沽，則京師危在旦夕。」〔註44〕《馬關條約》換約後，清廷於5月17日明發朱諭，宣示萬不得已批准和約之苦衷，亦是滿紙無奈之語。〔註45〕日本先行攻佔了澎湖，實為確保取得臺灣；其停戰地點不包括臺灣，更是從武力上保證實現割讓臺灣的目標。

　　在馬關條約批准之後，李鴻章在《致前太僕寺正卿林時甫（林維源）書》中，曾云：「割臺之議，前往馬關爭執再三，迄不可回。倭欲得之意甚堅，即不許亦將力取，澎湖先以殘破，臺防亦斷不可支，與其糜爛而仍不能守，不如棄地以全人，藉以解京師根本之危迫，兩害取輕，實出萬不得已。」〔註46〕從李鴻章的言語中，能看出不割讓臺灣，日本是不可能停戰簽約的。試想一想，連接著京畿的重地遼東半島都被迫割讓，利劍懸於清政府的頭上，面臨著亡國的清政府此時沒有辦法顧及臺灣。

　　1895年臺灣被迫割讓給日本，是中華民族的痛。臺灣的痛失給積貧積弱的中華民族造成巨大創痛，不僅臺灣島內「四百萬人同哭」，在祖國大陸也直接激起了著名的「公車上書」，導引出戊戌變法及孫中山走上革命的道路，孫中山更是喊出了「振興中華」的響亮口號。風雨飄搖的清政府當然需要批判，但侵略他國的日本更應當受到譴責。明治維新後的日本軍國主義泛濫，它的目標是吞併整個中國乃至東南亞。

〔註42〕《馬關議和中日談話錄》，《東行三錄》第247～260頁。
〔註43〕《李文忠公全集》，電稿，第20卷。
〔註44〕《臺灣唐維卿中丞電奏稿》，《中日戰爭》（6），第385頁。
〔註45〕《清光緒朝中日交涉史料》（3183），第44卷第19頁。
〔註46〕《李文忠公尺牘》下冊，文海出版影印，1926年，第785頁。

　　《馬關條約》的簽訂，標誌著中國真正開始走向半殖民地半封建社會。甲午戰爭更是日本處心積慮全面侵略中國的開端，爾後的日俄戰爭、第一次世界大戰、吞併朝鮮、五卅慘案、炸死張作霖、九一八事變，七七事變以至太平洋戰爭，從某種意義上來說，都是甲午戰爭的延續和結果。

　　痛失臺灣給中華民族造成的苦難，至今仍對中國乃至整個東亞的影響巨大，甚至今天的整個東亞，仍然時刻感受其深刻的影響。兩岸長期的分治，使「臺灣」成為美國遏制中國、日本牽制中國的「利器」。張之洞之遠見「若為敵踞，南洋永遠事事掣肘」之卓識，今天我們時時感受得到。

　　臺灣的割讓，是中華民族永遠的恥辱及傷痛。故那些張口必言「臺灣被拋棄」之人，應當反思自己的觀點是否符合歷史史實，考慮是不是更應當指責長期圖謀侵略東亞的日本軍國主義。

第一章　清朝官民的反對割臺與「臺灣民主國」的成立

　　1895 年 4 月 17 日，清政府被迫簽署了喪權辱國的《馬關條約》。條約的簽署標誌著甲午中日戰爭的結束。根據條約規定，中國割讓遼東半島（後因三國干涉還遼而未能得逞）、臺灣島及其附屬各島嶼給日本，賠償日本 2 億兩白銀。中國還增開沙市、重慶、蘇州、杭州為商埠，並允許日本在中國的通商口岸投資辦廠。臺灣等大片領土的割讓，進一步破壞了中國主權的完整，刺激了列強瓜分中國的野心，民族危機進一步加深。而且還造成了臺灣和大陸難以彌補的隔閡，遺患至今。條約第一條就明確規定「中國認明朝鮮國確為完全無缺之獨立自主國」，使中國最大的藩屬國朝鮮實際上成為日本的勢力範圍，朝貢體系中的東亞部分徹底瓦解，使中國民族危機空前嚴重，半殖民地化程度大大加深。

一、馬關簽約後的反割臺之議

　　1895 年 4 月 17 日，《馬關條約》簽訂，其第二款第二項規定：「臺灣全島及所有附屬各島嶼、澎湖列島，即英國格林尼次東經百十九度起、至百二十度止及北緯二十三度起、至二十四度之間諸島嶼。」〔註1〕割讓給日本。「條約」除割地賠款之外，且許以商利，因之朝野同聲反對，拒絕批准和約的奏摺紛紛上遞。

　　根據故宮博物院所編的《清光緒朝中日交涉史料》第三十三至四十四卷，共收錄上奏文高達一百四十件，署名之人數達數千人。筆者親自查閱了臺灣大

〔註1〕《清季外交史料》（二），第 109 卷，第 1853 頁。

通書局出版的《清光緒朝中日交涉史料選輯》，將其中收錄部分整理如下：

時　間	名　稱
舊曆 3 月 12 日	翰林院侍讀學士文廷侍奏作攻臺灣請飭使臣據理爭論折
舊曆 3 月 14 日	江南道御史張仲炘請飭全權大臣勿以臺灣許倭折
舊曆 3 月 21 日	翰林院代編丁立均等條陳時事折
舊曆 3 月 21 日	吏科掌印給事中余聯沅請勿允許倭奴奢款並速定大計力籌遠謀折
舊曆 3 月 22 日	吏部給事中褚成博請嚴拒割地議和折
舊曆 3 月 22 日	江西道監察御史王鵬運請勿割地和倭折
舊曆 3 月 29 日	翰林院呈遞編修李桂等條陳時務呈文折
舊曆 3 月 29 日	禮科掌印給事中丁立瀛等奏和議條款未可輕許請飭廷臣集議折
舊曆 3 月 29 日	京幾道監察御史劉心源請勿遽允和議折
舊曆 3 月 29 日	福建監察御史斐維安請勿輕議割地折
舊曆 3 月 30 日	山東巡撫李秉衡奏議和條約尚需斟酌
舊曆 4 月 1 日	內閣大學士額勒和布等代奏侍讀奎華等條陳折
舊曆 4 月 1 日	翰林院侍讀學士馮文蔚等奏和議條款要挾太甚萬難從折
舊曆 4 月 1 日	戶科掌印給事中洪良品請力黜和議專修戰備折
舊曆 4 月 2 日	河南道監察御史宋江承庠奏倭人要挾太甚請更改革約折
舊曆 4 月 2 日	署南洋大臣張之洞來電
舊曆 4 月 2 日	河南巡撫劉樹棠來電
舊曆 4 月 3 日	詹事府左贊善貽谷等條陳和倭利害呈文
舊曆 4 月 3 日	翰林院代奏編修王榮商條陳折
舊曆 4 月 3 日	翰林院代遞編修黃曾源條陳時務呈文折
舊曆 4 月 3 日	浙江道監察御史易俊請力黜和議折
舊曆 4 月 4 日	都察院代遞工部候補主事喻兆蕃等呈文折
舊曆 4 月 4 日	都察院代遞戶部主事葉題雁等呈文折
舊曆 4 月 6 日	都察院代遞各省舉人呈文折（奉天舉人奉生等呈文、湖南舉人文俊鐸等呈文、湖南舉人譚紹裳等呈文、湖南舉人任錫純等呈文、廣東舉人梁啟超等呈文、江蘇教職顧敦彝等呈文、四川舉人林期坼等呈文）
舊曆 4 月 6 日	內閣侍讀學士貴賢奏倭夷和款貽害無窮亟須集議以冀挽回折
舊曆 4 月 6 日	江地道監察御史鍾德祥奏和議要挾不堪請力辟邪說進用忠勁雄略之臣亟起補救折
舊曆 4 月 7 日	山東巡撫李秉衡奏和議要挾過甚萬難曲從折

舊曆 4 月 7 日	吏部代遞郎中廷熙等呈文折
舊曆 4 月 7 日	戶部代遞主事鄧福初條陳時務呈文折
舊曆 4 月 7 日	都察院代遞各省京官舉人呈文折
舊曆 4 月 7 日	都察院左都御史裕德等條陳六事折
舊曆 4 月 7 日	湖廣道監察御史陳壁奏臺地艱難界敵折
舊曆 4 月 8 日	都察院代遞選用道李光漢等條陳時務呈文折
舊曆 4 月 9 日	戶部代遞主事鄧福初條陳時務呈文折
舊曆 4 月 9 日	戶部代遞主事鄧福初條陳時務呈文折
舊曆 4 月 9 日	都察院代遞候補道易順鼎等條陳時務呈文折
舊曆 4 月 9 日	國子監司業瑞洵奏時局艱難宜藉外援以資臂助折
舊曆 4 月 10 日	福建陸路提督文炳請重訂和議折
舊曆 4 月 11 日	都察院代遞奉恩將軍宗室增傑等條陳折
舊曆 4 月 12 日	翰林院代遞編修楊天霖條陳時務呈文折
舊曆 4 月 14 日	陝西鹿傳霖奏和款狂悖太甚萬不可從折
舊曆 4 月 15 日	都察院代遞江西舉人羅濟美等條陳折
舊曆 4 月 15 日	廣東巡撫馬丕瑤奏強寇要盟權奸挾制籌策具陳折

　　從收錄的奏文來看，朝野內對，對馬關條約的簽訂反對聲一片。內閣是清政府的中央政府中心，其內閣大學士的言論，是代表中央階層的重要意見。4月 25 日，以額勒和布、張之萬等一百七十人，上《內閣大學士額勒和布等代奏侍讀奎華等條陳摺》，提陳割讓之流弊：「今割臺灣、割遼東，不能易其已陷之一城一邑，復舉其力所不能得者割以畀之，是益寇兵而齎盜糧也。」其結果勢必「我之卑屈愈甚，則彼之要挾愈多。今日割五城，明日割十城，竊恐欲為南宋之偏安不可得也！」〔註 2〕至 4 月 30 日，內閣侍讀學士貴賢上遞《內閣侍讀學士貴賢奏倭夷和款貽害無窮亟須集議以冀挽回摺》，認為割地賠款是「厝火積薪之舉，止渴飲鴆之為」，奏請光緒皇帝「飭下廷臣通盤籌議，俾廣益思而免貽悔。」〔註 3〕

　　內閣的反對意見，主要是從政治及外交層面上進行闡述的。認為割讓臺灣等土地，將失去天下人心，他日邊疆有事，將不再有人肯死力為皇上守土；同時臺民忠義，割臺恐有發生內亂之虞；更有以割臺將有亡國之禍，不了十餘年，

〔註 2〕《清光緒朝中日交涉史料選輯》（全），臺灣大通書局，1995 年，第 198 頁。
〔註 3〕《清光緒朝中日交涉史料選輯》（全），第 264～265 頁。

恐欲為小朝廷而不可得。從外交上說，割地求和，為國際法中無此例，臺灣為日本兵力所不及，卻拱手相讓之，異時更有似此之舉，何以應之！

吏、戶、禮、兵、刑、工六部，為清代中央政府之行政機關，其成員於馬關條約簽訂後，上《吏科掌印給事中余聯沅請勿允許倭奴奢款並速定大計力籌遠謀摺》、《吏部給事中褚成博請嚴拒割地議和摺》、《禮科掌印給事中丁立瀛等奏和議條款未可輕許請飭廷臣集議摺》、《戶科掌印給事中洪良品請力黜和議專修戰備摺》、《吏部代遞郎中廷熙等呈文摺》、《戶部代遞主事鄧福初條陳時務呈文摺》、《戶部代遞主事鄧福初條陳時務呈文摺》、《戶部代遞主事鄧福初條陳時務呈文摺》等折，從各方面闡述反對割讓臺灣之意見。

翰林院是清政府當時最高的學術機構，代表著中國知識分子的思想意識。當他們得知條約訂約後，於 4 月 23 日上《翰林院呈遞編修李桂等條陳時務呈文摺》給光緒皇帝，呼籲朝廷暫緩批准馬關條約，提出馬關條約窒難行之的理由有六，其一即為臺灣的割讓：「臺灣雖僻在一隅，控扼南洋，實當倭地三分之一，戶口繁衍，物產饒沃。今既割讓倭，而居民勢不兩立，固不甘役屬外夷，亦未易遷之內地。若任其用兵攻擊，劃雉禽彌無有節孑遺，非特無以對忠義之民，海內聞之，誰不解體？若使臺民戰勝，則我雖已棄諸幅員之外，而倭勢無所逞，仍必狡謀，更肆來責盟，言枝節叢生，牽動全局。」〔註4〕

都察院是國家最高的監察機關。馬關條約簽訂以後，都察院官員以職責所在，紛紛上奏抗爭，其重要者如左都御史裕德、署左副都御史沈恩嘉、左副都御史壽昌等，因「事機至迫」，於 5 月 1 日，聯合上奏，從國際公法、增加賠款、固結臺民、廷議會商、激勵將士、延緩批准和約六事，籌謀割臺的「挽回之術、補救之方」〔註5〕。同日，禮科掌印給事中丁立瀛等也聯合上奏，認為日軍陷澎湖之後，所以未敢再犯臺灣，乃因臺灣為重兵所在，勝負難料，不敢輕視臺灣。但馬關條款的割臺，「乃今於其兵力之所不及而拱手讓之，棄險阨之要地，啟人國之戒心，……若果棄之，是失民心也；民心一失，何可復收？」〔註6〕

另外，各地方總督、巡撫、提督、道員等，也紛紛上摺表示反對意見。兩江總督兼南洋大臣張之洞反對割讓臺灣。早在傳聞日本有謀取臺灣之說時，張

〔註4〕《清光緒朝中日交涉史料選輯》（全），第 182～183 頁。
〔註5〕《清光緒朝中日交涉史料選輯》（全），第 296 頁。
〔註6〕《清光緒朝中日交涉史料選輯》（全），第 187 頁。

即上書明確表示反對意見，特別提出聯合中外勢力，以確保臺灣。在得知諸外援均拒絕後，又支持唐景崧成立臺灣民主國，抵禦日本軍隊的進入。除張之洞之外，原閩浙總督楊昌濬，亦發電報力陳臺灣不可割讓。

　　廣東巡撫馬丕瑤、陝西巡撫鹿傳霖及山東巡撫李秉衡等都上書反對割讓土地。特別是山東巡撫李秉衡，因山東威海衛被日本佔領，更是強烈反對日本割讓臺灣，認為：「臺灣為東南藩蔽，無論要害一失，沿邊各省不能安枕，且其地入版圖者數百年，物產豐饒，戶口蕃息，士農工商各安其所，一旦使之棄祖宗富饒之舊業，責令遷徙，必至流離失所，怨言繁興，誰非朝廷之赤子，而忍令罹荼毒乎？況安土重遷，人之恒情，設有憑恃形勢，鋌而走險，以與倭相抗者，將遏其義憤，強令臣服於倭乎？抑責其負固不服而加之罪乎？不然，倭又將與我為難也。」而「割遼河而北洋為所據，割臺灣而南洋為所據，復駐兵威海以扼中權之要，是倒持太阿之柄以授人，而使之厚其力以圖我，即欲求旦夕之安，不可得矣！」〔註7〕

　　此外，最大的反對力量是來自各省的舉人。4月30日，都察院代遞各省舉人呈文折衷，就包括了奉天舉人奉生等呈文、湖南舉人文俊鐸等呈文、湖南舉人譚紹裳等呈文、湖南舉人任錫純等呈文、廣東舉人梁啟超等呈文、江蘇教職顧敦彝等呈文、四川舉人林期圻等大量奏文。這些奏文往往都是幾十人，甚至上百人聯名上書，以力陳表達反對割讓中國土地給日本。這其中，影響最深刻的是4月22日，康有為、梁啟超書成一萬八千字的「上今上皇帝書」，全國十八省舉人響應，一千二百多人連署。5月2日，由康、梁二人帶領，十八省舉人與數千市民集「都察院」門前請代奏，即所謂的「公車上書」，反對聲浪最大。

二、清政府拖延交割臺灣

　　《馬關條約》簽訂後，來自翰林院、都察院、內閣及六部，都有有識之士上書反對割讓臺灣，各省的總督、提督、藩司、道員也紛紛上書反對，特別是以康有為召集各省舉人的「公車上書」，更是在社會引起反響。清政府迫於全國上下強烈反對，曾電諭李鴻章「再行熟查情形」、「詳籌挽回萬一之法」。〔註8〕5月16日也因接「臺民不服屬倭，權能自主」之奏，當日又電諭李鴻章

〔註7〕《清光緒朝中日交涉史料選輯》（全），第272～273頁。
〔註8〕王彥威：《清季外交史料》，第112卷，外交史料編纂處，1935年，第12頁。

「臺灣難交情形」，再次命其「熟籌辦法」。〔註9〕

18 日，李鴻章覆奏，謂接伊藤博文電告，日本新任臺灣總督樺山資紀，已於 17 日起程赴臺，而且「詞意甚為決絕」。李擔心：「此處恐開釁端，並連累他處，務祈慎重籌辦，大局之幸！」〔註10〕清政府顧慮日本對京畿的武力威脅，為了「免致日人藉口」，只好接受事實，便一面電令唐景崧開缺「來京陛見」、「臺省大小文武各員內渡」，一面諭李鴻章飭令李經方迅速前往商辦，以示「中國並無不願交割之意」。

隨著條約批准、換文期限將至，李鴻章於 5 月 3 日，致電伊藤博文向其建議，「臺灣人民激憤動亂，應將臺灣一事重為考慮。」〔註11〕但日本已經積極開始武力征服的準備。〔註12〕

5 月 7 日，日本大本營決定派遣近衛師團與常備艦隊前往接受，並迅速地在 5 月 8 日，交換了條約批准書。〔註13〕5 月 10 日，日本政府任命海軍大將樺山資紀為第一任臺灣總督，兼任臺灣軍備司令官及臺灣接收全權委員。同時，發布了《施政大綱》的訓令，規定了有關接收臺灣、接收政府財產及有關清政府撤軍的條款。在接收方面規定：「萬一彼方於期限內不簡派全權委員，或拒絕移交，或移交怠慢時，則條約上之割地，在批准換約之後，當然已在我主權之下，自應臨機處理。遇有不得已之情事，可用兵力強制執行。」〔註14〕不惜武力為代價堅決實現佔有臺灣的目標。

11 日，李鴻章再次致電伊藤博文：「臺灣人民普遍非常激昂，推斷終將引發內亂。」故「有必要考慮採取救濟策略。」〔註15〕日本對此給與了更強硬的回應。外務大臣陸奧宗光通知中國，樺山資紀將於兩週內前去接收，伊藤博文也覆電李鴻章：「我國已任命總督，則日本政府將負起維持和平秩序之責。」〔註16〕直接回絕了中國就臺灣問題進行的交涉。

15 日，臺灣發布以全臺紳民名義的死守臺灣電文，李鴻章再度致電伊藤

〔註 9〕王彥威：《清季外交史料》，第 112 卷，第 11 頁。

〔註 10〕《寄譯署》，《李文忠公全集》，電稿，第 20 卷，合肥李氏，1921 年，第 60～61 頁。

〔註 11〕《日本外交文書》第 28 卷，第二冊，第 403～404 頁。

〔註 12〕《日清戰史》，第七卷，文海出版社，1976 年，第 3 頁。

〔註 13〕《日清戰史》，第七卷，第 2 頁。

〔註 14〕井出季和太：《南進臺灣史考》，誠美閣，1943 年，第 4 頁。

〔註 15〕《日本外交文書》第 28 卷，第二冊，第 460 頁、556 頁。

〔註 16〕《日本外交文書》第 28 卷，第二冊，第 557～559 頁。

博文：「有必要盡快將臺灣事態交付兩國全權大臣會議商討。希望以此迫使日本延後樺山資紀來臺接收的決定。」〔註17〕伊藤回應道：「勿庸兩國合議。」並表示樺山已於17日自京都出發前往臺灣。〔註18〕

　　這些都說明，即使條約簽訂之後，清政府也並未放棄努力，特別是三國干涉還遼的成功，讓清政府的官員及其臺灣士紳，重新燃起了保臺的一線希望。

　　4月17日，即《馬關條約》簽訂的當天，道員姚文棟拜見英國駐淡水代理領事金璋（Lionel C. Hopkins），對其進行游說。姚稱奉兩江總督張之洞和臺灣巡撫唐景崧的委託來拜訪，並表示臺灣軍民「強烈反對割讓」，言「這一變化對其他國家損害極大，特別是對英國及其殖民地香港，它不僅會影響香港的貿易，而且會使該殖民地的安全受到危脅。與其讓日本得到上述利益，不如讓英國這樣的友好國家得到」〔註19〕，暗示要以特別利益請英國護臺之意。當時金璋的體會為「似乎是把該島實際上轉交給大不列顛，由大不列顛負責該島的保衛」〔註20〕。

　　4月20日，即條約簽訂後的第三天，唐景崧也約見英國駐淡水代理領事金璋，並向他介紹一個由15人組成的臺灣紳民代表團。他們向金璋提出了具體的建議，其主要內容是：「臺灣全體民眾不願歸順日本。他們希望請求英國保護臺灣疆土及居民。金、煤、硫、樟腦及茶製品稅金由英國徵收。人口、土地稅、疆土及管轄權仍為中國所有。」〔註21〕唐景崧則敦請金璋從速將此建議電告歐格訥。

　　4月27日，慶親王奕劻偕徐用儀、孫毓汶兩位總理衙門大臣訪問歐格訥，探問是否收到臺灣紳民提出的建議，但又解釋道：「這個建議是臺灣紳民自發提出來的，並不是中國政府方面提出的正式建議。」歐格訥則回答：「將該島割讓給日本，在任何方面來看，肯定都是英國所不能同意的。……（但）在目前的時候，我看不到任何採取直接干涉的實際可行的辦法。」〔註22〕含蓄地暗示此建議是不可行的。

〔註17〕《日本外交文書》第28卷，第二冊，第560～562頁。

〔註18〕《日本外交文書》第28卷，第二冊，第563～564頁。

〔註19〕British Documents on Foreign Affair-Reports and Papers from the Foreign Office Confidentiel Print, Part I, Series E, Vol 5, pp.353～354.

〔註20〕戚其章主編：《中日戰爭》（中國近代史資料叢刊續編），第6冊，第685頁。

〔註21〕British Documents on Foreign Affair-Reports and Papers from the Foreign Office Confidentiel Print, Part I, Series E, Vol.5, pp. 356頁。

〔註22〕戚其章主編：《中日戰爭》（中國近代史資料叢刊續編），第6冊，第694頁。

　　另外，李鴻章面對國內反對聲浪，也加入到游說英國的行列中來。5 月 2 日，李鴻章趁英國駐天津領事寶士德（Henry B. Bristow）來探望傷情之機，首先直言英國「希望扶助日本變得強大，從而成為其與俄國抗衡的得力盟友」，斷定英日之間「顯然已達成默契」。寶士德則極力否認和辯解。於是，李鴻章重提以押臺換保臺的建議，請寶士德轉告歐格訥。寶士德問：「這是不是要我們兼併臺灣？」李鴻章答道：「不是這樣。根據士紳們的建議，你們只接管所有礦井、樟腦和煤油井等等。這只是一種保護關係，領土仍歸中國所有。」同時他還請寶士德函邀歐格訥到天津來，並保證說：「歐格訥先生同我在這裡會很快達成協定。」此時，歐格訥已經接到外交部的機密電訓：「上峰已經作出允許日本佔領臺灣的暗示。」〔註 23〕這樣，李鴻章的游說也同樣未能取得成功。

　　張之洞率先力持異議，反對割臺。當得知條約簽訂後，他於 4 月 22 日，致電唐景崧，提出「守口聘英將，巡海乞英船」的「庇英自立」之策，當龔照瑗於 5 月 1 日會見金伯利商請保臺時，金伯利便「堅以辦不到辭」之。求英國不成，張之洞又轉希望轉向了法國。

　　三國干涉還遼後，法國地位提高，張之洞、唐景崧等希望其將干涉範圍擴大到臺灣。4 月下旬至 5 月上旬，清政府通過赴俄專使王之春和駐英法公使龔照瑗與法國接洽，法方一度有意介入，表示願派艦船前往基隆、淡水護商，並遣員與唐景崧等面商機宜。

　　起初龔照瑗的態度很樂觀。5 月 1 日，他致電唐景崧，告「法有保臺澎不讓倭意」。2 日，又致電總理衙門說：「密商保臺澎辦法，現臺灣吃緊，法已派人護商，先遣員晤臺撫，面商機宜，有兵登岸。請電臺撫曉諭地方勿驚疑。」〔註 24〕確實，法國有染指臺澎之意，曾經研擬了禁止在澎湖建設作戰的具體提案，並拉攏西班牙與之聯合，使中國軍民增強了法國保臺的期待。

　　但此舉遭到了德國的堅決反對，致使法國無法在三國干涉時提出保臺提案。〔註 25〕德國外交大臣馬沙爾竟代為日本出謀劃策，以抵制法國。他對青木周藏說：「如法蘭西或西班牙致送照會，可以明確答覆，日本將決心佔領臺灣

〔註 23〕British Documents on Foreign Affair-Reports and Papers from the Foreign Office Confidentiel Print, Part I, Series E, Vol.5, pp.404～406。
〔註 24〕《清光緒朝中日交涉史料選輯》（全），第 364 頁。
〔註 25〕許世楷：《日本統治下的臺灣》，第 45 頁。

及澎湖島。」〔註26〕

　　由於德國的反對，法國佔領臺澎的圖謀也就無法實現。4日，法國外交部長阿諾託藉口條約批准而收回了原先的「保臺」許諾，至5月11日，正式通知清廷干預之事作罷。

　　在一系列外交求援受阻後，張之洞暫緩換約的建議，又沒有被清廷所採納。他深知「屢次電奏瀝陳，深遇時忌」，深知電阻割臺難有實效，於是轉而鼓動臺民自主保臺。在《馬關條約》簽訂不久，張之洞即向唐景崧提出了「臺能自保，不累中」的建議。

　　後來，雖有諭旨令唐景崧開缺來京，張之洞仍極關心臺灣情況，不斷致電唐景崧詢問。及至獲悉臺灣民主國成立，他一面匯銀三十萬兩以示支持，一面致電唐景崧，告以違旨留臺「自繫萬不得已」，「然自處須有分寸」，可見張之洞之良苦用心。

三、臺民自主保臺──「臺灣民主國」的成立

　　臺灣民主國的方案，是臺灣省內外的官紳共同醞釀而成的。臺灣紳民由於歷經一連串爭取朝廷重視，地方大吏支持和列強援助，反對割臺無果的情況下，開始籌劃自主保臺，醞釀以自立民主政體的形式，反抗日本的領有，根據萬國公法之「民不服某國，可自立民主」〔註27〕之條，認為只要臺灣獨立成為一國，再向外國求援，或許可以避免被割讓的命運。這個方案與臺灣布政使陳季同有著密切關係。

　　1895年3月，署理臺灣巡撫唐景崧電調陳季同赴臺。唐景崧調陳赴臺，目的是爭取法國援助保臺行動。陳經南京赴臺，顯然是與時任兩江總督張之洞商議行動方略。考慮到當時清政府尚未與日本徹底完成交割手續，臺灣仍是中國的一個行政省，此時如以臺灣省名義宣布抗日，日本政府必然會對中國政府施加壓力，導致抗日失敗，所以陳季同設計出一個依照國際法規則的保臺策略。他援引《國際公法》第286章：「割地須問居民能順從否」，「民必順從，方得是為易主」〔註28〕等有關條文，提出了以民政獨立，遙奉正朔，拒敵人的策略。這樣，臺灣的紳民們，就以陳季同設計的方案，開始積極籌劃以民主國

〔註26〕《日本外交文書》第28卷，第812號。
〔註27〕《臺海思痛錄》，《近代史資料》1983年，第1期，第7頁。
〔註28〕《公法會通》，1880年同文館聚珍版本，卷三，論轄地之權，第二百八十六章，第4～5頁。

的形式抵制日本的佔領。

4月17日，《馬關條約》正式簽訂簽訂，臺灣割讓已成事實。臺灣巡撫唐景崧與張之洞商議民主國之方案，得到了張的支持。4月20日，唐景崧致電張之洞稱：「臺本未失，今民又不服倭，皆公法所可爭者。」〔註29〕翌日，張之洞覆電，稱：「西人言普法議和，普索法兩省地，法以兩省人不願屬普，普不能駁，中國可援例，聽臺灣民自便」〔註30〕，表示贊同唐景崧的意見。29日，唐景崧電稱：「臺民自主，可請各國保護。」〔註31〕

煙臺換約以後，臺灣紳民皆知讓臺之事已無可挽回。5月15日，丘逢甲率領臺灣士紳與唐景崧等，集議於臺北籌防局，眾皆認為：「萬國公法有『民不服某國，可自立民主』之條，全臺生民百數十萬，地方二千餘里，自立有餘。」〔註32〕這是自主保臺之議的初步醞釀。決定按照陳季同的策略，以臺灣民主國的形式謀取抗日保臺。議後發布「臺民布告」，宣布自立，內容如下：

> 我臺灣隸大清版圖二百餘年。近改行省，風會大開，儼然雄峙東南矣。乃上年日本肇釁，遂至失和。朝廷保兵恤民，遣使行成。日本要索臺灣，竟有割臺之款。事出意外，聞信之日，紳民憤恨，哭聲震天。雖經唐撫帥電奏迭爭，並請代臺紳民兩次電奏，懇求改約，內外臣工，俱抱不平，爭者甚眾，無如勢難挽回。紳民復乞援於英國，英泥局外之例，置之不理。又求唐撫帥電奏，懇由總理各國事務衙門商請俄、法、德三大國並阻割臺，均無成議。嗚呼慘矣！查全臺前後山二千餘里，生靈千萬，打牲防番，家有火器。敢戰之士，一呼百萬，又有防軍四萬人。豈甘俯首事仇？今已無天可吁，無人肯援。臺民惟有自主，推擁賢者，權攝臺政。事平之後，當再請命中國，作何辦理。倘日本具有天良，不忍相強，臺民亦願顧全和局，與以利益。惟臺灣土地政令，非他人所能干預。設以干戈從事，臺民惟集萬眾禦之。願人人戰死而失臺，決不願拱手而讓臺。所望奇材異能，奮袂東渡，佐創世界，共立勳名。至於餉銀軍械，目前盡可支持，將來不能不借貸內地。不日即在上海、廣州及南洋

〔註29〕《張文襄公全集》（海王村古籍叢刊）第144卷，第28頁。
〔註30〕《張文襄公全集》（海王村古籍叢刊）第144卷，第27～28頁。
〔註31〕《張文襄公全集》（海王村古籍叢刊）第145卷，第7頁。
〔註32〕《臺海思痛錄》，第7頁。

一帶埠頭，開設公司，訂立章程，廣籌集款。臺民不幸至此，義憤之倫，諒必慨為伙助，泄敷天之恨，救孤島之危。

如肯認臺灣自立，公同衛助，所有臺灣金礦、煤礦以及可墾田可建屋之地，一概租與開闢，均霑利益。考公法：讓地為紳士不允，其約遂廢；海邦有案可援。如各國仗義公斷，能以臺灣歸還中國，臺民亦願以臺灣所有利益報之。臺民皆籍閩、粵，凡閩、粵人在外洋者，均望垂念鄉誼，富者挾貲渡臺，臺能庇之，絕不欺凌；貧者歇業渡臺，既可謀生，兼同洩憤。此非臺民無理倔強，實因未戰而割全省，為中外千古未有之奇變。臺民欲盡棄其田里，則內渡後無家可依；欲隱忍偷生，實無顏以對天下。因此槌胸泣血，萬眾一心，誓同死守。倘中國豪傑及海外各國能哀憐之，慨然相助，此則全臺百萬生靈所痛哭待命者也。特此布告中外知之。〔註33〕

同時，臺灣士紳又發電報給總理衙門、北洋大臣、南洋大臣、閩浙總督、福建布政使及全臺陞官，表明獨立的意圖：「伏查臺灣為朝廷棄地，百姓無依，惟有死守，據為島國，遙戴皇靈，為南洋屏蔽。」〔註34〕

5月21日，丘逢甲、候補道林朝棟、內閣中書教諭陳儒林等，在臺北籌防局聚會。陳季同再申前議，於是自立民主之策乃定。遂鑄金印一顆，文曰：「臺灣民主國總統之印」，製長方形「藍地黃虎」旗，「虎首內向，尾高首下」，以示臣服於中朝。丘逢甲等共議，推唐景崧為民主總統。

與此同時，陳季同通過法國人士尋求各國承認臺灣民主國，介紹法國兵艦軍官見唐景崧，洽商保護。23日法國軍官會見唐景崧，允諾會立刻動身前往當時法國艦隊駐在地長崎與提督商量，並作出令人安心的答覆：「如果是為了清國要奪回領土，實屬不易，但如果是為了保護臺灣人民，則較為容易。為前提是臺灣非獨立不可，假使臺灣本身擁有主權，法國將立刻派遣使節前來締結條約。」〔註35〕經過不斷與法國相接觸，臺灣軍民非常相信法國會幫助臺灣。其實這時法國政府顧及德國的壓力，已決定拒絕介入，只是先期赴臺的海軍軍官不知形勢有變。

在此鼓舞下，原本猶豫不決的唐巡撫遂於5月23日發布「臺灣民主國獨

〔註33〕連雅堂：《臺灣通史》，商務印書館，1996年，第93～94頁。
〔註34〕黃昭堂：《臺灣民主國研究》，前衛出版社，2006年，第61頁。
〔註35〕《張文襄公全集》卷145，電牘24，第27頁。

立宣言」如下：

> 照得日本欺凌中國，索臺灣一島，臺民兩次電奏，勢難挽回。
> 知倭奴不日即將攻入。
>
> 吾等如甘受，則吾土吾鄉歸夷狄所有。如不甘受，防備不足故，
> 斷難長期持續。屢與列強折衝，無人肯援，臺民惟有自主。臺民願
> 人人戰死而失臺，決不願拱手而讓臺。臺民公議自立為民主之國。
> 決定國務由公民公選官吏營運。為達計劃且抵抗倭奴侵略。新政府
> 機構中樞必須有人主持，確保鄉里和平。素敬仰巡撫承宣布政使唐
> 景崧，會議決定推舉為臺灣民主國總統。
>
> 初二日公同刊刻印信，全臺灣紳民上呈。當日拂曉，士農工商
> 公集籌防局，開始嚴肅此壯舉。
>
> 乞勿遲誤
>
> 以全臺之民布告之。〔註36〕

24日，將宣言譯成外國語並送至各國駐臺領事館，25日上午9時舉行獨
立典禮，宣布成立「臺灣民主國」。唐景崧被推為臺灣民主國的總統、劉永福
被推為大將軍、丘逢甲則為義勇軍統領。臺灣民主國將制定好的「黃虎旗」為
國旗，將刻有「民主國寶印」為國璽，建年號為「永清」，臺北為其首都。

小結

臺灣民主國的成立，主要是迫於當時急迫形勢的需要。民主國一成立，
便立即任命新的官職以填補空缺。這樣，臺灣抗日的領導體系才得以維持，
並對其後臺灣的反割臺武裝鬥爭起了組織保證作用。臺灣民主國雖名義上為
「國家」，但實質上其設計屬中國之下。它成立的本身，就是臺灣人民對抗日
本侵略鬥爭的步驟，其後的對日抗戰，更是中華民族抗日戰爭的原點及重要
組成部分。

〔註36〕黃昭堂：《臺灣民主國研究》，第67頁。

第二章　臺民反割讓與「民主國」的覆亡

　　《馬關條約》簽訂之後，日軍大本營即預料接收臺灣時可能會遭遇抵抗，雖對鎮壓反抗所需要兵力尚無判斷，但還是決定以一個師團，作為臺灣駐屯軍。1895 年 5 月 7 日北白川宮能久親王所率領的近衛師團第一混成旅，內定為派駐臺灣之軍隊。5 月 22 日日軍派出「浪速」、「高千穗」兩艦先行至臺灣偵察情勢。24 日首任臺灣總督樺山資紀，率領文武官員三百餘人，自宇品港搭乘「橫濱丸」出發，準備接收新領土——臺灣。5 月 29 日上午，日本軍艦到達臺灣東北海岸附近的澎佳嶼之南約五海里處。來不急等待清朝政府將臺灣交割過來，日軍隊逕自在基隆外海的三貂角海岸附近登陸。

一、臺灣府的保衛戰

　　日本入島前臺灣有綠營軍十幾個營，另外，還有一些土勇，兵力大約有五萬人，分四路扼守。北路守備為步兵七十四營四哨及要塞炮兵三隊十二哨，統領為唐景崧；中路守備為步兵二十九營二哨，統領為林朝棟、丘逢甲；南路守備為步兵四十一營及要塞炮兵三隊，統領為劉永福；後山守備為步兵四營，統領為袁錫中。〔註1〕

1. 守衛基隆

　　基隆是臺北的門戶，是臺灣最好的港灣。由於此處是清法戰場最重要的戰役之地，當然也是臺灣北部防禦的一個重點。清法戰爭以前，這裡就有了相當

〔註1〕《臺灣抗日運動史》(1)，海峽學術出版社，2000 年，第 83～84 頁。

的防禦設備，後來，又增加了數處炮臺。其中主要的炮臺有社寮炮臺、頂石閣炮臺、小炮臺、仙洞炮臺及獅球嶺炮臺等。絕大多數炮臺的炮口都面對港灣內，能對港灣內外形成有效的火力控制。而當時完備部隊是銘字軍五營、定海軍二營、廣勇二營、田字營、水雨田營及炮臺炮隊。張兆連為總督。〔註2〕

當時民主國在基隆有著重兵駐守。特別是基隆港灣的背面即是陸地上的迭嶂山嶺，道路險惡，是難以攻守的天險。當時唐景崧告誡張兆連等加強基隆港的完備，一方面為防備日軍從其他方面登陸出現的港灣北後，將統領陳尚志的尚字軍三營及勁字營駐紮在金包里，把銘字軍後營駐紮在東面的八斗莊，把簡字營駐紮在六仔僚，並命其沿著三貂灣沿岸偵察。但民主國軍隊偵察認為日軍可能在澳底和蚊仔坑兩地登陸。於是，唐景崧便命提督曾喜昭率領連勝軍三營赴九份與蚊仔坑守備。

但民主國的判斷並不準確，日軍選擇了三貂灣作為登陸之地。當時，日本近衛師團的主力已經集結在三貂灣附近的海面上，25 日時，東鄉平八郎率領的兩艘偵察艦，開抵到淡水港外進行偵察。日軍通過打探得知，當時淡水河右岸的滬尾炮臺，有大批清軍守衛，且發現軍營中有水雷等各種器具。日本小汽船駛回途中，還遭清軍槍擊。據此，東鄉平八郎認為淡水港並不是最佳登陸之地。於是再派艦去三貂角附近偵察登陸地點。而此時，臺灣島內「臺灣民主國」已然宣布成立。日軍在 26 日，從英國船「福爾摩沙」號上得知這個意外的情報。華山資紀得知這個消息後，對和平接收臺灣已經不報任何希望了。

而據日本軍艦的偵察，距離淡水西地五海里的三貂角，是最合適的登陸點。此地雖然距離臺北較遠，但可先行佔領根據地，況此處風向也有助於日軍登陸，於是華山資紀決定在此登陸。

29 日，日軍松島號軍艦引導運輸船到達三貂角，根據對岸上的偵察，發現沒有守兵防備，於是日本下午一時，開始登陸，只用了二個小時，其先遣部隊即登陸完畢，並且迅速設立灘頭指揮所。之後馬上趁夜色去進攻臺北通往宜蘭的要道——頂雙溪。日本上陸臺灣島似乎沒有受到任何的阻礙，這可能是由於臺灣島內的清官員，根本就沒有想到日本這樣快就登陸上島，另外，他們所估計的日軍登陸地點與真實登陸地並不相同。故在日軍登陸之時，沒有軍隊守衛，故在登陸過程中，雖有百餘人的民主國軍隊與日軍遭遇，但很快就被日軍突破。

〔註2〕《臺灣抗日運動史》（1），第 86 頁。

次日，唐景崧將日軍開始登陸臺灣本島消息電奏北京，告知。可是殊不知發電的同時，日軍早已從頂雙溪出發，攻陷東北角戰略制高點——三貂嶺，並在隔日夜襲基隆河上游大聚落——瑞芳。6月2日的「瑞芳之戰」是日軍入臺後首次遭遇的大規模「街頭巷戰」。清軍兵勇及附近百姓英勇抗戰，致使日軍傷亡慘重。故日軍擔心因此對以後難免有更強烈的抵抗，特別是擔憂軍需糧食接濟不夠，且對當地道路陌生，若想快速佔領全島，惟有攻下臺灣北部第一大港——基隆，而後靠著海軍運輸艦的支持，方可解決問題。

基隆港附近的海防建設，在清代巡撫劉銘傳的規劃下，已經形成規模。此港仿傚西洋海防要塞的建築設計，共修築洋式炮臺五座，並配有九門英製阿姆斯脫朗後膛炮，以及四門德製或英製的山炮。各炮臺所配備火炮及臺炮臺配置如下表：

炮　臺	火炮種類	炮　數	兵　員	炮臺司令
社寮炮臺	十二英寸安式加農 十英寸安式加農 八英寸安式加農	一 二 二	三哨	陳華挺
小炮臺	八英寸安式加農 六英寸安式加農	一 二	二哨	莊長勝
頂石閣炮臺	二十一珊米克式加農 八英寸安式加農	二 一	三哨	陳榮才
仙洞炮臺	十二英寸米克式加農 十五英寸米克式加農	一 二	一哨	劉燕
獅球嶺炮臺	十二英寸前裝加農 六英寸前裝加農	一 二	一營	包定光

此表轉引自《臺灣抗日運動史》（1），第87頁。

日軍若要從其港口正面進攻，勢必受到嚴重損失。所以日軍就避開這些炮臺的射程範圍，將炮臺後方作為主攻區。

6月3日，基隆保衛戰開始。當天日軍以四千人之眾，仍採鉗形攻勢夾擊基隆。日軍艦隊則在外海岸炮轟，一方面牽掣炮臺守軍，一方面佯攻以欺蒙清守軍。日軍從瑞芳出擊後，先進攻規模較小的沙元小炮臺，不料該炮臺清兵勇施放數炮後，竟全數陣前脫逃。接著其餘三座炮臺——頂石閣、仙洞、社寮炮臺見狀，也加入脫逃的行列。日軍不費吹灰之力，就佔領四處炮臺與大半個基隆。此時殘餘的清守軍撤退到最後方的獅球嶺炮臺。

　　獅球嶺是扼守基隆與臺北間交通的峻嶺，其下有鐵路隧道穿越，自南而北綿延五百公里，上面置有若干炮臺，可俯瞰整個基隆港區。故不管對日軍還是對民主國的守軍來說，獅球嶺之戰，都是攻防戰中的決定性戰役。

　　在三貂嶺、九份、瑞芳市街等地連續失守後，民主國總統唐景崧下令諸軍全力扼守龍潭堵及獅球嶺。但在日軍的節節進逼下，從各地敗退下來的民主國守軍，最終匯合的獅球嶺，想利用獅球嶺之自然之險，作為據守基隆的最後據點。當時民主國究竟駐有多少兵勇，並沒有準確的記載。

　　日軍則是在下午開始進攻獅球嶺。日軍發現獅球嶺正面急峻陡斜，斷崖處處且榛莽遮蔽，由下往上看，根本無從知曉炮臺上的情況，且當天下午突如奇來的大雨，更對日軍形成絕大的阻滯。日軍在大雨中，使用大炮連續轟炸協同作戰，但連續幾個小時都豪無進展，由於雨越來越大，視野模糊。此時有一部日本軍開始向嶺上攀爬，臺藉兵勇發現後，就「群隱伺敵」，但其左翼的廣東兵勇，誤以為民主國兵勇怯敵躲避，竟然對自己人開槍射擊，而臺藉兵勇則以為廣東兵勇敵前叛變，也開火還擊，獅球嶺上頓時亂作一團。陰差陽錯之時，一小隊日軍，趁機從右翼空虛處登上獅球嶺，民主國的軍隊被迫棄防。〔註3〕

　　獅球嶺的失守，無異表明基隆也馬上會淪陷，同時也為日軍進攻臺北打開了大門。隨後，日軍很快就佔領了基隆。6月6日，近衛師團掃除了殘餘臺軍後，全數進入基隆，日軍在完成全部港口內掃雷工作後，臺灣總督府官中於當天傍晚登陸，總督樺山資紀下令以基隆為陸海軍根據地，並在基隆的舊稅關內展開臺灣總督府的公務。

　　基隆之役，日軍參加人數計有四千人，但真正的戰死者只有四人，受傷者二十六人。〔註4〕也可看出當時民主國軍隊之內訌之深刻影響。而日軍佔領基隆，在戰略上有著非常重大的意義。首先，佔領基隆，以樺山為首的總督府官員終於登上了臺灣的土地，舊稅關總督府業務的開展，標誌著殖民統治的開始；其次，日軍佔領基隆，日軍軍艦便可以直接從海上進入基隆港，不必再擔憂軍隊的各項補給問題；第三、佔領基隆，使控制了直通臺北、新竹及南下之鐵路線；第四，佔領基隆，在戰略上可以直接產生「不戰而屈人之兵」之威力。

〔註3〕鄭天凱：《攻臺圖錄》，遠流出版事業股份公司，1995，第62頁。
〔註4〕鄭天凱：《攻臺圖錄》，第61～62頁。

　　而在歷史上，以獅球嶺失守為標誌，日軍對基隆的佔領，也是臺灣民主國的一個轉折點。此日，臺灣民主國總統唐景崧，急忙奔向淡水河口的出海港口滬尾，急忙內渡回大陸，民主國群龍無首。這樣此後與日軍對抗的主要力量，就不再是所謂的民主國的「正規軍」了，代之而起的是臺灣民間自組團的地方武裝。

2. 臺北城的失守

　　日軍在獅球嶺攻陷後，就馬不停蹄地開始向臺北方面進發。6日，近衛師團的第一個聯隊就推進到了汐止附近，但由於對臺北城內情況不明，所以未敢貿然前進。而臺北城內，由於唐景崧回渡大陸，混亂的情況就更嚴重。當地的士紳與洋商公推「瑞昌成」號商人辜顯榮，前往基隆商請日軍進城維持秩序。辜顯榮行抵水返腳時被日軍扣留，辜顯榮向日軍提供了臺灣最新的情報：民主國軍隊現在以新竹與彰化為多、鐵路均無損壞、機車（火車頭）都停放在臺北、電報線均無損壞、臺北至基隆的橋樑亦無損壞、臺北城內的大稻埕有英國與德國駐軍三十餘名、滬尾港現況不知等內容。〔註5〕另外，臺北大稻埕的洋商李春生、士紳劉廷玉與陳儒林等人，亦請歐美德商先行去迎接日軍。當時美籍戰地記者戴維森（Davidson）、英籍茶商湯姆遜（Thompson）德籍商人奧利（Ohly）等三人前往汐止，請日軍速赴臺北以維持治安。〔註6〕

　　當時近衛師團偵察隊也回報說：松山附近居民皆豎白旗歡迎他們前往。當晚，臺北府內電信局主管電報機械的德國籍專員韓生（Hanser），也給日軍發電報來，間接證實了辜顯榮的情報是正確的。〔註7〕日軍獲悉後大喜，於是近衛師團便於當天深夜，積極地朝臺北城進發，7日早晨進抵臺北府城。

　　今天想來，日軍這樣輕易地到達臺北城，似乎不能讓人理解。但回朔歷史，面對日軍的步步逼進，臺灣人民的情緒一定是極為複雜的。在日軍登陸以前，臺北府附近的閭巷之間，曾傳唱著一首歌謠：「基隆嶺頂做煙墩，滬尾港口填破船，番仔相刣阮不驚，著刣番頭來賞銀。」〔註8〕歌謠中不僅直呼日本人為「番仔」，更表達出欲與日本人抗爭周旋之心態。但日軍剛剛登陸，很快就攻

〔註5〕龍逸：《誰請日軍入臺北城補遺》，《臺北文物》，第10卷第1期，1961年，第53頁。

〔註6〕戚嘉林：《臺灣史》，海峽學術出版社，2008年，第247頁。

〔註7〕鄭天凱：《攻臺圖錄》，第63頁。

〔註8〕鄭天凱：《攻臺圖錄》，第66頁。

下基隆，進取臺北。而作為民主國總統的唐景崧，竟然在 4 日棄職潛至淡水，並於 6 日返回大陸。這無疑宣告民主國的敗落，故臺北城內陷入了空前的混亂。城內沒有辦法逃走之人，在無政府的混亂狀態下，無所適從。儘管許多人對日軍仍心懷疑慮。一些有錢人為求自保，才會派代表請日軍進城。就在日軍進城前的幾個小時之前，臺北城內的人民還在驚恐、疑惑與順從之間搖擺不定，當時還有人在街上敲鑼吶喊著：「不要失望，提起勇氣，獨眼龍明天一旦從南部帶著兩萬精兵前來，就會把倭寇趕下海。」〔註 9〕這裡所說的「獨眼龍」是指清法戰爭時期的抗法名將林朝棟。可見當時還有一些人是反對日本人入城的。這說明，居民最後決定舉白旗迎日軍，並非真心歡迎日本人，而是對民主國軍隊很失望，對這樣的宣傳也沒有信心。

6 月 7 日清晨，近衛師團的前鋒部隊兵臨臺北城下，除了來自城牆零星的火力反擊之外，日軍基本沒有受到抵抗，就攻上了臺灣城。而之所以這樣快速登城，是由於居住在北門外一位名叫陳法的婦人，搬來竹梯教日軍攻上了城牆，而城上的民主國守兵也沒有抵抗，一哄而散，日軍幾乎以兵不血刃的方式，就接收這座臺北北部最有象徵意義、也最重要的城市。而日本人為表彰陳法，宮能久親王親自頒發獎狀給她，還賜銀五元。〔註 10〕

臺北城陷落之後，仍有舊民主國兵勇匯往淡水，故日軍隔日馬上隨即調派偏師，赴淡水接收滬尾守軍。日軍所派遣的二千餘名部隊，並沒有遭到任何抵抗，就佔領炮臺與市街。這樣，日軍僅用幾天，就順利地佔領了淡水河以北的廣大地區。在侵略者高昂的氣勢下，象徵著開啟殖民統治的「始政式」，也迅速在三天後登場。

6 月 17 日，日軍在舊臺北府巡撫衙門，舉行始政式典禮，並暫設基隆支廳與臺北縣，開始各種民政事務。

臺北城這樣快速地被日軍佔領，並不是日軍多麼的強大，最重要的原因在於臺灣民主國的官員們，本來就沒有準備與日軍抗爭到底。特別是其總統唐景崧竟然在關鍵之時，棄職潛返回大陸，這對臺北城內守軍及普通百姓所帶來的心理上的影響，是非常巨大的。另外，我們看到，日本人初起並不信任臺灣人辜顯榮，但外國人戴維森（Davidson）、湯姆遜（Thompson）及奧利（Ohly）等三人的到來，卻讓日本人十分放心。日本人接受了他們的建議，直接沿著鐵

〔註 9〕鄭天凱：《攻臺圖錄》，第 66 頁。
〔註 10〕鄭天凱：《攻臺圖錄》，第 66 頁。

路線進行臺北。由於他們三人先於日軍回到臺北，向市民及外僑報告情況，所以儘管日軍前頭部隊只有五百人，但卻很順利地攻下臺北城。所以臺灣城的失陷，是由於守城的民主國官兵失去了信心，更由於一些外國人從中干涉而造成的。

3. 新竹之戰

6 月 17 日，始政式後，臺北以南的民主國軍隊仍舊在頑抗，因此以武力推動南部領土的佔領，成為日軍的首要任務。早在 6 月 12 日時，日軍就曾派遣二個中隊總共四百多人，沿著鐵路分成二批南下進行偵察任務。他們穿過桃園後，在新竹枋藔，與當地數十名民主國守軍進行了交鋒。後來還有民主國軍隊五、六百名趕來支持，日軍不敵，撤回大湖口。民主國軍隊據守在附近的高地，以便伺機突擊日軍。日軍不敢戀戰，趁著半夜由鐵路向北突圍，最後逃回臺北城。

實際上新竹應戰日軍的軍隊由幾部分組成。它們是北上途中聽說臺北淪陷而解散的林朝棟部下棟字右營長謝天德，丘逢甲的將領吳湯興統領的臺灣土勇七百多人，還有丘逢甲部下的後壟誠字營，另外還有北埔的姜紹祖也率領敢字左右營與之相響應。他們計劃再率師支持臺北。可得知唐景崧已經內渡，遂折返回到新竹。

但新竹枋藔之役，讓日方覺得此地區的作戰不比以往。始政典禮完成後，日軍組成步兵、騎兵、工兵、炮兵、衛生兵、輜重兵的聯合大隊，配有山炮與重機槍，人數約為二千人的混成支隊，在 6 月 19 日，由近衛師團長北白川宮能久親王率領，向新竹出發。

6 月 21 日，民主國軍隊六百多人，在陳超亮、徐驤等人帶領下，分三路環攻剛剛抵達楊梅壢的日軍。雙方正在激戰之時，吳湯興又率援軍，從大湖口趕至。在他們的共同努力下，將日軍擊退至中壢。

但第二天，日軍大部隊到來，以優勢火力作為掩護，將楊梅壢奪回，並很快攻下大湖口。當時楊梅壢幾乎被大火所焚毀，而大湖口的二百多戶店面，亦幾於瞬間成為焦土。〔註 11〕至此，從大湖口至楊梅之鐵路線，就被日軍所控制。而此時民主國的軍隊，則據守在鐵路東側枋藔高地。為避免他們切斷後方的補給線，日軍以大隊部消滅了這一帶的守軍。此後，日軍以鉗形，進攻新竹縣城。6 月 22 日攻進新竹，這座地位僅次於臺北府城的城池也宣告陷落。

〔註11〕戚嘉林：《臺灣史》，第 247 頁。

6月20日至7月2日的新竹保衛戰異常激烈，雖然日軍最後攻下新竹縣城，但卻付出沉重的代價。日軍戰死十一人，傷者二十多人。新竹縣攻防戰的失敗，代表著在主要交通路線與城市的對決上，民主國軍隊沒有辦法敵過日軍。

此後，日本開始激烈的掃蕩清剿行動，以消滅抵抗的藏匿在北部山區的民主國軍隊。這次的掃蕩分成前、後二期。前期在7月的12日至23日，主要目標為今臺北縣境內之大嵙崁及三角湧地區。

7月12日，近衛師團第二旅團長山根信成少將率領混成部隊二千六百多人，沿臺北鐵路南下，13日夜宿中壢。14日攻陷龍潭，是時胡嘉猷及黃娘盛率義軍抵抗，義軍戰死過百人，胡嘉猷亦戰死。另一方面，日軍於13日下午入侵三角湧，並向大嵙崁地區前進，義軍在日軍經過德坑莊長形溪谷地之時，進行突然襲擊，日軍傷亡較重，又遇夜雨，兩天都沒有突破，只好派員求援。16日，山根信成悉知求援一事，立即率日軍前往救援，並於傍晚佔領了大嵙崁，並縱火焚燒了大嵙崁附近的房屋。17日，坊城少佐率隊與山根支隊會全，後進軍三角湧，沿途捕殺形跡可疑之人。19日，山根等日軍三個支隊，再次對大嵙崁進行掃蕩。

7月22日山根少將率領2,000人，從大嵙崁向三角湧進兵。同日，內藤大佐率領1,000人，從海山口向三角湧進兵。也是同日，松原少佐率領600人，從臺北出發向福德坑進兵。在這場掃蕩中，日軍宣稱擊斃250名敵軍，本身傷亡23名士卒，而大漢溪一帶的抗日勢力被徹底壓制。

日軍第二次掃蕩是在7月28日至8月2日，主要用兵於今桃園與新竹縣境。由於先期的大掃蕩，義軍全都撤退回到龍潭陂、銅鑼圈等地，總數約有一千名左右。而此時，新竹縣內山鹹菜硼，也有枋藔退回來的民主國的軍隊守軍一千左右。

日軍對這二個地方的清剿，以山根支隊與近衛師團本隊為主。山根少將從大嵙崁出發，近衛師團本隊從中壢出發，彼此以平行進擊的方式，往南掃蕩桃、竹山區的守軍。近衛師團一路往南，先進軍至大湖口；山根支隊則進攻龍潭陂、鹹菜硼。此時民主國的軍隊，皆集於新埔街準備頑抗。8月1日，日軍偵察新埔有敵軍厚集兵力，遂不敢輕進。隔日，調派炮兵先施以猛轟，然後命騎兵與步兵衝鋒。是日傍晚，日軍完全佔領新埔街。至此民主國在北部的抗日軍隊的抗爭，基本上告一段落。而日軍佔領新竹縣境後，則迅速向臺灣府推進。

二、臺灣府的堅守與失敗

臺灣府主要範圍約是今天台灣的中部地區，包括今天的苗栗、雲林等地。當時臺灣府境的總兵力，多達二萬多人。它們主要是原先臺灣府的駐軍，即是新楚軍及棟軍，加上從北部新竹縣敗退下來吳湯興、徐驤的土勇，另外一支則是從臺南府北上增援的黑旗軍吳彭年麾下。

臺灣總督府舉行始政式後，臺灣南部的官紳就開始重整旗鼓，推擁移回鳳山縣旗後的民主國大將軍劉永福為總統，並鑄有「臺灣民主國總統」銀印，雖然劉永福辭不接受，但劉永福允諾，以軍務幫辦南澳鎮總兵之名義抗擊日軍，並揮營至臺南府城辦公。劉永福立即刻成立議會，重新部署民主國的兵力，並積極設法籌餉。軍餉的來源以發行官銀票、郵票為主；重新部署則命黑旗軍開赴苗栗、彰化等最前線抵禦；成立議會則以舉人許獻琛為議長，以許南英、林際春、徐元焯、謝鵬翀及陳鳳昌等人為議員。〔註12〕而南部民主國，除了劉永福之外，堅持抗日的還有新楚軍統領楊載雲及吳彭年、義民統領吳湯興、客家土勇義民首徐驤及臺灣府知府黎景嵩等人。

1. 尖筆山、八卦山之役

8月6日，日軍偵察到在客仔山陣地上，駐有一部民主國軍隊，另外在樹杞林也有小部駐守。日軍決定再以鉗形攻勢，先夾擊樹杞林一帶的守軍。同日命令已攻克鹹菜硼、新埔街的山根支隊，南下進攻樹杞林；又命伊崎支隊從新竹縣城出發，往東進攻柴梳山、埔仔頂莊、金山面。〔註13〕經過這場戰鬥，新竹縣附近地區再次得到鞏固，日軍南進即可無後顧之憂。

8日，日軍以五千人之優勢兵力，分三路進逼夾擊客仔山、雞卵面的民主國守軍。徐驤及吳湯興恐被日軍合圍，故撤防南方。徐驤與吳湯興部離開雞卵面後，紮大營於新竹縣南方的尖筆山。尖筆山位於竹南街附近，是往來苗栗、新竹的重要通道。徐驤與吳湯興部在脫離日軍包圍後並未遠離，選擇紮大營於新竹縣南方的尖筆山待敵。尖筆山位於竹南街之旁，而竹南是苗栗縣、新竹縣來往的重要孔道，控制此山自然有居高臨下之勢。但徐、吳二人卻沒有意識到尖筆山距離海岸線特別近，如果日軍艦隊從海面炮轟助攻，守軍很可能抵擋不住艦炮的威力。後黑旗軍將領吳彭年也前來增援。這樣尖筆山的民主國軍隊，

〔註12〕王國璠：《臺灣抗日史》（甲篇），臺北市文獻委員會，1981年，第296～303頁。
〔註13〕日本參謀本部編，許佩賢譯：《攻臺戰紀》，遠流出版事業公司，1995年，第205～211頁。

變成以楊載雲的新楚軍為主，吳湯興、徐驤等率領客家土勇營為輔，總人數約有四千人。

8月9日，日軍在禁衛師團長北白川宮能久親王的指揮下，總兵力共計九千人，分成三路進攻，想一舉衝破橫梗在竹、苗間的守軍陣地，迅速向南部推進。他們是親率右翼軍的川村景明少將，左翼軍的內藤正明大佐，兩者目標皆是尖筆山；另有在山區進剿的山根支隊，再從樹杞林出發，途經新竹縣南方山區—雙溪（新竹縣寶山鄉），直攻緊鄰的頭份街。當日日軍還是採拂曉攻擊，上午五時先展開炮轟，隨後步兵與騎兵傾巢而出。根據他們的回報，左、右翼與山根受到守軍還擊簡直微乎其微，為什麼會沒有預期中慘烈的戰況，日軍的看法是守軍多是前清的防軍（湘勇組成的新楚軍），鬥志不高所以速敗。〔註14〕

尖筆山與頭份戰役結束以後，日軍與民主國軍隊在臺北府境內的戰鬥，真正地結束。不過連戰皆捷的日軍，並沒有馬上趁勝追擊。右翼軍紮大營於中港溪北岸的港口—中港，等待北白川宮能久親王從新竹縣城來會。左翼軍前進至頭份，與攻佔當地的山根支隊會合。而在進攻苗栗縣城的前夕，日軍計劃調遣原本佔領遼東半島的混成第四旅團，約計有 12,000 名士兵開赴臺灣，讓他們擔任基隆至新竹守備的工作。至於南征的任務，仍由總數約 15,000 餘名的禁衛師團完成。8 月 12 日日軍偵察到新楚軍統領李惟義（日軍所記有誤，應是吳彭年），已退守至苗栗縣城，所部分紮縣城與西南方要港—吞霄（今苗栗縣通霄鎮），麾下還有六營約 3,000 人兵力。〔註15〕

8月9日，北白川宮能久親王親自指揮，日軍以九千人，分成三路進攻，先以炮轟，再以步兵及騎兵搶攻，義軍不敵，節節敗退，山路上義軍屍體不知凡幾，副將楊載雲不避身險，從尖筆山轉戰至頭份，最後身中數槍而壯烈犧牲。

尖筆山戰役的結束，民主國在臺北府境內的抗爭，才真正接近了尾聲。雖然日軍佔領了臺北府境，但義軍英勇的抵抗，使之不敢再輕敵。於是日軍右翼紮營於中港溪北岸中港，等待北白川宮能久親王從新竹縣城來會，左翼軍則前進至頭份，與攻佔當地的山根支隊會合。而在進攻苗栗縣城的前夕，日軍計劃調遣原本佔領遼東半島的混成第四旅團，約計有 12,000 名士兵開赴臺灣，讓他們擔任基隆至新竹守備的工作。至於南征的任務，仍由總數約 15,000 餘名的禁衛師團完成。

〔註14〕《攻臺見聞（原書名為風俗畫報／臺灣征討圖繪）》，第 196 頁。
〔註15〕《攻臺戰紀》，頁 218。

8 月 12 日，日軍偵察到新楚軍統領吳湯興，退守至苗栗縣城，所部分紮縣城與西南方，麾下還有六營約 3,000 人兵力。〔註 16〕13 日便大舉渡過竹、苗縣界的中港溪，分成兩路直赴苗栗縣境內。一路在阪井大佐的指揮下，約有 2,000 人沿著海岸線推進，先攻克縣城西北方的後壠。〔註 17〕另一路在山根信成少將指揮下，再沿著山區朝苗栗縣城進攻。

14 日山根支隊在縣城與吳彭年的七星隊交火，日軍先攻佔縣城東側丘陵，之後架起大炮遙擊守軍。吳湯興堅持到下午，實不敵火炮威力，便趁夜色撤軍於臺灣縣之牛罵頭街。但當地士紳蔡占鼇怕戰火殃己，強迫吳彭年率部離開，吳不得已再退至彰化縣內。而此時，尖筆山戰敗後的李惟義、吳湯興及徐驤等人，早已先一步後撤至彰化縣。

這樣從苗栗、臺灣縣戰後敗退的民主國軍隊，就都彙集在彰化縣城附近，欲與日軍決一死戰。日方的情報顯示，民主國軍隊總數約四千人，包括黑旗軍、新楚軍、從新竹南撤的客家土勇及從彰化縣增援而來的客家人團練。他們將防禦的重點放在彰化縣城的西北方與八卦山，分布為黑旗軍營官王得標率七星隊，駐守離縣城西北方的中僚，營官劉得勝率先鋒營，駐守縣城東北方的中莊仔。孔憲盈率一營，駐守離縣城西北方較近的茄苳腳。李炳土率一營、沈福山率親兵營，以及吳湯興、徐驤駐守縣城東側的八卦山。彰化縣知縣羅樹勳與吳彭年，率隊駐守縣城內的市仔尾。〔註 18〕

8 月 14 日，日軍攻佔苗栗縣城反又往南進攻並於 20 日結束了苗栗縣境內的戰事。8 月 21 日日軍斥堠渡過大甲溪，進入臺灣縣境偵察，展開新的戰鬥。不過用「戰鬥」來形容，實在過於嚴重。因為日軍攻克全縣，只不過花費七天的時間而已。所以他們所採取的策略，其實是迅速推進的戰術；極為類似先前從鹽僚登陸後，向臺北急行軍的方式。24 日日軍再分成二路進兵，一路沿著海岸線進攻，由三木一少佐指揮約 2,000 名部隊，目標為牛罵頭街。另一路沿著內陸平原前進，由中岡佑保大佐指揮約 2,000 名部隊，目標為臺灣府城。三木少左的部隊，進軍非常的順利，當天就佔領牛罵頭。隔天，大軍進抵臺灣縣西南方重要的水、陸要道—大肚街，完成對沿海地區的攻掠。〔註 19〕

〔註 16〕《攻臺戰紀》，第 218 頁。

〔註 17〕（日）《臺灣總督府警察沿革志》（第二編），臺灣總督府警務局，1938 年，第 97～98 頁。

〔註 18〕吳德功：《讓臺記》，九州出版社，2004 年，第 60 頁。

〔註 19〕《臺灣總督府警察沿革志》（第二編），第 100～101 頁。

8月28日午夜，狡猾的日軍虛晃一招，運用疑兵吸引守軍的注意，然後趁其不備暗渡船仔頭。川村的部隊先留在河岸，以燈火吸引民主國軍隊的注意。山根的部隊趁隙趕緊渡河，上岸後先搶佔彰化縣城正北方的三塊厝，然後分成三路進攻。第一路先進逼至附近的菜光僚，再攻擊駐守於茄苳腳的孔憲盈一部；第二路直接進攻縣城東方的牛稠仔，與駐守中莊仔的劉得勝交火。第三路以迂迴術，經縣城東北方稍遠的寶廍，潛行到縣城東郊。上午，日軍三路合攻沈福山、吳湯興、徐驤駐守的炮陣地。

守軍頑強抵抗，終無法扼阻日軍的進攻，沈福山當場中彈陣亡，吳湯興撤退至東門外亦中彈而死，只有徐驤率領殘勇速出西門，向臺南府退去。此時正在市仔尾督戰的吳彭年，眼見八卦山失守，欲獨自騎馬衝鋒迎敵。日軍在八卦山架起大炮，以制高的優勢轟擊山下的守軍，吳彭年中炮壯烈犧牲。

尖筆山、八卦山之役，使民主國軍隊受到了重創。其中以黑旗軍七星隊統領吳彭年，以及臺民統領吳湯興之陣亡，讓民主國軍隊士氣與戰力影響最大。吳湯興是此次割臺戰爭中，犧牲的最高軍事將領。這道防線突破以後，日本很快就攻下了鹿港。至此，日軍已攻佔中部三座最重要的城市—臺灣府城、彰化縣城、鹿港，都已被日軍強行佔領。

2. 大莆林戰役

八卦山之役後，民主國的軍隊即從彰化縣渡過濁水溪，穿越雲林縣後，再渡過石龜溪進入臺南府嘉義縣境內。這樣，從彰化縣南、雲林縣全境至嘉義縣北，這塊縱深約七十公里的地區就基本沒有民主國軍隊的設防，日軍直接即推進到今天台南附近。

9月1日，日軍渡過濁水溪，佔領溪南重要渡口——莿桐巷，旋即南下進入雲林縣城。9月2日，日軍佔領雲林縣南方之他里霧，並渡過石龜溪，住紮在嘉義縣北之大莆林。[註20] 日軍到達大莆林後，竟得意忘形地要求當地頭人簡精華，獻出婦女200人供其玩樂。簡氏原本有歸順之意，聞之此事後震怒，遂發動偷襲重創日軍。

9月3日下午，簡組織五百多人利用地理優勢，將日軍團團包圍。日軍由西村大尉率部分人馬撤至他里霧。而此時，他里霧的日軍也正被民主國軍隊的襲擊，兩股日軍匯合後，仍然不敵，於是趁夜北逃到莿桐巷避難。是役，簡、

〔註20〕（日）《臺灣總督府警察沿革志》（第二編）第106～107頁。

黃二人率領的義軍獲勝，各取日軍首級十餘個，向嘉義知縣孫育萬請功，劉永福獲悉亦撥洋銀千元給予獎賞。〔註21〕

　　而死守在大莆林的澀谷中佐，一直硬撐到 9 月 6 日才收到師團本部的命令，要他們撤回彰化。於是他們在隔日凌晨四時開拔，不料行蹤被義軍發現，二次進攻日軍陣地。日方不得已又退回大莆林，後北逃至他里霧。由於日軍不明雲林戰情，為顧慮到整體的安全，全軍北撤回至彰化縣。〔註22〕

　　大莆林戰役之勝利，鼓舞了民主國軍隊之鬥志，並大舉從嘉義開拔，很快收復雲林縣。黑旗軍七星隊統領王得標，先移回駐至斗六街坐鎮指揮，再北上抵達最前線的雲林縣莿桐鄉。黑旗軍的翊安軍，駐守在斗六街，慶字營駐守雲林縣西南方的北港街，福字鎮海軍駐守雲林縣中部的土庫莊，其他地方團練，駐守他里霧。

3. 雲林之戰

　　日本在接收臺灣之初，對臺灣島的兵力並沒有重視，自信以一個師團，就可以征服全島。尖筆山之戰後，深感兵力不夠，急請東京大本營，速調混成第四旅團來支持。但經過大莆林之戰，北白川宮深知，必須調派大軍前來，否則難以佔領臺南府境地。

　　日軍將調往戍守基隆至新竹的混成第四旅團一萬多人，由少將貞愛親王指揮，由軍艦浪速、濟遠、海門護送至嘉義縣布袋口。日本新派遣的第二師團，兵力總數約一萬五千人，由中將乃木希典率領，由艦隊吉野、秋津洲、八重山、大和的護送下，在臺南府鳳山縣枋寮登陸。〔註23〕

　　日軍以四萬多人的總兵力，分三路大軍合圍困守在臺南的劉永福。由於混成第四旅團、第二師團，均從臺南府境內上岸，他們要與近衛師團匯合，必須衝破民主國軍隊，橫亙在雲林的防線。

　　近衛師團部以三路攻入雲林，左翼由內藤正明指揮三千人從永靖街出發，直至雲林縣東北方的苜蕉腳莊，轉攻西南方的斗六門街。右翼由阪井重季指揮二人從北斗街出發，向西南方攻向中部的土庫莊。中路由川村景明指揮三千人由北斗街出發，直攻正南方的他里霧。〔註24〕

〔註21〕吳德功：《讓臺記》，第 63 頁。
〔註22〕《攻臺戰紀》，第 249～251 頁。
〔註23〕（日）《臺灣總督府警察沿革志》（第二編），第 108 頁。
〔註24〕洪棄生：《瀛海偕亡記》，文聽閣圖書有限公司，2997 年，第 16 頁。

10月6日，川村景明在他里霧與民主國軍隊交火，守軍由徐驤、黃丑、簡氏一族指揮。他們利用地形優勢，給予日軍迎頭痛擊，但終因日軍炮火猛烈，他里霧最後失實，殘暴的日軍，竟然燒掉整個西螺莊街區。他里霧的淪陷，對民主國南部守軍來說，極為不利，其構築的防線被從中割斷。民主國軍隊在雲林縣的陣地，只剩下土庫、斗六縣城。

10月7日，日軍在阪井大佐的率領下，猛攻由黑旗福字鎮海軍駐守的土庫，最後放火燒掉土庫街區。隔日，日軍在內藤大佐的指揮下攻擊斗六縣城。民主國軍隊與日軍展開激烈巷戰，皆讓雙方死傷慘重，總計日軍傷亡十七人，民主國軍陣亡百餘名。斗六縣城的失陷，標誌著整個臺灣府境地被日本佔領。〔註25〕

民主國在臺灣府境內的反抗，前後經歷了二個多月，其英勇壯烈，使日軍先後二次調大兵，以絕對的兵力及武器優勢，最終才得以達到目的。值得注意的是，此時期民主國的抗日隊伍，已經不再是單純的清遺留部隊，大部分都是臺灣當地的土勇、義民及客家人等，他們雖然被迫潛藏逃離，但日軍燒殺掠搶之暴行，使他們成為後期武裝抗日的潛在力量。

三、劉永福率臺灣中南部軍民的最後抵抗與失敗

清臺灣省的駐軍，除了臺北府之外，就以臺南府的人數最多，當時民主國軍隊還有六十餘營，人數在 26,000 人左右，由劉永福統領。〔註26〕

10月8日攻克雲林縣的日軍，分成三路向嘉義縣推進。當時民主國之守軍為簡氏一族、黃丑、林貓生等，雖然倉促成軍，但善用地形與房屋之地勢狙擊敵人。日軍便調集炮火進行猛烈轟炸，義軍死傷慘重，前駐防大莆林的統領楊泗鴻不幸陣亡，嘉義縣北部被日軍控制。

10月9日，日軍再分三路同時進兵嘉義。日軍採用聲東擊西之策略。用山炮轟擊西門的守軍，以做佯功之式，而以中路與左翼，利用竹梯，偷偷進攻北門、東門，將嘉義城拿下。

日軍雖然攻下了嘉義，但鑑於民主國兵力仍還強大，不敢貿然南進。他們等待從布袋口登陸的第四混成旅團，然後似以鉗形攻勢，夾擊八掌溪以南的民主國守軍。10月11日軍第四混成旅主力登陸完畢後，佔領嘉義縣的近衛師

〔註25〕《攻臺見聞》，遠流出版事業有限公司，1995年，第269～275頁。
〔註26〕日本參謀本部編，許佩賢譯：《攻臺戰紀》遠流出版事業，1995年，第396頁。

團，分成二路，朝向八掌溪中游的後壁進軍，並沿著八掌溪而下，配合第四混成旅，攻取了鹽水港。

在嘉義縣失守之後，仍有民主國侯西庚餘部負隅抵抗。10月12日佔領布袋口後，日軍派遣偏師北攻東石港。侯西庚派莊民佯為降勢。日軍遂放鬆警惕，侯西庚氏率部採取突然襲擊，雙方激戰半天餘，日軍不敵，急從海面逃逸。14日上午，布袋口日軍獲悉趕來支持，侯西庚寡不敵眾，率部穿越日軍防線出走。是役日軍陣亡軍士9名、負傷10餘名。〔註27〕

現在民主國已經到了最後的危機關頭，控制範圍僅剩下急水溪以南、下淡水河以北的高雄縣市、臺南市與臺南縣。10月12、13日，混成第四旅團與禁衛師團，各派遣日軍千人左右，佔領急水溪北岸二個大聚落鐵線橋莊、新營莊、茅港尾及查畝營等地。

15日，乃木希典率領部隊，渡過下淡水溪向東北方的鳳山縣城，以及西北方的打狗港前進。鳳山縣城幾無防備，日軍順利取得，但打狗民主國軍隊頑強抵抗，炮臺火力十分強大，日軍派遣地面部隊，繞道進攻炮臺的後方，同時以吉野、秋津洲、大和、八重山、浪速、濟遠及海門等多艦炮轟打狗。守軍不敵，打狗被日軍佔領。同日，鳳山縣城也被攻克。16日海軍陸戰又攻陷左營莊。最後民主國只剩下臺南府城。

10月18日，伏見宮貞愛親王命令佐佐木大佐率隊，從鹽水港往西南攻向急水溪下游之學甲。並與民主國軍隊在溪畔的大埔口、學甲寮、宅仔港激戰。

同日，禁衛師團一支也向前推進，攻入溪南之灣里、大穆降等地，最後進攻臺南府城的東門。另一支攻佔急水溪、茅港尾、麻豆、灣里及洲仔尾後，到達臺南府城的北門。10月19日，混成第四旅團開始攻城之役，民主國戰士，由是地方團練，但他們視死如歸，頑強抵抗，死傷慘重。日軍僅攻下了蕭壠。於是日夜，劉永福竟內渡回廈門。劉永福一走，民主國軍隊陷入群龍無首之狀態，雖有數員戰將與日軍決一死戰，但終因寡不敵眾。

日軍如果想進入臺南，必須經過鐵線橋。鐵線橋係臺南市新營區鐵線里古時的舊地名。1895年10月上旬，日軍第四旅團從嘉義布袋口登陸，欲進攻臺南府城，第一步就是進攻扼守急水溪的重要交通「鐵線橋」地區。麻豆士紳郭黃泰得知消息後，便號召埤頭（埤頭里）武生陳維邦，並聯合東角和巷口的武

〔註27〕郭水潭：〈侯西庚抗日事蹟〉，《臺南文化》，第2卷第2期，1952年，第27～28頁。

生郭黃池、柯文祥等人，組織各莊頭的宋江陣隊員，成立「抗日義勇軍」，欲阻擋日軍逼近府城，因此他們搬出三門舊式大炮架設在鐵線橋莊南面的中莊，並埋伏在鐵線橋附近的甘蔗園內，伺機對日軍突擊。義勇軍一見日軍出現，隨即展開攻勢，但由於日軍武器精銳，義勇軍雖不敵，但仍奮勇作戰，因此死傷相當慘重。義軍隨後撤退，再集鄰近部落的抗日誌士二百多名，集結至鐵線橋朝著日軍營區發動攻擊。日軍派遣重軍至鐵線橋，最終佔領此地區。這兩個戰役，據《臺南縣志》所載：「日軍侵入鐵線橋莊，亦遭義軍柯文祥、郭黃池所襲擊，死傷四十三人。日軍激怒，捕殺無辜良民五百餘人，村落悉被焚毀。」故此以鐵線橋為中心而爆發的抗日事件，史稱「鐵線橋事件」。

　　劉永福逃跑後，臺南府城秩序極為混亂；地方的志士也基本被鎮壓下去。城內士紳皆知大勢已去，決定開城投降，讓日軍維持城內秩序。而這些士紳當中，也不乏有人扮演類似辜顯榮的角色，他就是前清時期在衙門擔任書吏的陳修五。〔註28〕10 月 20 日，陳修五聯絡吳道源、張伸民等人，以及英國籍牧師宋忠堅（Rev. Duncan Ferguson）、巴克禮（Rev. Thomas Barclay），往南前赴第二師團營區請降。〔註29〕仍然駐守二層行溪北岸的義民首鄭青，原本準備要決一死戰，但聽聞劉永福遁去，府城紳民出降，也解散團練逃往山中圖謀再舉。隔日乃木希典中將派遣山口素臣少將為先鋒，兵不血刃進入臺南府城，臺灣民主國政府告終。

　　樺山總督接獲南進軍司令高島中將的報告後，於 10 月 26 日經海路進入臺南。28 日，宣布能久親王「病逝」消息。29 日靈柩先行運回日本。〔註30〕北白川宮能久的死因有多種說法，但不能否認的是能久親王是日軍陣亡將領中，官階職位最高者。

　　當時日軍認為除蕃地之外，僅有恆春及臺東地方尚未歸屬，特別是濁水溪以南雖仍有殘餘民主國軍隊，但已無大型反抗力量，未來的勘剿行動以第二師團及後備兵即以足夠，遂由總督下令近衛師團凱旋歸國。至於還留在臺南府城內的勇丁，據估計還有 5,000 餘人，日方決定把他們迅速遣返。他們被分成二

〔註28〕朱鋒：〈導引日軍無事進入臺南城的陳修五的履歷書〉，《臺灣風物》，第 22 卷第 4 期，1972 年 12 月，頁 43～44。

〔註29〕朱鋒：〈臺灣民主國在臺南二三事（下）〉，《臺南文化》，第 3 卷第 1 期，1953 年 6 月，第 29～33 頁。

〔註30〕顏興：〈臺灣民主國前前後後〉，《臺南文化》，第 2 卷第 3 期，1952 年 9 月，頁 8～17。

批，分別在 10 月 23、27 日運送到福建省金門放還。不過部分的臺灣團勇，還沒有喪失抗日意志，他們躲藏在山中伺機而出。因此 28 日天皇下達御詔，由參謀總長彰仁親王，傳達給臺灣總督樺山資紀，對其部下排除萬難，征討臺灣感到嘉許，但宜克善其後，以便平定本島。〔註 31〕

最後的掃蕩任務就交給第二師團執行，而命令禁衛師團先行返國。由於這些殘勇多分布在大肚溪以南，所以第二師團分成彰化、臺南、鳳山、恒春地方駐防。彰化地方由伏見宮貞愛親王指揮，率領約 10,000 人駐守；臺南地方由乃木希典中將指揮，也率領約 10,000 人駐守。鳳山地方由步兵大佐仲木之植指揮，率領約 3,000 人駐守；恒春地方由步兵少佐石原廬指揮，率領約 1,000 人駐守。〔註 32〕

11 月 1 日石原廬少佐率隊，搭乘廣丙、秋津洲二艦，前往恒春接收；並派遣分隊轉往後山太麻里，再接收臺東直隸州。臺南陷落後，六堆客家軍分別在 10 月底及 11 月初於潮洲僚莊、頂子林莊襲擊日軍偵察隊。其後鳳山地方守備隊偵察得知抗日軍所在地。故這次掃蕩中，日軍的目標一是在臺南曾文溪上游盤據的「山賊」陳發，另一是鳳山客家人六堆團練。

11 月 18 日鳳山地方駐軍編成特遣隊，前往征討六堆。26 日正午，山口下令全力攻擊位於火燒莊的六堆客家軍大本營。日軍以較為優勢的武器及火力擊退反抗軍，並放火燒毀鄰近各聚落。日軍完全摧毀六堆地區抗日力量，亦有稱此為乙未戰爭最後一場戰役者。〔註 33〕

日軍大獲全勝，六堆亦降於日軍，終止抗日的行動。同日總督樺山資紀向東京大本營報告「全島平定」，至此乙未抗日戰爭終於結束。〔註 34〕

小結

綜上，無奈的清政府雖將臺灣割讓給日本，但臺灣人民卻沒有停止反抗。正是由於臺灣人民的浴血反抗，使日本用了近半年的時間才得以平定全島。為此日本在臺灣總共投入二個師團與一個混成旅團，總計有五萬人、軍夫二萬六千，馬匹九千四百匹之眾，相當於日本陸軍七個師團的三分之一，另外還出動

〔註 31〕森松俊夫著，黃金鵬譯：《日軍大本營》，北京：軍事科學出版社，1985 年 10 月，第 178 頁。
〔註 32〕《攻臺戰紀》，第 356～357 頁。
〔註 33〕許佩賢譯：《攻臺戰紀》，第 359～361 頁。
〔註 34〕《攻臺見聞（原書名為風俗畫報／臺灣征討圖繪）》，第 359～361 頁。

約占半個聯合艦隊的戰力七艘軍艦。〔註35〕日軍在這半年間陣亡達 164 人，傷 515 人，病亡 4,642 人，在臺病患 5,246 人，後送日本就醫者也達 21,748 人。〔註36〕這個數字遠遠大於中日甲午戰爭中日本傷亡的數量。臺灣民主國雖然被迫終結，但其燃起的反抗精神已經深藏於臺灣人民的心中，成為其後武裝抗日及非武裝抗日的火種。臺灣民主國的抗日，也是中華民族反抗日本侵略的重要組成部分，是中國人民抗日戰爭的原點。

〔註35〕吳廷璆主編：《日本史》，南開大學出版社，1994 年，第 491 頁。
〔註36〕井出季和太著：《臺灣治績志》，南天書局有限公司，1997 年，第 226 頁。

第三章 「委任立法」──臺灣為日本殖民地的法源

　　《有關應施行於臺灣法令之法律》俗稱「六三法」[註1]，是日本統治臺灣時期殖民地法律的基本法，1896 年 3 月由日本帝國議會以法律第 63 號發布，同年 4 月 1 日正式實施，最初有效期為 3 年，「六三法」最大的特點就是確認了委任立法制度。「委任立法」主要是指臺灣總督在其管轄區域內，得制定具有與帝國議會之「法律」同等效力之「命令」，此項命令特別稱呼為「律令」。由「六三法」構建的律令立法制度，可以使臺灣總督，在臺灣這塊區域內，得以自行制定法律並督促其被執行，不受日本帝國議會的牽制。由於「六三法」本身存在著很大的違憲問題，故其爭議不斷。但日本殖民統治當局為了便於統治，3 年的期限一延再延。1906 年 10 月，終於以法律第 31 號對其進行了修改，也就是世稱的「三一法」。[註2]「三一法」對「六三法」中有關總督

〔註1〕第一條：臺灣總督得發布在其管轄區域內具有法律效力之命令。第二條：前條之命令須取得臺灣總督府評議會之議決，經拓殖務大臣提請敕裁。臺灣總督府評議會之組織以敕令定之。第三條：於臨時緊急狀況下，臺灣總督得不經前條第一項之程序，而逕為發布第一條之命令。第四條：依前條所發布之命令，須於發布後立即提請敕裁，並向臺灣總督府評議會報告。不獲敕裁核可時，總督須立刻公布該命令於將來不具效力。第五條：現行法律或將來發布之法律，其全部或一部分須於臺灣施行者，以敕令定之。第六條：此法律有效期為三年。參見：《臺灣ニ施行スヘキ法令ニ関スル件ヲ定ム》，JCAHR：A01200843100。

〔註2〕「三一法」於 1906 年 10 月由日本帝國議會制定，1907 年 1 月 1 日起開始實施，規定有效期為 5 年，1911 年 3 月以法律第 50 號第一次延長，1916 年 3 月以法律第 28 號第二次延長，至 1921 年 12 月 31 日上，存續有效期為了 15 年。其內容如下：第一條：在臺灣須以法律規定之事項，得以臺灣總督之命令規定

享有律令制定權力之規定並未改變，僅就法令的效力做了補充性的規定，即律令不得違背根據「施行敕令」而施行於臺灣的日本法律（指由帝國議會所制定者），及特別以施行於臺灣為目的而制定的日本法律及敕令。但事實上在「三一法」發布後，日本的法律或敕令施行於臺灣者依舊不多，特別是「法的成立形成」仍然以「六三法」規定的律令定之為原則，故「三一法」實質上仍是「六三法」〔註3〕的延續。「三一法」亦附有 5 年的有效期，不過仍然一再延長，直到1921年底「法三號」的出臺。因此，由「六三法」所建構的「律令立法」這種殖民地立法制度，事實上在臺灣延續了 25 年。「法三號」實施後，臺灣區域內法的成立依據，開始轉變為以「敕令」定之。所謂敕令就是指依天皇大權或法律的委任，經敕裁所發布的命令。在「敕令立法」時期，日本內地的法律大量引入臺灣，但總督仍然具有發布與法律同等效力之命令的權力，故由「六三法」確立的「委任立法」制度一直存在於臺灣殖民地法制當中，直到殖民統治結束為止。「六三法」的最主要特點就是「委任立法」這是一種典型的殖民地法律模式，其在明治憲政體制下是否構成違憲，曾引發日本朝野及學術界的熱烈爭論。但卻有一些人為了美化日本對臺灣的殖民統治，別有用心的鼓吹什

之。第二條：前條之命令經主管大臣奏請敕裁。第三條：在臨時緊急時，臺灣總督得徑行制定第一條之命令。前項之命令經制定後應即奏請敕裁，如不得敕裁者，臺灣總督應即公布該命令將來失效。第四條：法律之全部或一部如有放行於臺灣之必要者，以敕令定之。第五條：第一條之命令，不得違背第四條施行於臺灣之法律，及以施行於臺灣為目的所制定之法律及敕令。第六條，經臺灣總督制定之律令仍然有效。附則：本法之施行效力自明治四十（1907）年 1 月 1 日起到明治四十四年（1911）年 12 月 31 日止。參見：黃靜嘉：《春帆樓下晚濤急——日本對臺灣的殖民統治及其影響》，商務印書館 2003 年版，第 92～94 頁。

〔註3〕「法三號」於1921年底由日本帝國議會制定，於1922年1月1日起開始正式實施。「法三號」最引人注目的就是將「委任立法」的形式從以「律令」立之，修改為以「敕令」定之，從而結束了長達25年之久的律令立法時期，開始了敕令立法時代。「法三號」的基本內定如下：第一條：法律之全部或一部，如有施行於臺灣之必要者，以敕令定之。前項情形關於官廳或公署之職權、法律上期間或其他事項，如因臺灣特殊情形沒有特例之必要者，以敕令定之。第二條：在臺灣須以法律規定之事項，如該法律尚未制定，或雖有法律而不適合臺灣情形者，以因臺灣特殊情形有沒有特例之必要者為限，得以臺灣總督之命令規定之。第三條：前項之命令應經主務大臣奏請敕裁。第四條：如有臨時緊急之必要者，臺灣總督得不依前項之規定，經自發布第二條之命令。依前項規定所發之命令，經公布後應奏請敕裁。如不得敕裁，臺灣總督應即發布其命令將來失效。第五條：依本法臺灣總督所發之命令，不得違反施行臺灣之法律及敕令。附則：本法自大正十一年（1922）1 月 1 日施行之。參見：同上，第 101～102 頁。

麼日本為了要在臺灣實施憲法而特意制定了「六三法」，而六三法是否違憲及在議會引起的爭議，是圍繞著「臺灣是否是日本的殖民地」而進行的，因此說臺灣不是日本的殖民地。〔註4〕這種錯誤觀點對一些不瞭解歷史事實真相，法律知識不足的人來說，非常容易上當受騙。所以本文將就此問題進行深入分析，以求在法律、史實層面上還曆史以本來面目。

一、「六三法」是為在臺灣實施日本憲法而制定的嗎？

日本在取得了臺灣及澎湖列島這塊殖民地後，要如何治理它，確實沒有一套完善的政策，〔註5〕且政府內部對此也有意見分歧。對臺灣統治方式最根本的問題在於：臺灣是否像琉球一樣設立府縣，使當地各項事務皆依從中央的體制，聽命於中央的指揮；或在臺灣另行創立一個「殖民地政府」，使其有自主的權力來決定當地的事務。當時日本政府聘請兩位外國法律顧問來研究此問題，一位是來自於法國的 Michel Joseph Revon，一位是來自於英國的 William Montague Hammett Kirkwood。Revon 的建議是：對臺統治之初，不妨參考英國的殖民地統治經驗，賦予臺灣總督較廣泛的權限，但基本方向上仍然應仿效法國統治阿爾及利亞，漸次地使臺灣近似於日本內地，最終施行縣制。Kirkwood 則持不同的意見，他主張日本應以英國的殖民地統治制度為典範，根據英國「君主直轄殖民地」的模式，直接以天皇大權統治臺灣，再由天皇將其對臺灣的立法權力，委託給總督、高層官員及當地人所組成的殖民地立法機關來行使。〔註6〕

起初日本比較傾向於法國模式，在 1895 年 5 月 10 日，日本剛剛接收完臺灣後，便由總理大臣伊藤博文發訓令給第一任總督樺山資紀，賦予了總督「臨機專行」的權力，以應付臺灣瞬息萬變的情勢。〔註7〕由於臺灣人民的激

〔註4〕（日）黃文雄：《捏造された近現代史》，發行所：株式會社德間書店，2002 年 1 月 31 日，第 191～192 頁。

〔註5〕首任總督府民政局長水野遵在其《臺灣協會の経過について》的演講當中即認為臺灣是因「日清戰爭的戰果」，在「日本未有準備的情況下」落入日本手中。參見：上沼八郎監修：《臺灣協會會報》第 1 卷，東京ゆまに書房，昭和 62 年，第 29 頁。後藤新平甚至說臺灣是日本「的殖民地統治的練習地」。鶴見祐輔編著：《後藤新平伝》第二卷，發行所：後藤新平伯伝記編纂會，昭和十二年七月二十日發行，第 31 頁。

〔註6〕（日）伊藤博文：《秘書類纂臺灣資料》，東京：原書房，昭和 52 年，第 407～409、108～148 頁。

〔註7〕該訓令的最後一條明確表示，總督應先依訓令列舉的要點施行庶政，待總督提

烈反抗，打亂了日本人一開始對臺灣立法制度的構想。原先設計來治理臺灣的民政機構，除了在臺北地區外，皆無法運作，故在 8 月 6 日，臺灣被納入臺灣事務局（錄屬內閣）及大本營（日本戰時最高軍令組織）共同管轄，以強化軍事統治，並使得軍事命令（日令）成為臺灣最初的法律來源。

　　實際上此時期在總督府方面，官員對如何治理臺灣也有兩種意見。1895 年 9 月 10 日，由民政局內務部擬定陳請總督樺山資紀裁定民政局長水野遵提出的意見書。該意見書當中列出可供選用的三種方針：一、將「土人」全部放逐島外。二、對「土人」強制施行日本帝國法律，並破壞「土人」的風俗習慣，俾使徹底地化為日本人。三、「土人」的風俗習慣任其自然改良，政府不予干預，法律亦按「土人」的狀況制定。〔註 8〕水野的意見並不為當時的總督府參謀副長角田秀松所贊同。角田主張採用第二項方針並加以折衷，希望至遲在十二年後，使「土人」成為「純然的帝國臣民」。或許是因為內部意見不一，樺山總督並未對水野遵的提案作最後的裁定。

　　在收集到的各方面意見中，日本政府內部比較重視 Kirkwood 的治理臺灣政策。Kirkwood 曾經在 1895 年 7 月 24 日，向司法大臣提出了《臺灣制度、天皇的大權及帝國議會相關意見書》，就臺灣問題，以極大的篇幅介紹「擁護天皇大權」的各項憲法見解意見：

> 一、臺灣一經割讓給日本天皇后，即歸天皇的立法權統治。
> 二、天皇的立法權除受主權的限制外，天皇得依其大權施行之。
> 三、天皇的立法權就目前的情形而言，僅受憲法第五條及第三十七條（按：議會的立法協贊權）的限制，其他則不可對之加以限制。
> 四、前項限制並不及於割讓地區或征服地區的相關立法。這些地區只是「屬國」而已，既未併入「母國」內，當然不受前項限制。
> 五、如若依其他的憲法解釋，則必將出現「除第五條及第三十七條外，其他條款皆得施行於割讓地區或征服地區」的見解。
> 六、若如此，則臺灣的統治將難獲得成果，其財政也將無望獲得完全整治，司法方面，終至無可施行。

出詳細的調查報告之後，政府再依據這些報告，確定適合於臺灣的永久性制度。參見：伊藤博文：《秘書類纂臺灣資料》，第 434～439 頁。
〔註 8〕徐國章：《由「六三法」看日本治臺的基本理念——天皇大權統治主義》，《臺灣風物》第四十八卷第二期抽印本，1998 年 6 月 30 日，第 22 頁。

七、天皇對臺灣擁有絕對的行政權及司法權，只要不向帝國國庫請求
　　其費用之支出，一切都不必詢問帝國議會，而得專斷決行。〔註9〕

　　同時，他也直言不諱地指出，政府如採納他的意見，在議會難保不會遭到議論和攻擊，因此，他認為憲法現有的條文不可施行於臺灣，如果決定要於臺灣行憲就必須修憲。〔註10〕

　　政府在制定臺灣條例案時，積極地吸收了 Kirkwood 的意見，確定了殖民地立法採取「委任立法」的制度，授權臺灣總督得於轄區內發布代法律之命令。同時，在「六三法」制定之時，臺灣總督府全心致力於抵抗運動的鎮壓工作，總督也由武官來擔任。臺灣總督府為了島內鎮壓的便利，主張伊藤內閣應給予總督以統治臺灣的最大權力，俾能有效統治近三百萬與日本人習俗不同，且對日本帝國忠誠度可疑的臺灣住民。〔註11〕伊藤內閣也因臺灣早期的鎮壓事業及對所隨軍隊支配的思慮，接受了總督府的意見。所以，政府在「六三法」中給予了「臺灣總督得發布在其管轄區域內具有法律效力之命令。」〔註12〕的特別律令制定權。從法理學上講，日本帝國議會將其對臺灣的立法權力委任給臺灣總督行使，故稱之為「委任立法」。其實，臺灣的立法權力是否依明治憲法的規定，必須經由帝國議會的「協贊」，這並不是沒有疑義的事情。六三法的解決方式是把「面子」留給帝國議會，承認其對臺灣事務擁有立法權，但卻把它「委任」給了臺灣總督，實際上總督得到了真正的權力。除了六三法的律令制定權外，按臺灣總督府條例（敕令）的規定，臺灣總督還掌有在臺行政權（包括對司法機關的行政監督權），及在臺駐軍的指揮權。〔註13〕這樣就使得臺灣

〔註9〕 徐國章：《由「六三法」看日本治臺的基本理念——天皇大權統治主義》，第25頁。
〔註10〕 他建議於憲法當中增下列條文：一、日本於憲法發布後所獲得的海外殖民地或屬國並不適用本憲法條文。但，其定有可適用之條文則不在此限。二、殖民地或屬國之制度，依天皇之行政上、立法上的大權，以敕令施行。三、殖民地或屬國之歲入出應別於帝國之歲入出。四、財政上自立之殖民地應負擔帝國國防費當中有關殖民地的部分。但，對於財政上必須請求帝國國庫補助之殖民地，政府於帝國議會提出要求時，須於議會作一切有關該殖民地之制度及施政的報告。五、無論在何種情況下，政府均須以報告的方式向帝國議會提出各殖民地之歲計預算及當地之施政相關敕令及法律抄本。參見：徐國章：《由「六三法」看日本治臺的基本理念——天皇大權統治主義》，第26頁。
〔註11〕 （日）中村哲：《植民地統治法の基本問題》，東京日本評論社，昭和18年，第105～109頁。
〔註12〕 簡後聰著：《臺灣史》，五南圖書出版公司印行，2001年，第592頁。
〔註13〕 參見1896年的臺灣總督府條例，第三、五、六、八條。參見：《臺灣總督府條

這塊地域成為日本帝國領域內的一個特別法域。臺灣總督府於日本中央政府及其殖民地統治政策的監督下，可在臺灣地域自行制定法律並督促其被執行，不受日本帝國議會或任何設置在臺灣之議會的牽制。

日本政府在擬定的「六三案」時，確實也遇到了殖民地統治制度上法的基礎之困難。此係因當時實施的明治憲法（1889）中沒有關於憲法在新領土或殖民地上之效力，及關於殖民地統治方式之規定。〔註14〕明治憲法如果不施用於臺灣，則「六三法」則無「憲」可依。就憲法是否適用於新領土問題，日本法律學者間有積極肯定說〔註15〕與消極的否定說〔註16〕及部分適用說等不同立場。〔註17〕政府沒有拘泥於「憲法」的適用性問題，認為「在論及殖民地的統治問題時，諸如經常只圖在憲法上的條文求其權源者，並不能稱為正當的見解。」〔註18〕此後，日本法律學者們也不斷努力，以求解救此一殖民地統治法律之「違憲性」，其中最「成功」的也許要算權威的公法學者美濃部達吉的「部分適用說」。〔註19〕

例ヲ定ム》，JACAR：A01200796100。
〔註14〕（日）中村哲：《植民地統治法の基本問題》，第70～71頁。
〔註15〕其基本主張是：獲得新附領土是可以預見之事，憲法中對帝國之領域及憲法之適用範圍未作明文規定是有意的省略，以使領域不僅包括制憲之領土，更及於制憲後獲得的領土，且任何帝國的領域當然都應適用帝國的憲法；假如憲法之適用與否限於新附領土的社會條件，則對社會發展程度在認定上所產生的歧異性，必使憲法之適用與否不明確，且尚若憲法適用與否的問題竟不由憲法本身來決定，憲法將失去作為國家最高指導性法律的地位；假如真的有特殊需要，對於該適用明治憲法的新附領土來說，由帝國議會來制定特別的「現地法」，即足以對應。參見：王泰升：《臺灣日治時期的法律改革》，聯經出版事業公司，1999年，第71頁。
〔註16〕其基本主張為：帝國的領域與法律的施行地域不見得一致，憲法也是法律的一種，自不例外；在憲法前言中的「八洲」指固有的日本領土，「祖宗忠良臣民的子孫」亦指固有的日本人社會，並不包括風俗習慣相異之新附社會的人民；雖然六三法是依照帝國議會「協贊」的程序所制定，但臺灣本應直接依天皇大權統治，天皇當然得在各種可能的方式中擇一行使其立法權力，經帝國議會之程序只是其中的一種選擇項，不可就此即謂依憲法之規定統治臺灣。參見：王泰升：《臺灣日治時期的法律改革》，第72頁。
〔註17〕黃靜嘉《春帆樓下晚濤急──日本對臺灣的殖民統治及其影響》，商務印書館，2003年10月，第64～67頁。
〔註18〕（日）山本美越乃：《植民地政策研究》，京都弘文堂書房，昭和2年，第153～155頁。
〔註19〕美濃部理論認為憲法的施行區域問題，須就其條款加以區別，其中若干部分有屬地性質，僅適用於本土，並不當然適用於本土外之領土；若干部分沒有屬

　　日本中央方面，當時擔任外務次官而為臺灣事務局委員的原敬，對草案中臺灣總督擁有立法、行政、司法等廣泛的權限（特別是具有法律效力之命令的發布權）、臺灣的預算不需帝國議會協贊及總督武官制，提出了質疑。另外他還提出了著名的《臺灣問題二案》〔註20〕。此案確實提出不把臺灣當成「殖民地」來看待，但其主張並未獲得多數的同意〔註21〕。「六三法」擬定以後在眾議院審議時，確實出現了爭議。爭議的內容也集中在日本憲法是否適用於殖民地，及連帶的「委任立法」是否違憲問題。當時的民政局長水野遵代表政府表明了立場：「憲法只施行於制憲當時的日本帝國領土，故所謂憲法亦施行於制憲後新收領土之臺灣的說法，乃屬學術理論，即憲法學者議論。」〔註22〕但考慮政黨人士的質詢，因此追加了第六條即：三年的年限。而日本政府當時堅持憲法已施行於臺灣的見解，因此就不可避免地面對六三法之委任立法是否違憲的問題。依據多數日本學者的看法，帝國議會僅能就特定的事項將其立法權委由行政機關行使，否則它等於未履行在憲法中被賦予的職責。但日本政府卻有意避開六三法中委任立法之基礎問題，僅強調六三法是在1896年由帝國議會議決的，已經形成「憲政慣例」，且在實際上有維持之必要。〔註23〕日本政府的這個態度，正好表現出六三法爭議的真正本質，也就是說，這是一個有關新附領土統治政策之選擇的政治性問題，而不是一般的法律問題。而六三法爭議的真正核心是誰有權來制定臺灣的法律。在整個的爭議過程中，臺灣人民根本就沒有發言權，他們只是被統治的客體，即一群被日本統治且無任何政治權利的「人民」。

　　由以上內容我們可以看到，當時的日本政府並不想把日本憲法施用於臺灣，「六三法」不是為在臺灣實施日本憲法而制定的，而是為使代表天皇大權的臺灣總督統治的權力，在行使時有最大效力而制定的。就「六三法」本身來

　　　　　　地性質，可隨其統治以擴張於新領土；若干部分則是有屬人性質的，僅適用於本國人。在這種情形下，新領土與舊領土是否受一樣的憲法支配，就不是憲法本身的問題，而是政策上的問題了。同時，新領土的憲法適用，就只是部分應適用，與部分不應適用，而不發生違憲與否的問題了。參見：黃靜嘉《春帆樓下晚濤急──日本對臺灣的殖民統治及其影響》，第64～67頁。

〔註20〕　（日）伊藤博文：《秘書類纂臺灣資料》，第32～34頁。

〔註21〕　（日）《岩波講座近代日本と殖民地 4──統合と支配の論理》，東京岩波書店、1995年、第33頁。

〔註22〕　（日）臺灣總督府：《臺灣ニ施行スベキ法令ニ関スル法律》，自刊，大正10年，第11頁。

〔註23〕　（日）《日本統治下五十年の臺灣》，外務省條約局法規課自刊，1964年，第44～45頁。

看，其倍受爭議的就是所謂的「委任立法制度」。但仔細探究，其最畸形的第三條、第四條所規定的「緊急律令制度」，與明治憲法第八條〔註24〕極為相似。特別是臺灣總督發布的「緊急律令」的事後追認權要由天皇來「敕裁」，這使「緊急律令」僅受天皇大權的節制，而不受議會的監督，這就必然使行政權對臺灣的統治，更加肆無忌憚。這一切完全是基於殖民統治執行的考慮來制定的，其理由書就明確表示「臺灣歸屬帝國版圖時日尚淺，百事草創，土匪蜂起，然臺島與首都東京距離甚遠，兩地間航線並未開通，且臺島也與本國人情風俗等相異，是故提出本案。」〔註25〕而臺灣人民的基本權利也就因日本政府基於「便於統治」的考量，而遭恣意賤踏。憲法是保障民權的根本大法。「六三法」不僅不是為了要在臺灣實施日本憲法而制定，而且多處違背憲法。「六三法」引起的法學界的爭議，即「殖民地統治和由帝國憲法所規定的國家體制是何種關係的問題」〔註26〕的爭議，其實質是為「六三法」的違憲性尋找法律依據，而不是某些人所說的「是否在臺灣實施日本憲法」而引發的。那麼議會就「六三法」的爭議又如何呢？

二、圍繞「六三法」的爭議是「臺灣是否是殖民地」的爭議嗎？

「六三法」實施三年以後，在第二次山縣有朋內閣之下的第一十三次議會（1898 年 11 月 7 日～1899 年 3 月 9 日）「六三法」再次被審議。政府方面認為，臺灣與三年前六三法制定時並沒有多大的改變，因此主張「六三法」再延長三年。這種主張被認可，「六三法」得以第一次延期。

在這期間，日本的政黨勢力不斷壯大，以立憲政友會、憲政本黨為中心的政黨，把政黨對殖民地政策的參與及擴大作為參政的契機。具體來說，就是在不能實現政黨內閣的現階段，與國內行政相同，政黨應漸次主張「以議會為中心的臺灣統治」。〔註27〕

〔註24〕 該條文內容：「天皇為維持公共安全或避免災厄，因緊急之必要，於帝國議會閉會的情況下，發布可以代替法律之敕令。該敕令須於下一會期向帝國議會提出，尚議會不予承認時，政府須公布其在將來失去效力。」
〔註25〕 （日）《臺灣二施行スヘキ法令二關スル法律》，JACAR：A01200193300。
〔註26〕 就臺灣與憲法的關係的爭議主要圍繞著以下三個方面：一、新領土與主權的關係。二、對新領土憲法的實施問題。三、新領土的住民的法的地位問題。參見：（日）小林啟治：《國際秩序の形成と近代日本》，株式會社吉川弘文館，2002 年 12 月 10 日，第 75 頁。
〔註27〕 （日）《史學雜志》史學會，東京大學文學部內，第 103 編第一號，第 67 頁。

在第一次延長到期後的第十六次議會（1901 年 12 月 7 日～1902 年 3 月
9 日）上，「六三法」再次被審議。此時，內閣首相為桂太郎，〔註 28〕臺灣總
督的施政者是第四代總督兒玉源太郎和民政長官後藤新平。在本次會議上，作
為政府委員的後藤新平，明確表示臺灣在短期內實行與國內相同的制度是不
可能的，在此期間六三法體制還有存在的必要。政府方面也認為，儘管臺灣島
內雖逐漸平靜並發展起來，但把本國的法律原封不動地施行於臺灣是沒有道
理的。在 2 月 5 日召開的眾議院特別委員會議上，臺灣總督兒玉源太郎作為政
府委員，就臺灣的統治方針，作了代表政府本意的發言。其發言的主旨如下：
面向未來的臺灣島內日本化，使之作為日本的屏障、日本的領土是非常困難
的。所以先放下這種想法，只把它看作是利源之地。也就是說，要本著優先獲
取經濟上的利益為方針來加強臺灣的統治。在三年後的六三法截止日期之前，
制定出適應統治方針而變更的新的臺灣統治法，並取得議會的協贊。因此，現
在請求協贊六三法繼續延期。〔註 29〕

其實，在此次會議前，政友會和憲政本黨就兩黨在眾議院審議六三法時全
力主張廢止六三法已達成共識。〔註 30〕在兒玉的發言以後，政黨反對政府的行
動就開始了，憲政本黨在 2 月 7 日的《大阪朝日新聞》發表《法律第六十三號
問題》一文，主張反對六三法繼續延期。以政友會的眾議院內總務尾崎行雄提
出代替六三法的法案（六三法修正案）〔註 31〕，並拿到黨內進行諮詢。經過總
務委員會的許可，〔註 32〕在 2 月 14 日召開的議員總會上提出了該項修正案。
該修正法案依然保留了緊急時刻總督可發布命令的權力。但在第二條上加上
了一點，即在六三法中所沒有的總督發布命令要得到「議會的認可」一項。這
項修正案，向世人明確表示了政黨以「議會為中心的臺灣統治」的理念。政友
會的總務委員原敬和松田正久等雖然都贊成尾崎的六三法修正案，但認為此
階段就廢止六三法為時尚早。特別是在兒玉總督的發言後，政黨派開始動搖。

〔註 28〕 桂太郎在 1896 年 6 月，受第二次伊藤內閣委任，任第二代臺灣總督。
〔註 29〕 （日）《史學雜志》，第 67 頁。
〔註 30〕 （日）原奎一郎編：《原敬日記》第二卷，東京乾元社，昭和 25 年 12 月 5 日
　　　　 発行，第 480 頁。
〔註 31〕 修正案主旨如下：一、臺灣島內法律的實施由敕令裁定。二、限於緊急狀況
　　　　 下，臺灣總督得發布命令（律令）。並在發布之後，向作為主管大臣的內務大
　　　　 臣請求敕裁，並有必要得到議會的認可。三、總督發布的命令（律令）如得不
　　　　 到敕裁的認可，將失去法律效力。參見：《史學雜志》，第 70 頁。
〔註 32〕 （日）原奎一郎編：《原敬日記》第二卷，第 486 頁。

這樣，在 2 月 21 日最後的議員總會上，儘管尾崎仍然固守著六三法修正案，但由於政友會贊成政府的提案，「六三法」的延長得以議決通過。2 月 26 日，在眾議院會議上，與第十三次議會相同，雖作出「六三法」違憲論，但還是通過「六三法」再度延長三年。

在第十六次議會通過延長「六三法」之後的第三年，迎來了第一次桂內閣約定提出「六三法」代替案的第二十一次議會（1904 年 11 月 28 日～1905 年 2 月 27 日）。但此時正值日俄戰爭期間，執政的桂內閣積極尋求各方面對延長「六三法」的支持。早在議會審議延長六三法之前，政府與政友會、憲政本黨就開始協商再次延長六三法事宜。臺灣總督府也請求政府加快和第一大黨政友會的協商，民政長官後藤新平請求桂首相，要求讓法制局長官一木喜德郎和原敬親自交涉。〔註33〕此時正值戰爭，政府企圖接近政友會，並且，此時桂太郎和政友會的西園寺公望總裁、松田正久、原敬之間，正在秘密地協商戰後交接政權的事宜。桂太郎允准後藤的請求，讓一木和原敬直接商量〔註34〕。原敬對帶著桂太郎指示而來的一木表示，此案的最終解決留待戰後，現階段繼續沿用六三法，政府就此方面應該和政友會、憲政本黨兩黨的協商代表推心置腹地交流，表明政府應該採取的方針。〔註35〕

在一木和原敬秘談後的一個月，桂太郎和政友會的原敬、松田、憲政本黨的大石正巳、犬養毅，就維持六三法問題進行了長談。並在其後，政友會的原敬和大岡育造、憲政本黨的大石、犬養聽取了臺灣方面關於維持六三法的說明。兩黨在和桂太郎秘談的基礎上，決定在黨內徵詢維持六三法的意見。在政友會內部，西園和原敬等最高領導人認為，因為是戰爭狀態，所以應早一點承認沿用六三法。〔註36〕其他黨員想法一致，於是政友會內部順利地通過支持沿用六三法。憲政本黨內部，有將此案留待下次議會討論、承認政府的要求、反對維持六三法的諸種意見，但結果，仍然是和政府協商的領導人的意見被黨內通過。〔註37〕之後，兩黨就維持六三法的條件等與政府步調相合，積

〔註33〕（日）《後藤新平宛て桂太郎書翰》、《後藤新平文書》，1905 年 2 月 2 日付，フィルム，第 26 頁。

〔註34〕（日）原奎一郎編：《原敬日記》第二卷（續篇），東京乾元社，昭和 26 年 1 月 30 日発行，第 216 頁。

〔註35〕（日）原奎一郎編：《原敬日記》第二卷（續篇），第 217 頁。

〔註36〕（日）原奎一郎編：《原敬日記》第二卷（續篇），第 218 頁。

〔註37〕（日）《憲政本黨代議士會》，《東京日日新聞》，1950 年 1 月 29 日。

極進行磋商。

1905 年 2 月 17 日，在眾議院正式審議延長六三法的特別委員會議上，儘管政府與政黨之間已經達成共識，但圍繞統治臺灣的方針，還是發生了若干對抗。〔註 38〕後藤新平和一木等人，採取了和第十六次議會相同的策略，迴避明確言明臺灣統治的方針。這一方面避免了與政黨矛盾的擴大，同時也如政府所願，「六三法」的維持，在眾議院順利通過，接著在貴族院也順利通過。於是「六三法」一直持續到戰後第二年，取得了政府預期的結果。

在第二十二屆議會（1905 年 12 月～1906 年 3 月 27 日）期間的 1906 年 1 月，第一次西園寺內閣成立。這是日本歷史上第一次真正意義上的政黨內閣。第二十二屆議會是日俄戰爭後日本處理戰後事宜的第一次議會，各界高度重視，也是以政黨勢力為基礎而組閣的西園內閣首次議會。當時，原敬為內務大臣，是主管臺灣總督府及臺灣統治的大臣。他一上任就迅速地制訂了取代六三法和第一次桂內閣臺灣統治法的新法案，其中心內容是使本國的敕令在臺灣具有法律效力，並通過敕令使本國法令在臺灣得以實行，廢止臺灣總督發布命令權。

原敬內相在 1906 年 3 月 19 日的正式會議上提出了該法案，該法案內容如下：一、在臺灣實施的法律，由敕令規定。二、由敕令規定法律的全部及一部在臺灣施行。三、臺灣總督發布的律令仍然具有法律效力。本法從明治四十年一月一日開始施行。〔註 39〕原敬對提出此法案的理由進行了如下的說明：針對臺灣現實情況，實施與本土一樣的法制還是很困難的，也是不可能的，但仍然沿用六三法，也是不合時宜的，考慮到臺灣的現實和現在的制度，是故提出適應今日情況的改正案。由於這部法案是以「敕令」為要點，被稱為「敕令主義」或「敕令案」。此案與第十六次議會時尾崎提出的修正案相比，內容更加明確。新法案將尾崎修正案的依敕令實行本國法的精神繼承下來，並明確了不承認總督有發布命令的權力，只不過在第三條中承認維持現在的總督命令的法律效力。該法案更加推進了政黨的主張。在此次會議上，奧山政敬（無黨派）和小松原英太郎（茶話會）等軍方勢力對於原敬刪除六三法中緊急狀態下總督

〔註 38〕桂太朗首相提出政府統治臺灣的方針是：把臺灣與本國從政治、制度方面加以區別對待，由臺灣總督府主導統治臺灣。這明顯否定了政黨已經提出的逐漸地將臺灣統治和本國行政同樣地納入到議會中的理論。因此，會上政黨與政府再次產生糾葛。參見：(日)《史學雜志》，第 71 頁。

〔註 39〕(日)《史學雜志》，第 75 頁。

有發布命令權力一項，進行了強烈批判。在 3 月 22 日的貴族院特別委員會上，貴族院對原內相提出的取代六三法的新法案也進行了強烈的批判。反對派主要由茶話會、無黨派和研究會所屬議員構成。議員們對原敬提出了各種質疑。對此時廢除六三法，將總督命令改為敕令的意義表示強烈懷疑。原敬未作充分的反駁，本次特別會議無果而終。在 24 日的貴族院特別委員會上，無黨派的都築馨六針對原敬的新法案而提出了修正案。此修正案幾乎是「六三法」的翻版，規定臺灣總督有命令發布權，只是總督發布命令的手續有點不同。但是，貴族院對都築的修正案也不滿意。後來無黨派的菊池武夫所提出的和「六三法」相似的法案最終獲得了該委員會的通過。貴族院最大的山縣有朋派別——研究會採取了除菊池案之外全部反對的態度。鑒於貴族院的形勢，西園內閣在內閣會議上，只好決定撤回取代「六三法」的新法案，同意了貴族院提出的菊池的新法案，即後來的「三一法」。〔註40〕

以上歷史史實告訴我們，日本議會圍繞「六三法」的爭議，其實質是針對臺灣統治方針的變動，政黨勢力與軍方勢力的較量。政黨所倡導的「以議會為中心主導臺灣統治」的方針，不等於否定臺灣是日本的殖民地，更不等同於要把日本憲法實施於臺灣。如果確實如某些人所言的那樣，那麼在後來的「法三號」中，應明確規定憲法施用於臺灣，但一直到光復，日本始終沒有在臺灣實施日本憲法。

小結

通過以上的分析，可以得出這樣的結論：在 1895 年《馬關條約》簽訂後，到 1945 年日本戰敗中國收回臺灣主權期間，臺灣都是日本帝國主義的「殖民地」，這一點是毋庸質疑的。日本政府不願意承認臺灣就是西方所謂的「殖民地」，只好用在「臺灣之部分施行憲法」之說來辯護，運用法律解釋來解決這個本質上是政治性的問題。而「六三法」根本就不是為要在臺灣實施日本憲法

〔註40〕三一法內容如下：一、在臺灣須以法律規定之事項，得以臺灣總督之命令規定之。二、前條之命令，應經主管大臣奏請敕裁。三、在臨時緊急時，臺灣總督得逕得制定第一條之命令。前項之命令經制定後應即奏請敕裁，如不得敕裁者，臺灣總督應即公布該命令向將來失效。四、法律之全部或一部，如有施行於臺灣之必要者，以敕令定之。五、第一條之命令，不得違背依第四條施行於臺灣之法律，即以施行於臺灣為目的所制定之法律及敕令。六、經臺灣總督制定之律令仍然有效。參見：簡後聰著：《臺灣史》，五南圖書出版公司印行，2001 年，第 594 頁。

而制定的；圍繞「六三法」存廢的爭議更不是為了將日本憲法施用於臺灣，也不是在討論「臺灣是否是日本的殖民地」，而是政黨勢力與執政的軍方勢力就各自對臺灣統治方針的妥協和鬥爭。

第四章　殖民地臺灣「警察王國」的建立

　　1895 年 4 月 17 日，清政府被迫與日本簽訂了《馬關條約》。根據馬關條約，清政府將「臺灣全島及附屬島嶼澎湖列島，即格林威治東經 119 度起至 120 度止，北緯 23 度起至 24 度之間的島嶼」[註1] 割讓給日本。5 月 10 日，日本政府任命海軍大將樺山資紀為第一任臺灣總督，兼任臺灣軍備司令官及臺灣接收全權委員。同時，發布了《施政大綱》的訓令，規定了有關接收臺灣、接收政府財產及有關清政府撤軍的條款。「萬一彼方於期限內不簡派全權委員，或拒絕移交，或移交怠慢時，則條約上之割地，在批准換約之後，當然已在我主權之下，自應臨機處理。遇有不得已之情事，可用兵力強制執行。」[註2]

一、臺灣總督府的建立與初期的殖民統治

　　1895 年 6 月 5 日，樺山資紀一行人等，基隆上岸，6 日在基隆舊稅關內設置臺灣總督府，同時基隆支廳也開始由福島大佐處理民政事務，此為臺灣總督府施政之肇始。但臺灣總督府的各項官制還都在醞釀之中。5 月 21 日，樺山資紀根據渡臺途中之構思，制定了《臺灣總督府假（臨時）條例》，規定了總督府的組織結構。

〔註 1〕（日）《講和條約‧別約議定書‧追加休戰定約‧御批准書》，JACAR：A03033009900。

〔註 2〕（日）井出季和太：《南進臺灣史考》，東京：誠美閣，1943 年，第 4 頁。

當時確定的總督府職員有：「民政局長官、陸軍局長官、海軍局長官、內務部長、外務部長、殖產部長、財務部長、學務部長、遁信部長、司法部長、參事官、秘書官、書記官、技師、屬（文官）、技手。」總督府的基本組織結構為：民政局下設「內務、外務、殖產、財務、學務、遁信、司法」七個部；內部掌理地方行政、警察、監獄、土木、地理、戶籍相關事務；外務部掌理通商貿易及外國人相關事務；殖產部掌理租稅及預算、決算相關事務；學務部掌管教育相關事務；遁信部掌理鐵道、郵政、電信、船舶及燈塔塔等相關事務；司法部掌管民刑相關事務。〔註3〕

6月7日，日軍先頭部隊佔領臺北。9日，在原臺北府舊址設縣廳，廳員開始辦理事務。14日，樺山總督從基隆轉到臺北。17日，舉行始政式，日本正式開始統治臺灣。

6月28日，總督府仿照內地的府縣制，核定了《地方假官制》，規定：臺灣置臺北、臺灣、臺南三縣，澎湖列島設島廳，縣之必要之地設支廳；各縣設置知事、書記官、警部長、參事官、技師、屬、警部、技手；各縣設內務部及警察部；內務部掌管街村、收稅、土木、地理、殖產、學務、會計、民事相關司法裁判事務及其他庶務；警察部掌管高等警察、行政警察、監獄、衛生及刑事相關司法裁判事務；支廳設置支廳長及屬。〔註4〕

雖然總督府根據「地方官制」設置了三縣十二支廳，也制定了地方行政區劃，但總督府的行政，僅在臺北縣管轄區域內得以實施。因為日軍佔領臺北以後，原定「由近衛師團負責剿匪，執行行政事務，並逐步擴張管轄區域」，〔註5〕但由於臺灣人民的強烈反抗，加之征臺士兵水土不服，陸續感染瘧疾，導致兵員大減，僅憑一個師團的力量難以平定臺灣全島。樺山於7月派遣參謀前往大本營，要求軍方增援。7月18日，伊藤博文批示：「將總督府改組為軍事組織。」〔註6〕8月6日，大本營以陸達第70號發布了《臺灣總督府條例》，設置「陸軍局」、「海軍局」、「民政局」，臺灣全島開始實施軍政。

在軍政實施的同時，總督府民政事務也開始實施。早在6月3日時，由民政局長議決的《臺灣總督府民政局記錄規則》及《臺灣總督府民政局記錄分類

〔註3〕（日）臺灣總督府警務局編：《臺灣總督府警察沿革志》（第一編），南天書局，1995年，第2頁。

〔註4〕（日）《臺灣總督府警察沿革志》（第一編），第7～10頁。

〔註5〕（日）《臺灣始政四十年史》，東京：日本殖民地批判社，1935年，第52頁。

〔註6〕（日）臺灣總督府警務局編：《臺灣總督府警察沿革志》（第一編），第15頁。

規則》就已經頒布，民政事務開始進行。9 月，以日令第九號發布《砂金署章程》，並依據章程設置了砂金署，對全島礦業進行管理。28 日，以訓令第七號頒布了《官租收納處理辦法》、日令第十號《官租徵收諭告》，規定了各種官租及罰則。其罰則相當嚴苛：「逾限未完者應罰加租二成；過催之後再過十日尚未完納者查出該租戶或佃戶資產案等抵租並加其五成；故意隱實謀脫者全徵該租戶或佃戶一切資產充公。」〔註7〕

10 月以後，總督府又頒布了《總督府諸收入收納處理規程》（訓令第十一號）、《度量衡器販賣規則》（日令第十九號）、《官有林野及樟腦製造業處理規則》（日令第二十六號）、《官有林野及樟腦製造業處理規則處理辦法》（訓令第十七號）、《清國及其他外國渡航臺灣島及澎湖列島的內地人處理規則及處理相關辦法》（訓令第十五號）、《清國人上陸條例施行規則》（訓令第四十一號）〔註8〕等一系列民政措施，來治理臺灣。

為了更好在控制臺灣人民，日本人糾集一些親日人士 8 月 8 日成立了臺北保良局，主理是劉廷玉，副主理為葉為圭，李春生則為會辦。此後各地設置分局三十多處，以期獲取民間機密，求得疏通民情。〔註9〕

經過幾個月的征伐後，10 月 22 日臺南城陷落，樺山向大本營報告臺灣已經平定。總督府也開始就官制及其他法案進行調查。當時由於有在內閣設置拓殖務省來管理臺灣行政事務之理，委任立法制度也在孕育之中，大量的成案被報給總督，諸如《臺灣總督府官制案》、《臺灣條例案》、《拓殖務省官制案》、《拓殖務會議規則案》、《臺灣地方官官制案》等。這些成案歷經數次修正後，在次年 3 月發布，4 月復歸民政。

3 月 26 日，臺灣法源法的《有關應施行於臺灣法令之法律》（六三法）出臺，30 日頒布的《臺灣總督府條例》，確定了恢復民政後總督府新的組織架構。依據條例，臺灣總督由陸海軍大將或中將充任，管轄臺灣島及澎湖列島；主管事務，依其職權或特別之委任，發布總督府令等。〔註10〕隨後，《民政局官制》（敕令第九十號）、《臺灣總督府民政局各部分課規程》、《民政局內務部處務細

〔註 7〕　（日）《臺灣總督府民政事務報告第二號》，JACAR：B03041509400。
〔註 8〕　（日）《臺灣總督府民政事務報告第四號》、《臺灣總督府民政事務報告第五號1》，JACAR：B03041509600、B03041509700。
〔註 9〕　（日）《臺灣總督府民政事務報告第三號》，JACAR：B03041509500。
〔註 10〕　（日）《御署名原本・明治二十九年・勅令第八十八號・臺灣總督府條例》，JACAR：A03020232800。

則》、《民政局總務部處務規程》等相繼頒布。

二、後藤新平的「生物學」殖民理念與警察政治的確立

日本統治臺灣初期，各地反抗不斷，總督府內部「疑獄事件」頻發。這些致使乃木希典總督心裏產生了抱怨，甚至產生了將臺灣出賣的想法。陸軍大臣兒玉源太郎堅決反對，認為臺灣係日本南部的屏障，軍事價值甚大，如果將臺灣賣給他國，不利於日本的遠期發展，表示自己願意前往臺灣，並發誓要治理好臺灣。這樣伊藤博文就任命兒玉為第四任臺灣總督，乃木被迫於 2 月辭職。隨兒玉一起入臺的後藤新平，以殖民地經營辣腕而出名。早年他曾經提出過混合社會契約論、國家有機體論、社會進化論的「生物學國家論」，認為無論人類還是國家，都必須將其放在適應其環境的「習慣」中來考查，也必須重視這種「習慣」。後藤認為：「所有的殖民政策都必須尊重殖民地的民情、風俗及習慣這一原則。」〔註11〕這就是所謂的「生物學」理論。

後藤新平的「生物學」原則，是他作為留德醫學博士對於自然生物屬性的認知。他認為所有生物均有其自然的生活習俗，不加瞭解地以外力改變生物之習慣屬性，則反而容易引起反映過度而導致矛盾出現，「就好比比目魚的眼睛不可能一下變為鯛魚的眼睛一樣。」〔註12〕這種思想是受自然的「進化論」思想的影響，更是「社會達而文主義的」思維。這種「生物學」原則認為，實施政治的對象，不可能是單純為一的概念，而是被統治的整個社會體系，不切實際的統治政策和法律制度，如不切合當時的社會風俗與習慣，則一文不值且利小於害。日本如無視臺灣人千百年來固有的風俗習慣，不予尊重民族的風俗習慣，強行將日本的成法運用於臺灣，則將是文明的逆政，絕非臺灣島民之幸福。他認為，新領土統治之初，應排斥極端的同化主義，而朝漸進主義出發。他擬以生物學為基礎，設置臨時臺灣舊慣調查會及其他種種研究調查機關，網羅日本內地學者對臺灣進行調查研究。對後藤新平而言，改造臺灣人的性格習俗並非易事，而施政並不一定要先訂立施政方針，寧可先設立調查研究機關，於研究之後再定政策，而施政一定要立基於生物學原則上。因此，在兒玉與後藤時代，確立了以生物學原則為主的「無方針」的殖民地統治政策。

他認為臺灣人的特別是怕死、愛錢、重面子，這樣就可以採取高壓恐赫、

〔註11〕（日）鶴見祐輔：《正傳·後藤新平》，第 41 頁。
〔註12〕（日）鶴見祐輔：《正傳·後藤新平》，第 39 頁。

小利誘惑、虛名籠絡手段來進行統治，高壓可以使人民有所不敢，小利可使臺灣人民內部分裂並產生對立。為此他提出了《臺灣統治救急案》，提出現今實際施政上最為急迫的三要件是：「土匪的鎮定，和平的實現；在軍政民政過渡時期，明確文職官員的權威，確立民政主義；明確地籍（土地調查）及人籍（戶口調查），確立諸般行政的基礎。」〔註13〕此三要件的要諦是「土匪的鎮定」和「民政主義」。在當時臺灣軍隊氣焰囂張之時，即完成剿滅抗日義軍，又能輔助民政主義的最好的手段，就是發展警察力。據此，確定了殖民地「生物學理念」的核心即是以警察力為中心。他改革了原來的警察制度，將警察機構從一個「不見經傳」的下屬機關，擴張到位於民政部各局之首的機構，使民政部能夠直接執行警察事務，實現了總督府的行政官廳與警察官廳的一體化，警察可以參與一般的行政管理，並與保甲制度密切結合起來，其觸角也能深入到社會的各個階層。這樣僅四年間，總督府就殺害抗日人士 1.2 萬餘人，扭轉了在臺灣的被動局面，開創了「兒玉—後藤」新時代，造就了臺灣殖民地統治史上「警察政治」的繁榮期。

三、初期警察制度的確立

（一）以警察力為中心的「民政主義」理念的確立

在後藤看來「帝國在外觀是沒有殖民地的，如果說有的話，那只能是臺灣。臺灣在內容上是殖民地，其實質是帝國唯一的殖民地，更應當是帝國殖民統治的練習場。」〔註14〕「此殖民事業最重要的是在精誠團結的基礎上的若干權力，即警、裁、稅的參與。」〔註15〕為此他提出了《臺灣統治救急案》〔註16〕，提出現今實際施政上最為急迫的三要件是：土匪的鎮定，和平的實現；在軍政民政過渡時期，明確文職官員的權威，確立民政主義；明確地籍（土地調查）及人籍（戶口調查），確立諸般行政的基礎。

此三要件的要諦是「土匪的鎮定」和「民政主義」。在當時臺灣軍隊氣焰囂張之時，既完成剿滅土匪，又能輔助民政主義的最好的手段，就是發展警察

〔註13〕 （日）《臺灣布政の急要問題》，水澤市立後藤新平紀念館編集：《後藤新平文書》，膠片 R23・7-2。
〔註14〕 （日）鶴見佑輔：《正傳・後藤新平》，第 45 頁。
〔註15〕 （日）鶴見佑輔：《正傳・後藤新平》，第 48 頁。
〔註16〕 《臺灣布政の急要問題》，《後藤新平文書》，國立國會圖書館藏，膠片 R23・7-2。

力。「土匪之害是政治的邪魔，儘管如此，土匪也有各個種類，清楚地進行判斷，分別進行處理是最為重要的，不能一概全部視為匪類，如果不這樣，政策上就容易出現錯誤。對付土匪的機關，則有警察與憲兵；過去當聞憲兵勝於警察，現在實際的情形，在民政上，毋寧是警察比較妥當。」〔註17〕據此，確定了以警察力為中心的民政主義理念。

當時的總督兒玉源太郎，對後藤新平絕對地信任和支持，充分地把權力下放給後藤，加之他大部分時間都在日本內地任職（歷任陸相、內相、文相、參謀次長、參謀總長），這就造就了民政長官可以獨攬統治臺灣大局之權力，使得其施政的理念與推行能夠並行不悖，首尾一貫，而後藤新平行事大膽獨特，非常具有行政決策的魄力，這也是警察政治能夠形成的最根本原因。

（二）排除軍方勢力廢止「三段警備制」

1. 廢止「三段警備制」之前的警察現狀

日據臺灣初期的警察力量的建立，係緣自於總督府內務部警保課長千千岩英一，於 1895 年 6 月 20 日，向民政局長水野遵提出的赴日本內地招募警察開始。當時招募來的 759 名警察官吏，實際上是以陸軍雇員的身份，來臺灣擔任警部心得和巡查心得之職務的。〔註18〕總督府雖然從日本內地募得這些警力，但這些警力是不足以應付當時全島「平定」後的警察任務，加上當時警察官吏染病情況非常嚴重。當時在日本受命向任地出發的警察中，有 5 名病死，八名巡查入院。在臺北停留中，有警部 2 人、巡查 16 人患病，臺北縣廳以外地方執行公務的警察，有過半數患病。執行公務方面，除了戶口調查及衛生警察等以外，缺勤者很多，幾乎不能正常工作。〔註19〕

警察除了被疾病所累外，對臺灣地理、語言、風俗等不瞭解，也造成了執行公務上的困難，擴充警力是勢在必行的。「觀目前臺北縣配置的警察官人數，僅僅 430 名，其中大半配置在支廳轄區內。加之隔海千里，風土變遷顯著，其

〔註17〕（日）北岡伸一：《後藤新平》，頁 58。

〔註18〕（日）臺灣總督府警務局編：《臺灣總督府警察沿革志》（第一編），第 35～38頁。

〔註19〕當時被惡疫困擾的不僅是警察，軍人軍屬情況更為嚴重，從征臺軍入臺開始，到其解散，包括軍夫在內，因疾病而死亡人數竟達四千六百四十二人，為治療而送回本國的共計達二萬一千七百四十八人。當時在臺灣戰死的僅有一百六十四人，負傷者僅為五百一十五人。可見當時疾病給日本統治者帶來的痛苦與麻煩。參見：臺灣總督府警務局編：《臺灣總督府警察沿革志》（第一編），第 46 頁。

常為病患者眾，身體健康能服勤務者不過三分之二。尤以不曉得職務上最為必要之地理、人情、語言之故，其比較在語言相通之地服勤務者，感覺實際效果不過是五分之一。倘若如此，則全員 430 名的三分之二為 262 名，其五分之一為 57 名弱。我臺北縣下健康的警察官員實際上不過是如此少量的人數。如此少量的人力能有何作為？況且，在這地理、人情、語言不通之地，無法執行所謂的聞於無聲、風於無形、防患於未然、維持安寧秩序這些重要的警察本職，乃是顯然之事。故確信增加警察官員人數乃一日不可輕視之事。……另依下官之見，相信全島至少需要用二千名巡查。請盡快進行警察官員的招募工作，使本島草創的警察機關得以運作自如，是所至盼。」〔註20〕

當時臺北縣的警察尚且如此，其他地區就可以推想而知了。是故總督府在 1895 年 11 月陳請臺灣事務局要求增加警察人數，但並沒有實現。〔註21〕1896 年 4 月復歸民政後全島開始實施縣制，就警察人數來說，當時有警部 230 人，巡查 1387 人。〔註22〕到 1897 年 5 月 27 日修定地方官官制，實行六縣三廳制，六月修改警察員額，時有警部 250 人，巡查 3100 人。〔註23〕警察人數雖年有增加，但因當時地方治安狀況不容警察力分散，警察署、分署及派出所皆集中設於市街之地，即採用「集團制」〔註24〕〔註25〕的方式。警力實際所及範圍不過在其所在地數里之內而已，以外地方幾乎呈現無警察狀態。「臺灣的警察署每署約有五十名警官，此數聽起來像用於搜查逮捕犯人似乎還有充分的餘力，然其事實並非如此。一署五十名的編制員額當中，常有六、七名到十名

〔註20〕（日）臺灣總督府警務局編：《臺灣總督府警察沿革志》（第一編），第 47～48 頁。

〔註21〕（日）臺灣總督府警務局編：《臺灣總督府警察沿革志》（第一編），第 46 頁。

〔註22〕（日）《臺灣總督府民政事務成績提要》（第二篇），臺北：成文出版社，1985 年，第 64～65 頁。

〔註23〕（日）《臺灣總督府民政事務成績提要》（第二篇），第 67 頁。

〔註24〕警察集團配置，就是集中警察武力的布置，統合運用警察資源，勤務項目主要以警備、警防為主，就是日本警察制度建立初期的「集兵警察」，通常是在警察人員未得充實，警察組織不夠完備的情況下，採用此種方法。與之相對的是警察散在配置。警察散在配置是將警察配置深入到各個行政地區，不分地域地貫徹中央集權的意志，警察勤務則施展到一般警防、民防、民生諸領域，此做法的先決條件，就是必須有普及的地方警察機關，充實的警察力量。參見：臺灣總督府警務局編，《臺灣總督府警察沿革志》（第一編），頁 40。陳煒欣，《日治時期臺灣「高等警察」之研究（1919～1945）》（臺北：國立成功大學歷史學研究所碩士論文，1998），第 38 頁。

〔註25〕（日）井出季和太：《臺灣治績志》，臺灣日日新報社，昭和十二年，第 3 頁。

左右的空缺，另外常有四、五名病號，再扣去赴外警戒、保護旅客、護送金櫃等種種需用警力，實際待在署裏辦理日常事務的人員不過七、八名。若再扣除護送犯人、保護證人等需用警察人數，則所剩者幾無一人。以如此少數的警察去面對無窮無盡且兇殘極惡的土匪，其要使司法權獲得發揮，注定是無法辦到的。」〔註26〕

除了警力的不足以外，警察的素質也是一大問題。由於臺灣的警察要在日本內地招募，日人因臺灣多瘴癘之氣，視渡臺如入死地，赴任官員當中，於日本內地被視為無業游民之徒者有之。同時，臺灣也被視為一處「政治的狩獵地」、「官員晉升的跳板，內地失業者的救濟地」。當時日本內地稱臺灣官吏為「灣官」，同一等級的官員，「灣官」被視為比日本內地官吏低二、三級，實際上其素質也比日本內地官吏低劣。據《臺灣總督府警察沿革志》記載，當時總督府在日本內地招募來的巡查當中，有許多人行李當中竟藏匿有木工的工具等，顯然來臺擔任巡查不過是這些人謀生的跳板，並非其目的。〔註27〕

2. 憲兵權力的膨脹

由於警察力量的不足，在復歸民政後，也必然採用軍事手段來消滅「土匪」，而不以從屬民政的警察取締來對待「土匪」，因此，當時臺灣總督府有關於臺灣的治安維持工作，自然借助於軍事警察——憲兵的力量。恢復民政以後，日本政府發布敕令第二百三十二號，將臺灣憲兵自東京憲兵隊分出，獨自成立臺灣憲兵隊，由陸軍大臣管轄，臺灣總督統率。臺灣憲兵有關於軍事警察方面的職掌，係隸屬臺灣總督府軍務局長；有關行政警察及司法警察方面的職掌，則隸屬於臺灣總督府民政局長，並受其管轄區域內縣知事、島司、支廳長及法院檢察官指揮。〔註28〕憲兵本身屬陸軍的一個兵種，其隸屬權本來只屬軍方，但此敕令使憲兵即隸屬於軍方，又同時屬民政部門，又要聽從於各級行政機關的命令。這是在臨戰狀態下的一種權益之舉，是必造成政令百出，左右矛盾的局面。由於軍隊的嚴格軍紀，也勢必使憲兵更服從於軍方的指揮，這也就自然地出現軍方勢力大增的局面。

1897 年 9 月，日本政府發布敕令第三百三十二號，修改了《憲兵條例》，

〔註26〕（日）臺灣總督府警務局編：《臺灣總督府警察沿革志》（第二編），第 188 頁。
〔註27〕（日）臺灣總督府警務局編：《臺灣總督府警察沿革志》（第二編），第 302 頁。
〔註28〕（日）臺灣總督府警務局編：《臺灣總督府警察沿革志》（第一編），第 53～56頁。

施行「內臺共通」的憲兵隊制度，第一至第七憲兵隊配置於日本內地，其餘三個憲兵隊則配置於臺灣，在職務上，配置於臺灣的憲兵隊在臺灣總督的指揮下，執行軍事、行政、司法警察任務。〔註29〕憲兵的本職是執行軍事警察任務，其在行政警察和司法警察上的職權應當是屬協助性質的，即警察官吏的請求或於警察官吏不在的場合，執行行政、司法警察任務；或於警察官吏到場時，隨即退出，由警察官吏接替處理本屬警察的任務。但當時的臺灣憲兵並不是這樣的，憲兵掌管一般警察事務、衛生、犯罪搜索及戶口調查等，與普通警察官吏所執掌的並無任何差異。「領臺當初，庶政大多數在軍律下決斷，當然也有少數的民政官員周旋在軍隊其中，但他們沒有施展能力的空間和餘地，所有屬警察人員的事務都由憲兵來司掌。當時憲兵的威嚴震動全臺，民政官員中執掌警察事物的人員也不得不甘拜下風。這是在軍政時期的一種必然狀態，不足為奇。」〔註30〕

儘管在1896年4月臺灣全島開始實施縣制，在民政上將警察權收歸到各縣警察部，但「憲兵的威信業已傳佈給了臺灣民眾，不可能一下子就消失，並且當時憲兵的紀律確實嚴禁，招募來的警察官員是不能相比的，從制度層面上來看，雖說警察權收歸到民政官員手裏，但其實權仍舊由憲兵把持。」〔註31〕當時之所以倚重憲兵，除了當時總督府內「軍人萬能」的氣焰彌漫之外，警察力量的不足，警察素質的良莠不齊也是其中重要原因。乃木總督時代，各個縣的警察權有所擴張，憲兵退居到臨時的輔助地位，「但縣級警察權不是輕易就能振興的，縣的警部長和各辦務署長之間，一有行動就會產生權限上的爭議，隨之辦務署內警察官和普通文官之間，也時常產生齟齬，更甚者，知事竟然和下屬的警部長之間產生衝突。」〔註32〕為了更好地協調軍、警、憲三種力量，乃木總督實行了「三段警備制」。

3.「三段警備」制的弊害

但是三段警備制的實施，並未能如預期那樣解決問題，反而問題更為嚴重。

〔註29〕（日）臺灣總督府警務局編：《臺灣總督府警察沿革志》（第一編），第56～58頁。

〔註30〕（日）鷲巢敦哉：《臺灣警察四十年史話》，中島利郎、吉原丈司編，《鷲巢敦哉著作集》（Ⅱ），東京：綠蔭書房，2000年，第15頁。

〔註31〕（日）鷲巢敦哉：《臺灣警察四十年史話》，第15頁。

〔註32〕（日）鷲巢敦哉：《臺灣警察四十年史話》，第15頁。

首先，管區的劃分是三段警備制的依據，但是，「征諸總督府辛苦慘淡區劃的結果，辦務署轄下全區或部分區域，其屬極為平靜而無土匪之擾之地，卻往往被劃為憲兵管區，土匪劫掠尚未絕跡之地，反而被劃為警察管區。發生這樣的情形，是不得不歸罪於其在區劃時欠缺商量這一點上，其最大的原因應是在於三段警備制自始根本就是一項無理的制度。」〔註33〕

其次，三段警備制雖然意在明確軍、警、憲的任務，唯憲兵所轄地區的行政警察事務是在憲兵屯所辦理，於特定地區，憲兵仍擔任一般行政事務。這樣的做法，不僅有阻於一般行政的普及化的推進，而且其相鄰地區也不可避免地會發生事務處理上的分歧，造成行政統一工作進展受阻的後果。〔註34〕何況憲兵並無行政費用可供支用於警察事務，其要執行行政警察任務，自然有其困難。〔註35〕

第三，從統治效果來看，「將統治的權力分給軍隊和警察，其結果是造成島民必須侍奉二位主人。警察業已許可的事項，憲兵來了之後卻要予以處罰；軍隊命令的事項，縣知事卻毫不知情，此等情形，頻頻發生，此即民政與軍政相互混淆，是為領臺以來統治失敗的淵源。」〔註36〕

第四，此制度也沒有如預期的那樣，達到軍、警、憲三股力量的相互調和。

竹越與三郎在《臺灣統治志》中明確指出：「這三股勢力之間的衝突，並未獲得調和。其中，警察乃人民安全的保護者，其手足最須伸展卻伸展不出去，每每為了軍隊、憲兵之故而處境難堪，其受的痛苦最大，處境甚為可憐。當時有一知情者對我言，警察官經常為了軍隊和土匪而疲於奔命，根本無法致力於民生保安之日常業務，身邊縱有罪犯，亦無機會發現。衣著污穢，長劍、槍械雙掛一身，枯槁的容貌顯露出疲憊的神情，看其東奔西走的樣子，余以為無法獲得土人的信賴，應非偶然。」〔註37〕

「三段警備制」不但沒有起到預期的目的，反而令臺民怨聲載道。1898年6月1日，臺北縣知事村上義雄、臺南縣知事磯貝靜藏、臺中縣知事木下周一，聯名給總督兒玉源太郎提交了《三段警備意義的見解書》，列舉了三段警備制

〔註33〕（日）鶴見佑輔：《正傳‧後藤新平》，第121頁。
〔註34〕（日）臺灣總督府警務局編：《臺灣總督府警察沿革志》（第一編），第459頁。
〔註35〕（日）鶴見佑輔：《後藤新平》（第二卷），東京：勁草書店，1990年，第96頁。
〔註36〕（日）鶴見佑輔：《後藤新平》（第二卷），第94～95頁。
〔註37〕（日）竹越與三郎：《臺灣統治志》，臺北：南天書局，1997年，第242～243頁。

不好的五大理由：一曰防礙民政統一及運作；二曰憲兵與警察素養不同，憲兵軍事上有長處，但作為行政警察不妥；三曰憲兵沒有警察費用；四曰在地方行政上憲兵從事警察事務有「隔靴搔癢」之感；五曰管區畫定困難。〔註 38〕這就更增強了意欲廢止三段警備制的新總督和後藤民政長官的決心。兒玉總督雖出身於武官，但他是個心胸開闊目光遠大之人，他對警察和軍隊的屬性及區別是心知肚明的，他甚至認為良民甘願淪為「土匪」，為政者需要反省，而以往以軍方為中心的討「匪」政策，也應當負一半的責任。這表明他認識到，要妥善解決臺灣的「土匪」問題，除了招降策略之外，還需要佐以警察的力量，以往的做法需要反思與調整。而此調整的第一步，必須從排除軍方對民政事務的干涉，確立民政部門在總督府的主導地位。

4. 排除軍方勢力、廢止三段警備制

兒玉總督首先以對後藤新平的絕對支持，來削弱軍方的統治力量。新任民政局長後藤新平，曾經在渡臺三個月後的慶賀宴會上，與軍方官員發生肢體衝突，兒玉總督全力支持後藤，表明對後藤的信任。〔註 39〕此事件雖然純屬偶然，但卻成為排除軍方勢力，提升文官地位，確立民政主義的一個契機。

1898 年 6 月，以敕令第一百零六號對《臺灣總督府官制》作了修改，將舊制中的民政、財務兩局合併，提高民政部的級別，設置民政長官和參事長官。〔註 40〕民政長官由後藤新平擔任。此次改革顯然是有意在強化和統合民政部門的權力，以期在民政事務上取得更大的成績。同時，以敕令第一百零七號修正了《臺灣總督府評議會章程》。此次修改，除了修正評議會的組成員和縮小評議會的權限外，最令人矚目的就是此章程第一條第二項之內容：「陸軍幕僚參謀長及海軍參謀長限議案涉及軍事之場合，參與議事。」〔註 41〕此條款的作用在於將軍方的影響力限制在其本職上，避免軍方力量干涉一般行政事務，使

〔註38〕 鶴見佑輔：《正傳・後藤新平》，第 122～124 頁。
〔註39〕 兒玉總督及後藤新平臺灣赴任後的第三個月，總督召集各地方長官、幕僚參謀長及各旅團長在臺北大稻埕的清涼館舉行新任慶賀會，後藤新平因工作來遲，臺中旅團長松村務本少將不滿，與後藤新平發生肢體衝突，被後藤擊打頭部。兒玉對後藤全力支持，認為做得對。並在自己召集的宴會中批評了松村：「雖然主人說可以隨意，但以此為由醉倒不是紳士的行為，尤其是作為陸軍將領，應是國家的柱石，作為國家柱石的軍人，在臺灣這塊新版圖上醉倒，與文官相互傾軋、進行格鬥，真是令人非常遺憾。」參見鶴見佑輔：《正傳・後藤新平》，第 146～147 頁。
〔註40〕 《臺灣總督府官制及臺灣事務局官制中ヲ改正ス》，JACAR：A01200866000。
〔註41〕 《臺灣總督府評議會章程中ヲ改正ス》，JACAR：A01200877800。

民政長官可以放開手腳拓展民政事務。

兒玉總督和後藤民政長官在制度層面排除了軍方對民政事務的干涉之後，開始逐步廢止三段警備制。同年 11 月以府令第一百零二號，先將臺中縣下的三段警備制撤除，將警察官及憲兵的管轄區進行了變更，開始將警察的管轄權全部歸到辦務署管轄。同月又以府令第一百零七號將宜蘭廳的三段警備制廢止。1899 年 1 月，以府令第一號將臺南縣、4 月，以府令第二十八號，對臺北縣的三段警備制進行改正。至此，三段警備制全部被廢止，全島皆劃歸為警察行政區。〔註 42〕

（三）進行行政整理、加強警察力量

1. 對地方制度進行改革

根據 1895 年制定的法規，臺灣的地方制度是設置臺北、臺中、臺南三縣，其下設八個廳及獨立的一個澎湖島廳，這樣即簡單又明瞭。但只過了二個月此制度就被破壞。臺灣的地方制度在 1896 年再變，1897 年三變。因此，臺灣的地方制度錯綜複雜。後藤新平赴臺就任之時，臺灣全島分為臺北、臺南、臺中、新竹、嘉義、鳳山六縣和澎湖、宜蘭、臺東三廳，各縣廳設置各自的辦務署、警察署、撫墾署，合起來全島竟達到六百一十五個之多。〔註 43〕行政機關的膨脹，必然帶來種種弊端。

1898 年 6 月，總督府以敕令第一百零八號對「地方官官制」進行了修正，將原來的六縣三廳制改為三縣（臺北、臺中、臺南）三廳（宜蘭、臺東、澎湖）制，將原來縣、廳之下的辦務署、警察署和撫墾署進行規劃整合，重新設四十四個辦務署，為此被裁減的敕任官以下人員計達到一千零八十人。〔註 44〕此為兒玉與後藤對臺灣行政改革的開始。其主旨是「一方面去除舊官制的煩瑣，使政務更加簡明，一方面為殖產興業的發展，為本島經營開拓道路。」〔註 45〕

2. 加強警察力量

在民政方面進行裁員的同時，對警察力量卻有意進行加強。在地方警察組織方面，縣、廳的警察官吏為警部長、警部、巡查。縣設有警察部，由警部長

〔註 42〕臺灣總督府警務局編：《臺灣總督府警察沿革志》（第一編），第 460 頁。
〔註 43〕鶴見佑輔：《正傳・後藤新平》，藤原書店，2005 年 2 月 28 日，初版式第一刷發行，第 92 頁。
〔註 44〕（日）臺灣總督府警務局編：《臺灣總督府警察沿革志》（第一編），第 468 頁。
〔註 45〕（日）臺灣總督府警務局編：《臺灣總督府警察沿革志》（第一編），第 467 頁。

擔任警察部長；廳設有警察課，由警部長擔任警察課長。縣、廳轄區內必要地點設置辦務署（臺東廳和澎湖廳轄區不設辦務署，而是由廳辦理其事務，並得為此於該廳轄區內設置出張所），經總督認可，辦務署之下得設置辦務支署（實際上，在辦務署轄區內還設有警察官派出所，不過之後改隸屬於辦務支署）。辦務署內設三課，第一課仍舊執掌以前辦務署的工作，相當於郡役所的庶務課；第二課掌管警察相關事項。第三課是撫墾署的變身，主管番政事務。

　　由於在地方官官制改革中將辦務署、警察署和撫墾署進行了合併，以前的警察署制度也隨之消失。即以前的警察事務原本由與辦務署相對的獨立單位警察署進行掌理，但經過此次改革，警察事務全部歸於辦務署的第二課掌理，地方已經沒有警察署長，而第二課長是由警部擔任，為辦務署長之輔助單位，對外沒有任何權限。〔註46〕

　　在行政組織進行裁員的同時，對警察人員卻大量增員。兒玉總督的做法是計劃把臺灣內地巡查的員額削減三分之一，而代之以二倍員額以上的本島人巡查補。〔註47〕1899年的2月，民政局對臺北縣下的巡吏〔註48〕成績進行調查。5月，在地方長官會議上，對採用本島人輔助巡查之職務一事進行了辯論，多數人表示贊同。在此基礎上，7月，以訓令第二百零四號發布：「為輔助臺灣總督府巡查之職務，得於警察費預算範圍內，雇用本島人為傭員，以巡查補稱之。本令於明治三十二（1899）年八月一日起施行。」〔註49〕

　　設置巡查補，是即能擴充警察力量，又能節省財源的雙贏之策。從費用上講，巡查一人的俸祿相當於巡查補二人。同時巡查補為本島人，對地理、民情、

〔註46〕（日）臺灣總督府警務局編：《臺灣總督府警察沿革志》（第一編），第474頁。

〔註47〕（日）臺灣總督府警務局編：《臺灣總督府警察沿革志》（第二編），第188～189頁。

〔註48〕總督府遷入臺北城之後的一八九五年六月二十五日，總督府啟用了三十一名本島人，稱為警吏，其身份為臨時傭員，配置於臺北縣廳所在地之城內、大稻埕、艋舺之各憲兵分屯所，白天一人，晚上兩人一組巡邏市區，或者從事犯罪搜索、軍事偵探或翻譯事務。之後的軍政時期，民政支部及出張所都配置了警吏，身份為臨時雇員。至一八九六年七月三十日，民政局長對縣知事、島司下達通知，首次於法規上准許臺灣本島人以臨時雇員的身份輔助警察事務，稱為警吏，配置於警察分署。一八九八年六月九日，臺北縣鑒於本島人對警吏職稱不屑，遂將之改為巡吏。參見：徐國章：《臺灣日治時期「警察政治」體制之建立》，《臺灣文獻史料整理研究學術研討會論文集》，臺北：臺灣省文獻協會編印，2000年，第110頁。

〔註49〕（日）臺灣總督府警務局編：《臺灣總督府警察沿革志》（第二編），第492頁。

語言、風俗等都十分熟悉，執行業務也更方便快捷。就總督府當時的政治走向來看，已經趨向於警察政治，在地方警察配置上也意圖由以前的集團制轉向散在制，將以前三百個左右的派出所增加到七百五十個左右，即是現在的二倍以上。派出所的增加，必然導致要求警察員額大量增加。在不增加財政的情況下，採用巡查補是最好的辦法。同時，日本方面也認為，歐洲諸國在東方殖民地的警察機關多採用本地人，就長遠政策來講，培養本島人警察官員及地方官員，也是為將來獵取更大的殖民地作統治上的經驗準備。「夫帝國只領得臺灣這樣一個小島，其巡查等小職尚須從內地招募，如果佔領了數倍於臺灣的領土，假定需要無數的警察人員，還指望內地，這是沒有遠見卓識的想法。」〔註50〕

　　同月，總督府以訓令第二百零七號，制定了《警察官服務心得》、《巡查看守休假規則》、《警察禮式法》、《懲罰令》、《服裝規則》、《精勤證授與規則》、《巡查配置勤務概則》等一系列與警察相關的法令法規。同時，總督府又以訓令第八十二號規定，在臺北縣內，「從八月一日起開始廢止巡查，設置巡查補。」〔註51〕同時，總督府又以訓令對巡查補的制服、俸給規則、巡查補採用及教育規則等相關規則進行了規定。並以內訓第二十八號，就其職務權限進行了界定：「巡查補若沒有警部、巡查同行，不得執行其職務。但下列各項不在此限。」

　　　　一、現行各類犯罪人的逮捕；

　　　　二、特殊命令的搜查；

　　　　三、路上醉倒人的保護；

　　　　四、路上負傷及疾病患者的有效保護；

　　　　五、路上爭議及打仗的制止；

　　　　六、路上放歌、高聲、喧嘩的制止；

　　　　七、乞丐和強賣的制止；

　　　　八、人命及水火災害的救護；

　　　　九、棄兒迷兒的救助；

　　　　十、狂犬的驅除及捕殺；

　　　　十一、暴行的制止；

　　　　十二、道路、溝渠、下水等的濬通及其他不潔物除卻的注意；

〔註50〕（日）鷲巢敦哉：《臺灣警察四十年史話》，中島利郎、吉原丈司編，《鷲巢敦哉著作集》（Ⅱ），第23頁。

〔註51〕（日）臺灣總督府警務局編：《臺灣總督府警察沿革志》（第二編），第493頁。

十三、道路其他的指示；

十四、門戶關閉的注意；

十五、通告妨礙物的除卻注意；

十六、放牛馬拴留的注意；

十七、郵政物及其他護衛；

十八、雜踏的制止；

十九、其他允許的簡易事項。〔註52〕

1901 年 4 月，總督府又以敕令第八十七號，修正了《臺灣總督府地方官官制》，除廢止了巡查部長，改置警部補外，還於官制的第二十九條「巡查」之後加列「及巡查補」等字樣，正式承認巡查補在官制上的地位。之後於 5 月，以一百零八號敕令，規定巡查補為判任官待遇。隨著巡查補的大量增加，臺灣全島的警察力量得到強化。據《臺灣治績志》記載，地方警察官吏的員額於 1899 年末為警部 228 人，巡查部長及巡查 4,061 人。到 1901 年末，警部 173 人，警部補 296 人，巡查 3,469 人，巡查補 1,734 人，警察力量逐年得到補充。至於警察的配置，也實現了由以往重點集中的集團制變為散在制。〔註53〕

3. 提升警察素質

警察力量的加強，除了人員數量的增加外，還包括警察質量的提升。為了培養臺灣所需要的第一線警察人員，總督府於 1897 年 4 月，在臺北城外龍匣莊設立了巡查看守教習所。由於其規模過小，不能適應需要，總督府請求日本政府，在 1898 年 6 月發布了敕令第一百一十二號《警察官及司獄官練習所官制》，廢止原來的教習所，同時，於 7 月設置警察官及司獄官練習所。練習所成立的目的，是教授警察官和司獄官在官職業務上必備的學識、教養及實務，指示職務執行的方針及鍛鍊身心等等。該所分為警察官、司獄官二部，各部分為甲、乙二科，甲科為警部、警部補和監吏人才的培訓班，入學資格為一般的志願者及成績優良的巡查、看守，修業年限為一年，畢業後即取得普通文官的資格。乙科為巡查、看守的培訓班，學員主要招自日本內地，修業年限六個月。

甲科練習生必須是在臺灣本島服務二年以上，特別乙科練習生必須在臺灣本島服務一年以上，由州知事或廳長選送，經體檢及學術科目考試合格後才

〔註52〕（日）臺灣總督府警務局編：《臺灣總督府警察沿革志》（第一編），第 493～494 頁。

〔註53〕（日）井出季和太：《臺灣治績志》，第 312 頁。

能錄用。但如果有素質良好，精勤敬業，有知事或廳長之特別證明者，可不受勤務年限之限制。乙科練習生須年滿二十歲以上，三十五歲以下，無下記情況之一者，並經體檢合格，考試合格者錄用之。

1. 曾受處刑者，但受罰金以下之刑，其所犯罪並不妨礙行為者不在此限；
2. 受懲戒處分而遭免職或免官未滿二年者；
3. 身份不相稱之破產者，或破產尚未復權者；
4. 素行不良者。〔註54〕

各科練習生體檢以下記各項規定為合格：

1. 身體健康，四肢完全，儀容端正，無胸腹內臟之病症，或傳染性皮膚病、贅生物、畸形等及其他不能服務或運動之病者；
2. 身長 1.55 公尺以上，胸圍約等於身長之半者；
3. 二目共視力為三分之二以上，而辨色力完全者；
4. 聽力在二公尺之距離，能聽低語者；
5. 言語清楚，能充分發音者；
6. 精神完全者。〔註55〕

其學術考試科目，因科別而異。甲科及特別乙科為憲法、行政法大意、刑法、刑事訴訟法、法院條例大意、警察法規、地理、歷史、國語、漢文、經濟及社會常識、作文、臺灣話、武道（柔道或劍道），點檢、禮節、操練。乙科為國語（普通國文、講讀解釋、默寫）、作文、算術、國史、日本地理。

各科訓練科目，甲科及特別乙科相同者有訓育、（日本）國史、憲法、行政法、警察行政、刑法、刑事訴訟法、財政經濟、社會問題、犯罪搜查、法醫學、一般衛生、臺灣話、點檢、禮節、操練、武道（柔道或劍道）、體操。此外，甲科尚有民法、商法、國際法大意、犯罪心理等課程。乙科課程為訓育、國史（日本）、財政經濟、警察行政、刑法、刑事訴訟法、犯罪搜查、警察實務、一般衛生，臺灣事情、臺灣話、點檢、禮節、操練、武道（柔道或劍道）、體操。

巡查教習所負責乙種巡查教習生之訓練。教習生除有曾任警察官之經歷或學術素養者外，應經體格檢查及學術試驗合格，施以二個月以上之學科及實

〔註54〕劉匯湘：《日據時期臺灣警察之研究》，臺北：臺灣省警務處，1952年，第 14 頁。
〔註55〕劉匯湘：《日據時期臺灣警察之研究》，第 15 頁。

務教習。學科教育，於所中實施，其科目及時數之決定或變更，均應通報警察官及司獄官練習所。實務教習，則使伴隨資深之巡查行之。教習之成績，以臨時考試及畢業考試合併計算，不及格者，即不能進行實務服務。但補充警戒、警備及其他必要時之臨時實務不在此限內。

除以上警察專門養成教育外，還有警察補充教育。其一般為常年教育，即於每日出勤前召集起來，由幹部或其他講師，予以學術之講習，武術則於午後進行。服務於鄉村者，每日召集不易，則視實際需要，於練習所，或其他一定地方舉辦講習警察官需要之課目，以補充其知識。其教育計劃，由警務局廳及練習所預先商定。講習之種類異常繁多，一般視當時之需要而定，尤其在重要法令改廢之場合，幾乎都要舉行講習。至於講習期間，多為一周以上，一月以內。

警察經過以上甲、乙兩科及一些一般性的業務訓練，基本掌握了除警察官不可缺少的警察法、司獄官必備的監獄法之外，還包括憲法、行政法、刑法、刑事訴訟法、民法、會計法、簿記、土語等警、監共同科目，以及警察官甲科的臺灣本島鴉片制度、乙科的鴉片警察，必要時還有戶口調查法、度量衡法、保甲規則等。通過術科學習培養了兵式操練，透過軍事教育，熟習軍事行動。這一系列的訓練使臺灣的警察質量大大提升。自 1898 年到 1906 年，共培養了甲科生有 523 人，乙科生有 5,435 人。〔註56〕

四、「警察王國」的建立

（一）警察組織一元化的實現

警察力量得到加強以後，如何整合運用這種警察力量，實現以警察為中心的民政主義，開始成為總督府改革制度重點之一。如何使警察及民政主義結合起來，「在警察力擴張的同時，以警察的力量來實現臺灣統治圓滿的行政成績」〔註57〕，達到消滅「土匪」，又振興民政的目的，是總督府官員，特別是實際的臺灣統治者後藤新平所思考的問題。要想實現此目的，必須對中央與地方制度進行大刀闊斧地改革，使中央對地方的政治干預更加強化。

1901 年 11 月，為實現即定的以警察為中心的民政主義理念，對《臺灣總督府官制》進行大幅度修改，在民政部內設置警察本署及總務、財務、通信、

〔註56〕（日）井出季和太：《臺灣治績志》，第 313～314 頁。

〔註57〕（日）《臺灣布政の急要問題》，日本國立國會圖書館藏，《後藤新平文書》，膠片 R23・7-2。

殖產、土木五局，以警視總長為警察本署長，局長為各局之長，民政部劃分為五十四課。其中警察本署設警視總長為之首長，在必要時就警察事務直接指揮各廳長，是本制度改正的著眼點。此官制改正全文如下：

第十七條 民政部設置警察本署及以下五局。

　　　　總務局、財務局、通信局、殖產局、土木局。

第十八條 總督官房、警察本署及各局事務分掌及分課由總督定之。

第十九條 總督府設置下記職員：

民政長官	一人	敕任
參事長官	一人	敕任
警視總長	一人	敕任或奏任
局長	四人	敕任或奏任
參事官	專任四人	奏任
事務官	專任十五人	奏任
警視	專任三人	奏任
技師	專任十八人	奏任
翻譯官	專任五人	奏任
屬、警部、技手、翻譯	專任三百二十人	判任

第二十條 民政長官輔佐總督總理部內事務監督各局署事務。

第二十一條 參事長官輔佐總督及民政長官作為總務局長掌理審議立案相關事務。

第二十二條 警視總長作為警察本署長，秉承總督及民政長官的命令，掌理其主管業務，在緊急場合可就其主管事務指揮廳長以下官員。

第二十三條 局長秉承總督及民政長官的命令，掌理其指揮監督主管業務及各局中各課事務。

第二十四條 參事官秉承上官的命令掌理審議立案。

　　　　　　參事官秉承上官的命令輔助總督官房或各局署事務。

第二十五條 事務官秉承上官的命令掌理總督官房及各局署事務。

第二十六條 警視屬警察本署，秉承上官的命令掌理其事務。

第二十七條 技師秉承上官的命令掌理技術，輔助各局事務。

第二十八條 翻譯官秉承上官命令掌理翻譯事宜。

第二十九條　總督官房及局署中各課設置課長一人，由奏任官或判任
　　　　　　官任之。課長秉承上級命令掌理課中業務。

第三十條　　屬、技手、及翻譯秉承上官的指揮從事庶務技術翻譯業
　　　　　　務。

第三十一條　警部屬於警察本署，秉承上官的指揮從事其事務。〔註58〕

　　從此次總督府官制修改條文來看，警察機構從一個「不見經傳」的下屬機
關，一下子擴張到民政局位於各局之首的機構。這是實現警察組織縱向指揮一
元化的重要步驟。後藤為實現此次改革甚至以辭職相堅持。

　　當時總督府當局為了讓官制修正案能於日本中央順利獲得通過，即由兒
玉總督和參事長官石冢英藏，在東京就官制改正案與中央當局進行周旋。民政
長官後藤新平和參事官大島久滿次（首任警察本署長）留守總督府。1901 年 9
月 8 日，大島草擬電報案，經後藤核定後，以民政長官的名義發給在東京周旋
的石冢英藏。這份電報指出：「本次改革最需要注意的就是警察制度。反覆研
究後認為，應在總督府特別設置警察本署，監督警察事務及明確在特定狀況下
成為直接執行之組織。不設警務局長，設置警視總長、警視及警部，劃定巡閱
區域，以期全島警察的統一。如若不然，則恐怕會造成警察面對土匪、走私及
其他犯罪時，欠缺機動敏捷之效果，故認為有訂立該項特別制度之必要。」
〔註59〕但此特別凸顯警察機關地位的提案，當初並未獲得兒玉總督的支持。

　　同月 17 日，石冢英藏從東京發電報給後藤，告知《臺灣總督府官制》案
當中，有關警察規定之警察本署、警視總長部分，請務必改為警務局，以敕任
警視擔任警務局長。〔註60〕接到石冢電報後兩個小時，兒玉總督也從東京發電
報給後藤，表示不贊成後藤所提出的警察本署設置案。「此次修正的重點，無
需贅言應該是放在警察的統一和靈活運作上，然為此而在總督府設警察本署
這一特設機關，以警視總長為其首長，使其直接指揮監督廳長以下人員，這是
偏重形式的做法，結果會讓人誤解其用意，使相關各機關之間互動有欠圓滿，
反而有偏離目的之虞。百般民政事務集於民政長官一身，由其圓滑疏通上下，
這才是最重要的。因此，宜停止設置警察本署和警視總長，改置警視四人，以

〔註58〕　（日）臺灣總督府警務局編：《臺灣總督府警察沿革志》（第一編），第 96～98
　　　　　頁。

〔註59〕　（日）臺灣總督府警務局編：《臺灣總督府警察沿革志》（第一編），第 98～99
　　　　　頁。

〔註60〕　（日）臺灣總督府警務局編：《臺灣總督府警察沿革志》（第一編），第 99 頁。

其中一人充任警務局長，並得指揮廳以下人員。」〔註61〕

然而，後藤民政長官並不肯屈服。第二天他馬上給總督回電請求再予考慮。「民政部不單只是監督警察事務，而應明確其為直接執行任務的直接權責所屬，這就必須建立一種異於其他五局的特設機關。如果該機關的性質和其他各局一樣，則反而會造成誤解，於直接執行任務時，恐會有欠圓滿。因此，相信明確警視總長對以下人員之監督階位，是在通常規律上不可缺少的。然而，若是在總督府內設置警視，使彼等執掌警察事務，並將其中一人定為敕任，充任警務局長，則其與警視總長的制度在實體上並無差異，反而有減少責任之嫌，且在形式上也欠完備，在執行時恐怕也會產生困惑。往後三、四年間，應當凸顯警察為地方對外行政主體這一認識，推動業務，否則徵稅業務和專賣管理將無法獲得確實執行，而且要完成大租權的整理工作，也會有相當大的困難。顯然，未來有賴於警察機關出力的事情，想必很多。因此，不管其名稱為何，希望此時能訂立諸如警察本署這種系統一貫的特別制度，是所至盼，尚請鑒核。」〔註62〕

同時，後藤又給石冢發電報，表明其對警察本署設置案的堅定立場。「針對總督所發有關警察制度的電報，本官已擬具理由陳請其再考慮當中。警察一事在規定上如果不明確，反而會引起誤解，產生動作有欠圓滿的害處。本官有一想法，認為不如設下規定，於總督府置二十三名警視，其中二十名補廳長之職，期能在這兩三年內改為純粹的警察行政系統，否則在全島的統治上，恐怕難有成績。值此縮減憲兵人員之際及保甲制度的普及化，相信其日後還得靠警察的大力推動。因此，與其在總督府設置監督官員，倒不如希望能建立一套負有責任的警察制度。以上內容髮為電報，供貴官參考，請酌辦。」〔註63〕

從後藤新平發出的電報中可以看出來，在後藤的設想當中，不僅是要建立一套首尾一貫的一元化警察指揮系統（即關於警察事務，總督府中央的警視總長得直接指揮地方首長——廳長，而廳長預定是由總督府警視擔任），而且對於警察的任務，也意欲擴大，不僅限於社會治安的維持上，而將其作為民政主義的代行人。由此，其以警察為中心的民政主義思想的脈絡就一清二楚了。

電報發出後的第二天，石冢回電給後藤，表示總督已經同意後藤的提案，

〔註61〕　（日）臺灣總督府警務局編：《臺灣總督府警察沿革志》（第一編），第 100 頁。
〔註62〕　（日）臺灣總督府警務局編：《臺灣總督府警察沿革志》（第一編），第 100 頁。
〔註63〕　（日）臺灣總督府警務局編：《臺灣總督府警察沿革志》（第一編），第 101 頁。

同時也附言該案於內務省、內閣法制局進行交涉時，可能會遇到阻礙。臺灣總督府在 9 月 20 日，將包括臺灣總督府官制修正案在內的多項敕令案上陳至內務大臣，一如總督府高層預料的那樣，警察本署設置案於審議過程當中再次遭受阻礙。期間內閣法制局堅持刪除警察本署、警視總長和警視的規定，建議設置警務局，提請閣議。對此，後藤於 10 月 1 日致電給兒玉總督，表明自己的堅定立場：「官制一事若在本日閣議上不幸通過法制局所提出的修改警察本署案，則下官將無法遵照這種紙上談兵所定下的規定，負責執行實際業務。警察系統欠缺一貫性，下官確信將無法擔當全島統治之責任。下官非敢輕言去留，但下官相信為了國家，必須如此。今日所言，乃情非得已，謹請鑒諒。」〔註 64〕

後藤對警察本署設置案的堅持，已經到了背水一戰，毫無回轉的地步了。兒玉總督此時轉為對後藤鼎力相助，甚至曾在內閣會議當中，不惜出言要撤回全部的改革案，並在閣議之後，面對對總督府不利的情況下，直接致電給總理大臣，建議請求採納後藤民政長官的意見：

「過去是以各縣警部長為警務執行上的最上級官員，惟於各縣警察的聯合行動上，欠缺統合一致，因而大多未見其功。現行官制已不完備，現今正是急需地方行政革新之季，將已有缺陷的警察制度按照修正案內容修改成只設警務局並設置警視，這並不能說是補救原有缺陷的一種改革。特別是在廢縣置廳之後，在行政區域數量增多的同時，警察的聯合行動也將增多。因此，其統一要比現在更加困難，民政長官是無法擔負此項執行責任的。下官認為，與其強行將之拘泥於法制框架內，發布不切合實際的法令條文，而實際上警務局長與原案的警視總長似無差異，不如採納當事者民政長官的意見。特別是設置二十個獨立廳之後，將因而增加警察聯合行動的次數，這是下官在東京時所未料及之事，面對這項新的事實，如不按照原案實行，則將會帶來意想不到的難題，故以本島警察為民政上獨一無二的機關，民政長官的意見，諒須受到尊重。懇請賜予考慮。」〔註 65〕

由於兒玉的力挺上諫，警察本署設置案終於在閣議時起死回生，「臺灣總督府官制」案經提請樞密院回覆意見後，於 11 月 8 日夜順利獲得天皇的裁可，並於同月 11 日公布。從此次行動中，也可窺見兒玉源太郎對後藤新平的信任

〔註 64〕 （日）臺灣總督府警務局編：《臺灣總督府警察沿革志》（第一編），第 102 頁。
〔註 65〕 （日）臺灣總督府警務局編：《臺灣總督府警察沿革志》（第一編），第 103 頁。

及他們配合的默契。

修正後的《臺灣總督府官制》，規定民政部設警察本署及總務、財務、通信、殖產、土木五局。總督官房、警察本署及各局事務分掌和分課由總督定之。總督府的警察職員則有警視總長一人，專任警視三人，專任警部等職員。警視總長為警察本署首長，秉承總督及民政長官之命令，掌理該管轄事務。事態緊急時，得就其主管事務，指揮廳以下人員。警視隸屬警察本署，承上級長官之命令，掌管其事務。警部屬警察本署，承上級長官之命，從事其業務。

通過以上過程，後藤新平不僅實現了警察組織指揮系統上的一元化，也為警察民政主義確立了組織指揮基礎。

（二）通過支廳制度巧變「警察管區」成為「行政管區」

兒玉與後藤入臺後不久，即於1898年，對《地方官官制》進行了修改，在地方上廢止三級制轉而實行二級制。先是變革煩瑣的六縣三廳制，設臺北、臺中、臺南三縣，設置宜蘭、臺東、澎湖、恒春四廳，在這些縣廳之下設置四十四個辦務署，以謀求行政組織的簡易快捷。

1901年2月26日，下發了民政長官通達，確定將警察的配置由集中制轉向散在制，又採用巡查補，以增加警察的耳目。隨著警察派出所散在制的實現，島內基本形成周密的警察網。當時僅臺南一縣，派出所的數量就一舉達到284個。

在中央改制獲得通過以後，總督府著手對地方進行改革，貫徹以警察為中心的民政主義思想。1901年11月，總督府以敕令第二百零二號對《臺灣總督府地方官官制》進行大幅修改，斷然廢除了縣廳及辦務署。

其官制改正內容如下：

一、下記各廳，其位置及管轄區域由臺灣總督定之。

臺北廳、基隆廳、宜蘭廳、深坑廳、桃仔園廳、新竹廳、苗栗廳、臺中廳、彰化廳、南投廳、斗六廳、嘉義廳、鹽水港廳、臺南廳、蕃薯藔廳、鳳山廳、阿猴廳、恒春廳、澎湖廳。

二、各廳設置下記職員：

廳長一人奏任，屬、警部、技手、通譯、警部補（皆為判任）。

三、廳判任官各廳通常定員為專任一千二百三十人。

各廳之定員由臺灣總督定之，各官位定員由廳長決定，但要得到臺灣總督的認可。

四、承廳長和臺灣總督的指揮監督，執行法律命令，管理部內行政
　　事務。

五、廳長就部內行政事務依據其職權或特別委任，可發布管內一般
　　或廳令的一部分，並可以附加二十元以內的罰金或拘留罰則。

六、廳長為維持其管內的安寧秩序需要兵力時，得向臺灣總督陳述
　　其理由，但非常急變之時可直接向其附近駐在的旅團長或守備
　　隊長要求出兵。

七、廳長監督所屬官吏，當有判任官進退之時，當向臺灣總督陳述
　　理由。

八、廳長得設置廳中庶務的細則。

九、當廳長發生事故時，其部下之屬或警部中的上席者代理其職務。

十、廳中事務分課由臺灣總督定之。

十一、廳長為分掌廳內事務，徵得臺灣總督的認可，可設置支廳。
　　　支廳長由屬、警部或技手充任。〔註66〕

　　經過此次地方制度的大改革，從來屬舊縣知事的權限事務都由新設置的
廳來承接下來。廳比日本內地的府縣廳要稍小，比郡稍大，廳長由普通的文官
擔任。〔註67〕根據《臺灣總督府警察沿革志》的記載，此次官制修定，有如下
理由。

　　　過去臺灣的地方制度，或於各地配置總督府的支廳，或直接設
　　置縣，並在其轄區內設置縣下之支廳，或於縣及廳之下配置辦務署，
　　歷經多次變遷。惟自明治二十九年（1896）四月民政開始以來，直
　　至今日，設置縣及廳，其下配置辦務署的方針從未改變。實際上，
　　明治三十一年（1898）改革當時，也僅止於將縣及辦務署的數目減
　　半，將警察署及撫墾署合併成辦務署，來謀求機關的整合。至於地
　　方制度的大方針，仍然率由舊章。

　　　然而，根據此後的經驗來看，辦理地方行政事務的主要是辦務
　　署，縣及廳不過是介於總督府和辦務署之間的一種轉陳機關，幾乎
　　未見有非由縣及廳處理不可的政務。在臺灣，完全沒有如日本內地

〔註66〕（日）臺灣總督府警務局編：《臺灣總督府警察沿革志》（第一編），第513～
　　　514頁。
〔註67〕（日）鶴見佑輔：《正傳・後藤新平》，第93～94頁。

各府縣一般地方團體及地方議會相關事務。臺灣之土木工程，其稍微重大者，向來緣由總督府直接管轄。因為若由地方廳經營這些事務，則各地方廳就必須設置相應的機關，所需經費不少，且以目前臺灣的狀況，在事業的經營管理上，由總督府綜理是便為有利的。又如地方稅收事務、災難求助事務等，交給新設的廳，不見得有任何收穫。保留縣及廳所需增加的經費非常龐大，而其所獲得的效果不僅微不足道，而且往往因而產生弊病。所以，廢止縣及廳，將縣、廳的部分事務併入辦務署並稍稍提升其地位，以之為廳，使其直屬總督府，可以達到事務的統一。〔註68〕

從地方官制改革理由書來看，整個官制的改革就是強化總督府的權力，特別是在警察方面，強調地方獨自處理警察事務的能力有限，基於實際和效率上的考慮，警察事務必須要由總督府中央直接指揮地方執行。將縣、廳的部分事務併入辦務署而成立廳，其實質是意欲建立以警察為行政主力的地方行政。

在11月地方官官制改正的同時，總督府又以訓令第三百五十九號，制定了為配合警察事務的執行視察，而將全島分為二個大的區域、以警視為管區長的「臺灣警察管區」。各警察管區設置區長，由臺灣總督府警視擔任。〔註69〕

從地方行政區劃及「警察管區」內容來看，其行政區劃與「臺灣警察管區」完全相同。同時警察管區長有指揮廳長的權力。這樣儘管廳長沒有像後藤新平所設計的那樣有「警部」來擔任，但卻處於「警察系統」的控制之下。

這次改革的一個重點，是廢止辦務署，代而設置支廳，並規定支廳長由屬、警部、技手等來充任。根據《臺灣總督府警察沿革志》記載，支廳長全部由警察來擔任，「警部以外的支廳長一個也沒有，課員也一概都由警察來充任。」〔註70〕這樣，總督府又通過「支廳」的設立，「支廳」業務的不斷加大，將臺灣的「行政管區」巧妙變為「警察管區」。警察管區成為事實上的行政管區。

另外，根據以上改革，總督府對警察指揮系統一元化體系得以完全確立。其指揮系統如下圖：

〔註68〕（日）臺灣總督府警務局編：《臺灣總督府警察沿革志》（第一編），第512～513頁。
〔註69〕（日）臺灣總督府警務局編：《臺灣總督府警察沿革志》（第一編），第104頁。
〔註70〕（日）臺灣總督府警務局編：《臺灣總督府警察沿革志》（第一編），第521頁。

総督 ——→ 民政長官 ——→ 警察本署 ——→ 警務課　 ——→ 廳長 ——→（警務課）——→ 支廳長
　　　　　　　　　　　（警視總長）　　保安課　　　　　　　　　　　　　　　　　（警部）
　　　　　　　　　　　　　　　　　　　衛生課

此系統與第一章中臺灣初期的警察系統圖相比較，明顯可見其呈一條鞭式。

（三）警察對民政事務的廣泛參與

　　1901 年 11 月，總督府又以訓令第三百五十四號，頒布了《臺灣總督府官房及民政部警察本署及各局分課規程》，就總督官房及警察本署內的設置及各課事務進行具體規定，其中第一條至第七條中規定警察本署設置警務課、保安課、衛生課，惟高等警察相關事務由警察本署長專管。各課職掌參考《臺灣總督府警察沿革志》。〔註71〕

　　從它的具體內容來看，過去總督府中央衛生事務的主管單位是與警保課並立的衛生課，兩課甚至分屬不同的部，衛生課屬總務部，警保課屬內務部。但過去地方的衛生事務一向是由警察掌管，此次將衛生課置於警察本署，應當是使中央與地方一致，便於指揮。由此一系列改革，總督府機關構成變成以下結構：

總督府在中央及地方實現了警察系統一元化結構以後，為了使警察在執行任務時有所參照，於 1902 年 3 月 12 日，訂製了《警察本署處務規程》，對警察本署職務的分掌和委任作了明確的規定。〔註72〕

　　在警察相關行政法規制定後，總督府當局開始巧妙地利用支廳制度將地方行政警察化。在事實上，支廳長都是由警部來擔任，而廳內課員，除總務課配置一、二名屬辦理課事務為特例外，大致上都是由巡查擔任，技手和雇員的

〔註71〕（日）臺灣總督府警務局編：《臺灣總督府警察沿革志》（第一編），第 85、91、
　　　　104 頁。
〔註72〕（日）臺灣總督府警務局編：《臺灣總督府警察沿革志》（第一編），第 110～
　　　　111 頁。

配置人數寥寥無幾。〔註73〕

警察機關（支廳）統計表（一八九九至一九〇四年）

年 度 \ 官署別		警務科	支 廳	派出所	合 計
辦務署時期	1899	464（派出所345處）			464
	1900	796（派出所630處）			796
支廳警察署時期	1901	20	93	930	1043
	1902	20	97	992	1109
	1903	20	89	981	1090
	1904	20	89	961	1070

數據源：《後藤新平文書》臺灣民政長官時代之第102件。

當初的支廳長職權僅限於諸如支廳職員的業務、雇入人員的任免、定額內經費的支出、保甲職員選舉的認可等簡單事項。當時支廳分掌事務如下：

一、蕃人蕃地相關事項。

二、森林原野相關事項。

三、命令傳達相關事項。

四、人民向本廳提出申報意見書的受理相關事項。

五、礦山相關事項。

六、稅務相關事務的一部分。〔註74〕

1903年後，逐漸將其業務擴大，除警察事務以外，還包括：國稅及學租之徵收、砂糖檢查、地方稅之賦課徵收、船舶測量、紡織品消費稅、稻作改良及驅除蟲害、水利坑道及量水標識之監視、命令公醫緊急出差、公學校所屬財產之保管及其所衍生的金錢物品之徵收、公學校經費收支相關等事項。〔註75〕

從以上支廳掌理內容來看，支廳確實有一般官廳所沒有的作用。其支廳長都以警察充任，職員也幾乎都以警察來擔當，總督府借助於警察之手來辦理行政事務，既方便又省力。這樣既解決了「土匪」鎮定後警察人員過多的矛盾，又解決了民政上的棘手問題。所謂的「警察政治」，即是通過支廳警察力的滲透，使警察參與普通的民政事務。

〔註73〕 （日）臺灣總督府警務局編：《臺灣總督府警察沿革志》（第一編），第521頁。

〔註74〕 （日）臺灣總督府警務局編：《臺灣總督府警察沿革志》（第一編），第522頁。

〔註75〕 （日）臺灣總督府警務局編：《臺灣總督府警察沿革志》（第一編），第523頁。

　　以警察為主體的支廳，其主管的業務雖然很廣泛，但開始時並沒有對外行文的權力，為了進一步貫徹以警察為中心的民政主義思想，1906 年 10 月 11 日，民政官長下發通知，就支廳長直接與其他官廳進行文書照會相關事項進行通報，正式明確了支廳長的對外交涉權。同日，又由警察本署長下發通知將之具體明確化。即所謂「由支廳長直接與其他官廳公文往返的事項」主要是指：

一、警察工作所屬諸營業及其他警察上的身份調查相關之件。

二、槍炮所有者及外國護照申請人的身份調查相關件。

三、戶口事務相關之件。

四、失蹤者及其他行政搜查相關至急之件。

五、管理集會結社取締相關特別至急通知及調查之件。

六、警察職員身份內查相關之件。

七、爆炸物及其他危險物的管理相關至急之件。

八、非常災難通報援助相關之件。

九、難船及漂流物等通報調查相關之件。

十、犯罪人及刑事被告人押送相關之件。

十一、監視人管理相關之件。

十二、交通警察通報管理相關之件。

十三、隘勇身份調查相關之件。

十四、傳染病發生通報相關之件。

十五、蕃害事件及其他急報之相關之件。

十六、資金募集者身份調查相關之件。

十七、死傷者行旅病死者生理相關之件。

十八、行政法令解釋相關之件。〔註76〕

從支廳的對外交涉中，我們可以看出支廳管轄業務的廣泛性。

　　1909 年，隨著地方制度的改革，總督府開始將認可報告委任行政事務變為普通行政事項。這樣，各支廳的行政業務又大量增加。包括各項諸請願書受理審核、兵事上物資及勞力徵用、行旅病死人救護、水難救護漂流物、災難救助及其他救恤、害蟲驅除計劃上的調查、水利、道路橋樑保護等事項。此外，支廳還需接受各項委任事項，包括支廳職員內部管理諸事項以及及依據即決

〔註76〕（日）臺灣總督府警務局編：《臺灣總督府警察沿革志》（第一編），第 524～525 頁。

令的罰金、課料金、沒收金及追徵金的制定和收納和屬臺灣地方稅的日稅、屠畜稅、手續費及小學校授業的賦課徵收相關事項等。〔註77〕

這樣，隨著支廳行政業務的不斷增大，臺灣地方第一線的行政人員幾乎都是由警察來充任，地方行政業務便藉由這些警察來分別執行。後藤借助於中央官制的改革，實現了一元化警察指揮體系，又通過地方警察支廳的行政化，來使他的以警察為中心的民政主義思想得以實現。隨著支廳業務範圍不斷加大，「萬能之支廳」制度帶來了「警察萬能」主義思想。要這種「警察政治」的體制下，警察的任務並不僅限於一般的警察事務，包括社會生活的各方面的管理，也都由警察掌理。

五、警察政治的特點

其實大凡殖民地統治，在佔領最初階段，各種民政權必先由軍隊掌握，次由警察掌握廣泛的行政權；最後，警察的權限始縮小到其應有的範圍之內。臺灣的情況，在最初也是這樣的。開始時實行軍政，在軍政廢止後，軍隊對於各種行政問題仍然常常顧問。此情況一直維繫到 1898 年 6 月，始由兒玉總督將之取消。此後即開始了「警察政治的國家體制」，警察對於鎮壓土匪、理蕃、衛生等方面都要干預，養成了警察萬能之觀念。1903 年時鎮壓運動已經告一段落，臺灣的警察人數竟超過其他文官總數的二倍以上雄厚的警察力量仍舊存在，且轉而用於一般民政事務。持地六三郎曾經解釋其原委：「在 1902 年鎮壓運動告一段落以後，對於不知不覺之間業已強大的警察力量，究應如何處置，頓成問題。試觀當時（1902 年底）的警察力量，除全島 20 廳的警察課以外，97 支廳共設 922 派出所，警部 177 人，警部補 271 人，巡查 3,234 人，巡查補（本地人）1,524 人；警察費用總額高達 180 萬元。八年戰亂（指過去鎮壓運動而言）之後，紊亂荒廢的地方行政，急待整頓振作，租稅亦待整理增收；此外則如土地調查、鐵路建築諸事業，均須計劃推進。處理這些地方政務的下級輔助機關，原屬『街莊役場』（鄉鎮公所），但其數不及『警察派出所』（1904年底街莊役場凡 469，警察派出所計 957；1909 年底，街莊役場凡 490，警察派出所計 498）。一『街莊役場』設『街莊長』（鄉鎮長）一人，手下只有『書記』一人或二人，但是平均卻有 5,000～6,000 人民受其支配；所以無論如何總

〔註77〕（日）臺灣總督府警務局編：《臺灣總督府警察沿革志》（第一編），第 526～527 頁。

是忙不過來，不能盡善其職。那就是說，在於一朝一夕發展『街莊長』制度，而減少警察的力量，這不但所費甚巨，而且格於環境，殊非得策。何況事實上警察制度業已普及全島，且其輔助機關的保甲組織又極嚴密；換句話說，全島的警察網早已形成，因勢利用，反而方便。因此身任『支廳長』的『警部』，就兼任了『郡長』；『派出所巡查』就兼任了『町村長』。」〔註78〕

對於這一警察體系，殖民統治者自己的評價是：「臺灣的警察官是一手提劍，一手持經典，於捕盜斷訟之餘，還見其從事教育、慈善這些高尚的事業。因此，今日臺灣的警察官，為因應新領土的狀況，不唯在固有的警察事務方面，其職務範圍還較我國內地廣泛，其對於其他一般民政事務，助力也不少。彼等不僅從事普通的警察、衛生事務，我國內地戶政官員從事的事務，彼等亦從事之。其擁有的犯罪即決權權限較我國內地為大，其所管業務不僅包括保甲事務、鴉片行政、笞刑處分的執行、蕃人蕃地的管理、清國勞工的管理，且還包括利用保甲制度協助徵稅、土木工程、獎勵殖產，特別是促進糖業發展，即連教育、救恤措施也是無所不與。臺灣現時的情況是，若不藉用警察之力，大概就無法推行任何業務。此種警察萬能的制度並非無其長處，大凡要達到家長政治的效果，警察萬能制度是不可或缺的手段。實際上，過去臺灣各方面之所以有長足的進步，藉助此種警察制度之力者必然居多……尚若警察官不得其人，則此種警察萬能的制度難保不會淪為虐政壓迫苛刻人民的手段。這是臺灣施政根本上，必須深思熟慮之事情。」〔註79〕殖民統治者自己尚且認識到此制度給臺灣人民帶來的壓力，可見此制度對日本統治臺灣的成功所起的作用，所以統治者自己也明言：「不知臺灣警察制度之體用，即不足以理解臺灣殖民政策之性質。」〔註80〕

那麼令殖民統治者自己都覺得過分的「警察政治」，究竟有什麼特點呢？下面簡要地進行分析：

1. 警察指揮的「一條鞭」化

如前所述，後藤新平通過在總督府設置警察署，在地方設置支廳，實現了警察指揮一元化體系，即一條鞭化。

這個指揮系統源於日本內地的警察指揮系統，但比日本內地的警察指揮

〔註78〕（日）持地六三郎：《臺灣殖民政策》，東京：富山房，大正元年，第80頁。
〔註79〕（日）持地六三郎：《臺灣殖民政策》，第80～82頁。
〔註80〕（日）持地六三郎：《臺灣殖民政策》，第67頁。

系統更為嚴密敏活。在日本內地，儘管警察組織呈「金字塔」型，但內務省是中央組織的一個分支，其他各省與內務省屬平行關係，執掌著自己份內之事務，他們與內務省的關係是，相互協調、制約、限制的關係。而在臺灣則不同，除了總督之下，民政長官即為最高官員，特別是在後藤新平任民政長官的八年時間裏，後藤實際上成為了臺灣真正的統治者。而民政部是總督府的最高行政機關，其下設各局。這就使民政長官直接指揮之下的「警察本署——廳——支廳」制度，比日本內地更強化，政令下達更通暢，組織調動更敏活。社會生活的管理，明顯呈現警察化的趨勢，市民生活的空間越來越小了。

2. 警察事務的行政化

日本儘管也以「行政警察」為中心，對普通民眾生活介入很深，但主要還停留在「行政警察」的職責範疇之內。而臺灣的警察則大大超越其界限。警察擔任廳長、支廳長、郡長、町村長。「人民所見所聞的官吏，唯有警察。」〔註81〕對統治者而言，它是最有效的制度，所以才有「臺灣的警察事事皆為，不止是固有的警察業務，幾乎所有一般行政業務，皆由其輔助行之。以前有所謂的警察國家，是當局者追求的理想，而在實際動作上，臺灣的警察已實現了此一理想。臺灣殖民政策的成功，有一部分更是不得不歸功於此種警察制度帶來的效果。」〔註82〕但對於臺灣人民來說，其高壓統治和嚴密控制的傷痕深深烙在心中，甚至在臺灣脫離了日本的殖民統治後，臺灣人民對警察依然畏懼。

3. 警察執行的法律化

日本接收臺灣之後，憲兵就開始征討反抗者，逮捕犯罪者，但由於沒有法律可以依據，總督府在 7 月 6 日，以總督諭告（第三號）的形式發布了《臺灣人民軍事犯處分令》〔註83〕。由於此項法令過於嚴酷，總督府開始著手制定各

〔註81〕　（日）鶴見佑輔：《後藤新平》（第二卷），第 151 頁。
〔註82〕　（日）持地六三郎：《臺灣殖民政策》，第 68 頁。
〔註83〕　《臺灣人民軍事犯處分令》：第一條　臺灣人民有下記行為者處死刑：（一）企圖顛覆大日本帝國海軍。（二）毀壞鐵路、電線、道路、橋樑、兵器、彈藥、森林、壩柵、水道、火車、船舶、及兵器彈藥船舶製造場及其他與軍事有關之土地、房屋、對象者。（三）誘導或指示賊寇、隱匿間諜及其他幫助敵對大日本帝國之行為者，或故意放走俘虜或劫奪者。（四）對軍隊、軍艦、軍用船舶之所在、動靜、或軍用品及數量等密報於敵人者。（五）作軍艦、軍隊、軍用船舶嚮導者有欺詐行為。（六）散佈流言蜚語、或喧嘩呼號防害軍隊、軍艦、軍用船舶之肅靜者。（七）在井、泉、河流投放毒藥或污穢物，使其不能飲用者。（八）將鴉片煙及吸食器交付日本軍人或軍屬及從軍者，或提供吸食處者。第二條　前條之

種警察執行法律法規。9 月 17 日，總督府又先後發表了日令第二十一號之一
《臺灣住民刑罰令》〔註84〕及日令第二十二號之二《臺灣住民治罪令》〔註85〕。

罪不論教唆者、從犯、未遂犯，視其輕重得酌量減刑。第三條　前二條之處理，
由軍法會議或總督府民政局為之。第四條　本令自發布之日起生效。參見：《臺
灣總督府警察沿革志》（第二編），《領臺以後の治安狀況》（下卷）。

〔註84〕　《臺灣住民刑罰令》主要內容：第一條　本刑罰令適用於臺灣（臺灣島、澎湖列
島及附屬諸島）住民。第三條　本刑罰令內雖無正條行為，若有違反帝國陸海軍
刑法及普通刑法者之正條者，及按律處斷。但其刑酌量輕重，依本令施行。第
四條　刑分下記四種：死刑、徒刑、罰金、沒收。第五條　死刑斬首。第十條　數
罪具發，未經論決者，從重處斷，若一罪先發已經論決，而餘罪後發者亦同。
第十一條　教唆者、從犯、未遂犯，即以正犯、即遂犯之刑罰處斷。第十三條　有
下記行為者，處死刑，其預備陰謀者亦同。一、起內亂者。二、抵抗政府而殺
害官吏者。三、結黨反抗我軍隊、軍艦、艦隊、軍用船隻及官廳者。四、毀壞
或燒毀船隻軍器之工廠、船渠、壩柵、兵器、彈藥、及備戰應用物資，及有關
於軍事道路、橋樑、河溝、港口、森林、家屋、水渠等。五、毀壞或燒毀電信
器械、電柱或切斷電線者。六、毀壞或燒毀火車鐵路及其標識等類者或妨礙火
車來往造成危險者。七、毀壞或燒毀燈塔、浮標及其他為保護海上安全標識及
妨礙船舶來往而作欺詐標識者。八、以偽計或用威力妨礙兵器彈藥及一般軍用
物資之搬運及郵政業務者。九、私給兵器、彈藥、金谷等與敵軍者，及將以軍
隊、軍艦、艦隊、軍用船隻消息並貯藏軍需品處密報敵軍或引誘敵軍者。十、
引誘助成奸細、幫助奸細及將之隱匿者。十一、使俘虜逃走或劫持者，或知其
逃走而隱藏或藏匿者。十二、為軍隊、軍艦、軍用船隻做嚮導而詐騙者。十三、
製造散佈流言蜚語、或喧嘩呼號防害軍隊、軍艦、軍用船舶之肅靜者或攪亂民
心者。十四、在井、泉、河流投放毒藥或污穢物，或採用其他手段使其不能飲
用者。第十四條　當官吏執行任務時，妨礙者，處以徒刑六年以下一月以上，並
得科罰金千元以下，十元以上，因而致死傷者，處死刑。第十五條　囚犯逃走者，
處以徒刑二月至四年。劫掠犯逃走者，處以徒刑六個月至八年為止，並罰金二
十元至千元止。第十六條　藏匿犯人或逃犯者，處徒刑十五日起至一年為止，或
罰金五元至五百元。第二十四條　將鴉片煙或其吸食器交付軍人軍屬及渡來我
國之臣民者處以死刑，知其情而給予吸煙場者亦同。參見：《臺灣總督府警察沿
革志》（第二編），《領臺以後の治安狀況》（下卷）。

〔註85〕　《臺灣住民治罪令》內容：第一條臺灣住民之犯罪依別表所定管轄區域，由臺
灣總督府法院或其支部審判之，但承臺灣總督府之命令特付法院審判事件，
不在此限。第二條下記之犯罪由犯罪人所在地或犯罪地之憲兵諸隊長或警察
署長、分署長審判。第三條陸軍憲兵將校軍士守備隊長兵站司令官地方各行
政長官警部長警部為檢查官，搜查犯罪證據，向法院或分院起訴。第四條官吏
執行職務而知其有犯罪行為時，要向檢察官報告。知其有犯罪，無論何人皆可
向檢察官報告。第五條憲兵上等兵及巡查非受審判官或檢察官之命令不得拘
捕被告，但現行犯可以隨時拘捕。無論何人認定現行犯者，隨時可以逮捕，並
立刻交付檢察官或憲兵上等兵、巡查處理。第六條、逮捕被告後，如無審判官
之命令，不得拘留五日以上。第七條審判官為調查事實，和傳記證人，命其鑒

1896 年 10 月 17 日，發布了律令第七號《拘留、罰金及類似犯罪之立即判決條例》〔註86〕。十月十日總督又發布了律令第二十七號《應處拘留、罰金或類似犯罪之犯罪立即判決處理手續》。以後又陸續制定了一系列的法律：依年度為，1898 年一件；1899 年三件；1900 年一件；1901 年五件；1902 年九件；1903 年三件；1904 年度有七件；1905 年度有三件，1906 年度有四件。從 01 年度到 02 年度共有十四件之多。其中最具威攝力的是《罰金及笞刑處分條例》〔註87〕。通過以上一系列的行政及警察法規，將總督威猛的權力，交託給警察，使警察成為法律的化身，政治的代言人。

笞刑處分情況人員表

年　　別	司法處分	行政處分（即決處分）	合　　計
光緒三十一年	600 人	1,846 人	2,446 人
宣統元年	1,981 人	3,004 人	4,163 人
民國二年	2,448 人	4,249 人	6,230 人
民國八年	1,989 人	2,915 人	5,363 人

定並臨檢搜索查封物品。第八條審判官為執行任務得傳喚官吏，並指揮憲兵下士，上等兵及警部、巡查。第九條犯罪證據不足或被告案件不構成犯罪時，應以判決宣告無罪。第十條觸犯本刑死刑被告案件應經過總督之認可後宣告判決。第十一條判決書要記載下記事項：被告住址姓名年齡；犯罪事實及判決理由；判決主文；審判年月日；審判法院或支部稱；審判官及書記官官銜姓名。第十二條發現判決錯誤時，審判官、檢察官、監獄長要申請總督再審，受刑之宣告者亦得申請再審。總督認為申請有理由時，即命法院再審。第十三條受刑之宣告者，如有悔改情形顯著者，總督可赦免其刑之全部或一部分。參見：《臺灣總督府警察沿革志》（第二編），《領臺以後の治安狀況》（下卷）。

〔註86〕一八九六年九月八日，臺北縣知事橋口文藏對總督府提出意見，認為由於違警罪之處理沒有立即判決的相關法令，在取締上來說十分不利，因此要求總督府制訂立即判決的相關法令，或是允許地方法院受理這類事件。當時，臺灣總督府內部也正在就如何處理犯罪事件進行檢討，於是總督府參照日本內地的即決法令制定了此法令。根據這個條文，警察署長、分署長及其職務代理人、憲兵隊長、分隊長及下士，對其轄區內所發生，應處以十日以下拘留，或罰金一元九十五毛以下之犯罪，得立刻判決並執行之（第一條）。此外，對這些判決要求正式判決時，得申請上訴（第三條）。此外，不按期繳納罰金者，將得一元換算成一天予以拘留（第七條）。參見：《臺灣總督府警察沿革志》（第二編），《領臺以後の治安狀況》（下卷）。

〔註87〕第一任文官總督田健治郎時，於 1921 年 4 月 28 日，以律令第七號，廢止了《罰金及笞刑處分條例》。

民國十年	440 人	1,782 人	3,771 人
民國十一年	1 人	570 人	1,010 人
民國十二年	1 人	21 人	22 人
累計	7,460 人	14,387 人	23,005 人

本表轉引自簡後聰著《臺灣史》第 609 頁。

4. 警察人員的日本化

臺灣總督府的政治，中央集權色彩濃厚，這種獨特的官治行政制度，「自然造成了『由日本人獨佔官吏』這一極端偏狹的人事任用方法。」〔註88〕在警察當中，主要以日本人為主，根據臺灣總督府警務局編寫的《臺灣的警察》一書所記載，1931 年警察現役人員當中，警部補以上官員全部為內地人擔任，警部補則僅有 2 人為臺灣人；巡查部長則有 2 名臺灣人；甲種巡查當中，僅有臺灣人 170 名；乙種巡查中也僅有臺灣人 1,143 人。此種情況一直維繫到日本統治結束也沒有多大改觀，「臺灣人警察僅占總數的 20% 到 30%，而且都是最下級的職位，所負責的工作都屬『輔佐』性質。」〔註89〕由此可見臺灣本地人只占警察中很小的比例，且臺灣籍與日本籍地位相差相當懸殊。這也是民族差別待遇的明顯體現。這一方面是由於日本民族性格偏狹，視臺灣人為劣等民族，不相信臺灣人民，另一方面也說明殖民統治者對警察系統所寄與的厚望。

警察職員的種族表

區　分	日本人	臺灣人	蕃　人	計
警部補	237	2	──	239
巡查部長	775	6	──	781
甲種巡查	3.780	152	7	3.939
乙種巡查	795	1.057	101	1.953

〔註88〕根據 1945 年 9 月 1 日的調查數據表明，就戰爭結束之時而論，在一百六十七名「敕任官」中，只有一名臺灣人，而此人還是與行政無關的醫學博士杜聰明。在二千一百二十名「奏任官」中，只有二十九名臺灣人，且絕大部分都是技術人員。參見：周憲文編著：《臺灣經濟史》，臺北：開明書店，1980 年，第 979 頁。

〔註89〕（日）鹽見俊二：《日據時代臺灣之警察與經濟》，載《臺灣的殖民地傷痕》，臺北：帕米爾書店，1985 年，頁 92。

| 警手 | 834 | 1.073 | 1.013 | 2.920 |
| 合計 | 6.421 | 2.290 | 1.121 | 9.832 |

此表轉引自臺灣總督府編的《臺灣的警察》第 42 頁。

5. 警察與保甲關係密切化

日本的警察制度與臺灣本地原有的保甲制度的密切結合，是日本殖民統治臺灣的一大特點。保甲制度是殖民政府向臺灣基層社會施政的重要管道。保甲制度是中國社會原有的東西，表面上是臺灣人的自治基層組織，在日本統治臺灣後，被臺灣總督府所利用和改選，保甲及壯丁團必須接受警察的指揮監督，充當警察的下級行政輔助機關。保甲制度的利用與改造，在殖民地的臺灣有其特殊的意義，日本殖民者企圖利用封建的保甲制度來使臺灣人民自相牽制，達到以臺制臺的目的。「日本殖民政權經由保甲滲透至臺灣民眾基層，除了利用保甲來協助警察維持地方治安外，且直接、間接的運用保甲於一般行政上，舉凡教育、產業、經濟、交通等方面，保甲莫不參與，在日本的臺灣統治史上，其影響既深且遠。」〔註 90〕

小結

綜上所述，兒玉—後藤時期建立起來的以民政主義為中心的一元化警察制度，及由此而形成的警察政治，使臺灣的警察體系與警察行政與日本內地完全不同，形成自己獨特的「殖民地警察」特點。從警察法理學上講，執行警察權的人員稱為警察官吏，而警察權則是基於一定的警察概念而賦予的權力。按照當時日本行政法學界的定義，所謂警察，「係指為維持社會生活秩序，基於國家一般統治權，直接命令或強制人民，拘束其自然自由的作用。」〔註 91〕據此，可知「維持社會秩序」、「公權力」、「命令」、「強制」、「限制人民自由」等是構成警察概念的要素。警察政治的實現，實質是對臺灣人民人權的無視與踐踏。「臺灣人民所見所聞的官吏，唯有警察」，那麼我們可以想像，在警察政治的高壓下，警察對民眾生活的介入程度之深。對統治者而言，它是最有效的制度，但對於臺灣人民來說，其高壓統治和嚴密控制的傷痕卻深深烙在心中，甚至在臺灣脫離了日本的殖民統治後，臺灣人民對警察依然畏懼。

〔註 90〕洪秋芬：《臺灣保甲和「生活改善」運動 1937～1945》，載《思與言》，第二十九卷，第 4 期，1991 年，第 116 頁。
〔註 91〕（日）美濃部達吉：《行政法撮要》，東京：有斐閣，昭和七年，第 151 頁。

特殊的有別與日本內地的警察制度及警察政治的實施，一方面是由於臺灣人民長期反抗，日本殖民統治者為了維持自己的利益而不得不採取高壓手段，另一方面也是日本殖民統治者也認為「像臺灣這種文化程度低、社會狀態幼稚的殖民地，這種警察制度不僅不得不為之，而且也必須說是最有效的制度。」〔註92〕

〔註92〕（日）鶴見佑輔：《後藤新平》（第二卷），第 151 頁。

第五章　保甲壯丁團

　　1895 年 10 月，日軍佔領臺南後，全島大體被平定。但臺灣人民的抗日活動一直在進行著。當時新招募來的警察僅配置在 12 個支廳所在地及其他新設立的警察署中，每署配置二三十名警察。這樣的配置，遠遠不能滿足治安上的要求。總督府對怎樣來確保地方的正常秩序也無計可施。日本利用臺灣早有的舊慣保甲制度，將其作為警察機構的末梢。保甲制度是以臺灣人，主要是漢民族人為實施對象的。日本將保甲這種將國家關係和宗法關係融合為一，家族觀念被納入君統觀念之中的中國舊制，應用在臺灣，只要是臺灣人，不管男女老少，都是保甲民，透過保甲制度，所有的臺灣人民都被組織為警察的輔助機關。

一、保甲制度實施的歷史軌跡

（一）保甲制度的利用和改造

　　當時在雲林出差的內務部長古莊嘉門在巡視時，有位老人對他說：「以前沒有聽說過警察。當時，土匪、強盜等在各地進行騷擾，番人也來進行搶奪，人民深受其害。為了防止這樣類似事件的發生，各堡各莊進行聯合，設立自衛聯合組織並稱之為『聯莊保甲』，此組織起著自治警察的作用。」〔註1〕古莊認為此法很好，應在抗日活動頻繁的雲林、嘉義一帶重建此制度。他與當地的紳士林武琛、林逢青等商議後，由二位擬寫了《聯莊自衛組合規約》，向日方當局提出請求。〔註2〕這是日據時期臺灣利用改造保甲制度的開始。

〔註1〕（日）江延遠：《保甲制度叢書》，臺中州能高郡埔里街保甲制度從書普及所，
　　　　昭和 15 年，第 83 頁。
〔註2〕（日）中島利郎、吉原大司：《鷲巢敦哉著作集》Ⅲ，第 67 頁。

《聯莊自衛組合規約》明確規定各聯莊無論何莊受到「匪徒」騷擾時，以鳴鑼為號，聯莊人各應齊出協力救助，若坐視不管，馬上報告官廳進行制裁，決不姑息；另外還規定所有莊民擒殺「匪徒」的賞格，以及各聯莊組織愛警察官指揮等等。〔註3〕

總督府將保甲制度先在義軍簡義所在地嘉義東堡及大目根堡地區試行。當地警部巡查也積極配合。9月10日，嘉義西堡及大目根堡的保甲組織被得到認可。當時當局在中埔莊留警部一名，巡查十七名，監督此莊的聯莊自衛組織。在總督府當局的努力推動下，至10月19日，除打狗東堡梅仔坑莊外，又在27個莊組建了聯莊保甲組織。

雲林地區的保甲制度就這樣產生出來了。古莊內務部長於10月10日，向臺北、臺中、臺南三縣的知事及澎湖島司，敘述了雲林地區聯莊保甲組織的實際狀況，並通知各地如果原地區有此舊習就使之復興，沒有這種舊習的地區，也要採取同樣的方法來制定規約，讓人民加入，違約時課以過怠金，並使之活動處於警察的監督之下。

聯莊保甲制度是作為警察的輔助系統復活的。從《聯莊自衛組合規約》開始，就規定了警察對保甲制度的指揮權力。因此，警察對聯莊保甲的活動的指導和監督是極其重要的。總督府還制定了《聯莊自衛監督基準》，作為警察對地方保甲制度的監督依據。此後，總督府也多次向各縣知事發出通知，要求盡可能在全島實施該制度。

在臺北方面，日本軍隊佔領臺北城不久，臺北市的紳士李春生等，就向日當局提出要設立保良局的請願書，其章程與保甲的目的基本相同。〔註4〕但由於保良局的設置在某些地區也發生弊端，當時由臺北大加蚋堡辦務署的主管七里恭三郎組織堡民設置保甲會的章程得到認可。這樣，北部地區保甲制度在警察署的管轄下開始復活。〔註5〕

從保甲規約中可以看出，保甲制度是以自衛組織為主要功能的，從它復活的那一天起，就以自治警察為其主要目的，主要的任務就是為了配合日本統治階級來對付當時抗日義軍活動，但保甲組織本身並不具有軍事性，要達到其自

〔註3〕（日）中島利郎、吉原大司：《鷲巢敦哉著作集》Ⅲ，第67頁。

〔註4〕（日）《保良局の設置及廢止》，《臺灣總督府警察沿革志》（第二編），第166～169頁。

〔註5〕（日）中島利郎、吉原大司：《鷲巢敦哉著作集》Ⅲ，第74頁。

衛的目的，就必須有其附屬的武裝團體。為此，各地保甲組織還成立了壯丁團。

　　壯丁團的壯丁在各甲中選拔，由警察借給他們槍支，來從事日常的警戒。最初對壯丁團並沒有什麼明文的規定。各地的壯丁和身份也參差不齊，服裝也沒有進行統一。因此，警察常常將壯丁團員當成抗日的義軍。為此，總督府於1897年11月，制定了《壯丁團編制標準》對此進行規範。此「編制標準」還特別規定了警察與壯丁團的關係，規定壯丁團的編成必須得到警察署長的認可，並要接受警察署長的指揮，警察署長要監督其管轄區域內的各壯丁團平常進行的各種訓練及槍法學習；警部長每年一回以上，警察署長二回以上巡視各壯丁團，檢查其紀律的保持及器具的配備等；警察署長要持有壯丁團員的名簿，每年二回就其現狀向縣知事廳長報告。〔註6〕

（二）保甲制度的強化——兒玉、後藤的「土匪」對策

　　保甲及壯丁團組織，是因日本入臺以後，鎮壓人民反抗而復活並發展起來的。當初其編成是根據總督府內務部長的訓令，故而其推行力度並不強。總督府雖責令地方長官快速建立保甲組織，但仍然是有的地方實施，有的地方沒有實施。特別是其作為地方自治警察的目的就沒有完全發揮出來。

　　1898年3月，兒玉總督及後藤新平長官上任時，臺灣各地的抗日活動仍然蓬勃，社會治安的穩定成為重中之重。兒玉、後藤檢討過去對「匪」政策，找出其缺失，並研究新對策，將圍剿「土匪」的任務，從憲兵手中轉交到警察手裏。接著擴充了警察權力。但事實上靠軍隊與警察力量維持治安，有其侷限性。當時臺灣警察的定員為3,000人，實際的人數是2,600人，但警察經常費用卻高達208萬元，是其他殖民地的六倍到七倍。〔註7〕政府的參謀人員不斷向兒玉及後藤獻策，認為「保甲聯莊制度是最應當重視的制度。充分發展這一制度將使巡查憲兵人數迅速減少下來。」並指出「現在憲兵巡查人數膨脹的原因，即是保甲制度沒有受到日本政府的重視。」〔註8〕建議總督府「將保甲制度稍加改正，將之處於警察的監督之下發展，是最有利的」。〔註9〕此建議與

〔註6〕（日）中島利郎、吉原大司：《鷲巢敦哉著作集》Ⅲ，第76～77頁。

〔註7〕（日）カークード氏：《臺灣ニ關スル覺書說明筆記》，明治三十一年三月八日，國立國會圖書館藏：水澤市立後藤新平紀念館編集《後藤新平文書》膠片R23·7-33-3。

〔註8〕（日）カークード氏：《臺灣ニ關スル覺書說明筆記》。

〔註9〕（日）《臺灣ニ關スル覺書》，國立國會圖書館藏：水澤市立後藤新平紀念館編集《後藤新平文書》膠片R23·7-33-2。

後藤的「生物學原理」不謀而合。後藤在發布「土匪招降策」的同時，將保甲制度作為對付抗日義士的一種方法，開始強化保甲制度。1898 年 8 月 31 日，總督府以律令第 21 號發布了《保甲條例》，以府令第 87 號發布了《保甲條例施行規則》。「保甲施行規則」，明確規定了警察和保甲組織的關係，即保甲、壯丁團的編制、保甲職員等的選舉、經費收支預算與決算等，都須得到郡守、支廳長、警察署長或分署長的許可，並接受其指揮監督。值得我們注意的是，1901 年 11 月的地方官官制改正的結果，以警部為支廳長，巡查為郡守。換言之，保甲組織的一切活動都必須在警察官的直接指揮監督之下進行。

同年 9 月，臺中縣知事在其管內設置了保甲制度。1899 年時，保甲制度基本擴大到臺灣全島。1901 年，伴隨著總督府與地方行政的改革、警察政治的逐步形成，警察配置由集團制開始向散在制過渡，為了將保甲制度與警察系統更加有機地結合起來，2 月 26 日，下發了民政長官通達，再次強調了保甲事務的重要性，要求加速完成保甲制度。

臺灣的保甲制度最初完全是作為「土匪」對策產生出來的。1903 年臺灣社會基本平靜後，可以說是百廢待興。當時臺灣的警察開始轉向普通民政事務，這樣在警察指導下的保甲，自然也就轉為警察的下級行政補助機構了。由於以前的保甲條例的細則由各廳自己制定，所以，保甲組織的各種相關制度細化就成了當務之急。1902 年 6 月，南部六廳廳長在臺南召開會議，在總督府的認可下，制定了《保甲條例施行細則標準》〔註10〕，對保甲制度進行了細化規定。但由於此細則標準不是由總督府統一下發的，所以各廳出入很大。為了進一步強化保甲制度，總督府於 1904 年 1 月，發出《關於保甲編成的注意事項》〔註11〕的通牒，對保甲的編成、保甲事務所、保甲職員、壯丁團的編成、壯丁團的職員，保甲職權的行使、保甲的責任等都作了統一規定。〔註12〕「注意條款」發布以後，臺灣全島才有了統一的保甲制度，並有組織地推動保甲行政。

從上述內容來看，保甲制度是以臺灣人，主要是漢民族人為實施對象的。只要是臺灣人，不管男女老少，都是保甲民，透過保甲制度，所有的臺灣人民都被組織為警察的輔助機關。

〔註10〕（日）中島利郎、吉原大司：《鷲巢敦哉著作集》Ⅲ，第 87〜90 頁。
〔註11〕（日）中島利郎、吉原大司：《鷲巢敦哉著作集》Ⅲ，第 87〜90 頁。
〔註12〕（日）中島利郎、吉原大司：《鷲巢敦哉著作集》Ⅲ，第 87〜90 頁。

二、保甲制度的組織結構

（一）保甲的編成

1. 保甲的戶數

保甲的戶數基於《保甲條例施行規則》第二條的規定，原則上約十戶編成一甲，約十甲編成一保。這種編組方法並不是採用舊慣每十家為一牌、每百家為一甲、每千家為一保的三級制。而是採用了每十戶為一甲及每百戶為一保的二級制。這是依據這種制度創始母法的黃六鴻的《福惠全書》所講的二級制度。

追溯前源，這一制度的淵源是中國歷代的鄰保制度。鄰保團體編成的戶數作為大概的原則是有定數的。也就是如果採用五的話，那麼就以它的乘數作為法定數。但在實際編成的過程中，出現零數的場合也不少，因而不能一律按法定數來編組。為了處理這些零數，也就有了不按法定數來編組法，產生了畸零戶或稱畸零甲這種煩瑣的變例來。清朝的戶部就有「畸零散處通融編列」（十家以下為一牌，十家以上也可為一牌）這樣的注釋。另外葉佩蓀的「七分併八之法」（八戶以上可為一牌，三、五戶可與附近的戶全為一牌）也是這樣的例外法，這種法是依據時代而變化不必一律相同。但是，臺灣規定甲及保的編成，如前保甲條例施行規則第一條「大凡每十戶為一甲，每十甲編成一保」的規定，是採用概數。作為它的原由，大概夠十的時候就不採用變例。這是以前所沒有的一個特點，即它很有融通性。關於它的概數的範圍，依據 1904 年 1 月民政長官的通知，每甲可由未滿十五戶或五戶以上組成，四戶以內不能組成一甲，採用隨機就近合併的辦法。十六戶以上時可將之分為二甲。每保由十甲以內五甲以上編成，四甲以內的時候不單獨設甲，與相鄰保合併為一保；十六甲以上的地方可分為二保。另外有一千保以上的市街地區時視為特別的情況，可斟酌依據舊慣，每三百戶左右組織成一保。

2. 保甲的地域

保甲制度施行的地域，依據《保甲條例》第七條「本條例限定在地方長官認為有必要的地區，並經臺灣總督認可後方可施行」〔註13〕的規定，並沒有強制在全島普遍實施，是否施行一任地方長官來決策。但是在《保甲條例施行細則》的第一條「保甲條例在州、廳以下全盤施行」〔註14〕的規定下，應該沒有

〔註13〕（日）杵淵義房：《臺灣社會事業史》，第 1000 頁。
〔註14〕（日）中島利郎、吉原大司：《鷲巢敦哉著作集》Ⅲ，第 85 頁。

種族差別，全島一律施行。但就創設實施以來的實際情況來看，對於臺灣人或本島人沒有例外全部實施該制度。而對於日本人及其外國人則不包括在內。對日本人不實施保甲制度的最大理由是由於兩種族之間語言、習慣及生活方式等有差異。從法理上來看，這是典型的殖民差別政策，實際上它導致了日本與臺灣難以融合的重大社會問題。臺灣人也從心底裏認為這種政策的差別待遇是不平等的。另外從保與甲的編成區域來觀察，根據《保甲條例施行細則標準》第三條，參酌地方的舊慣、土地的狀況、種族的關係等，在區長管轄的區域內，根據街莊區域編成「保」的原則。但是，莊及區的戶數不夠編成一保時，數個街莊合併組成一保；反之一個街莊的戶數太多的時候，又可分為數保分轄，但一個街莊不能分屬二保以上。甲由保的一個方向的順次鄰接的房子來編組。

3. 組成保甲的手續

組成保甲的手續，依據《保甲條例施行細則標準》第二條規定，組成保甲時，其區域內住民的家長必須就保甲的名稱（何郡何警察官署、何支廳、何街莊第　保、第　甲等）；保甲的區域；區域內的街莊及戶數人口；區域內的地圖等事項進行簽名，向所轄的州或廳提出申請，並接受其認可。

依據以上的手續來實施這一制度時，強制它所轄地區域內的各戶家長，加盟《保甲規約》。若組成後轉居他所或有新的家長出現時，也必須誓約遵從現行規約。

（二）保甲的職員

1. 保甲長的選任資格

保甲的工作人員主要由保正及甲長組成。保正是每個保的、甲長是每甲的負責人。甲長由該甲的團體人員選舉產生，經保正報所轄郡守、支廳長、警察署長及警察分署長認可。保長由該保的團體人員選舉產生，經報所轄郡役所、支廳、警察分署上報知事及廳長認可。其選舉的日期及場所預先要向郡役所、支廳及警察提出申報。

保正及甲長的任期是二年，期滿後可再選。關於保正及甲長的資格，沒有特別積極明確的規定，從《保甲條例施行細則標準》第五條來看，除三種人（二十歲未滿；不是保甲內居住的家長；受禁錮以上刑罰的人）不得擔任以外，保甲民一般都有被選舉的資格。但一般他們都是在保甲範圍內，有財力、有能力的一流人材。

　　保正及甲長作為保甲民，也其與他的一般保甲民眾一樣，負有一般的責任和義務，同時，一方面作為保正及甲長，也負有特殊的職責和義務。這種特殊的職務在原則上是無報酬的，如果認為有必要給予的時候，必須得到知事或廳長的認可才能支付。實際的情況是沒有領報酬的保甲長，全部都是名譽職務。

2. 保甲職員的職責

　　保正的職責是接受所轄郡守、支廳長、警察署長及警察分署長的指揮和監督，維持保內的安寧。此外，在保內還要接受市尹、街莊長及區長的指揮，協助執行其職務職責。關於其職務執行的具體內容主要是，監督甲長，對保內住民的非法行為進行教戒，協助警察官吏搜查及逮捕犯罪人，對違反規約的人進行處分，執行規約中的褒賞救恤，執行過怠金的徵收及處理事宜，執行經費的收支預算、決算及賦稅的徵收等。此外，保正還有負責確認戶口的變動、發現有犯罪嫌疑人及行為不良者、或發現有傳染病患者時，迅速向警察報告等的義務。

　　甲長的職責與任務是接受保長的指揮和監督，維持甲內的安寧。此外、在甲內還要接受市尹、街莊長及區長的指揮，協助執行其職務職責。其職務主要是協助保正進行工作；調查甲內的戶口及人員出入的管制；協助警察官吏及保正進行犯罪人的搜查及逮捕；教戒甲內住民不能有非法行為等。另外，他們還要負責向保正報告甲內有關戶口上的變動，如果發現有犯罪行為的人及行為不良者、或發現有傳染病患者時，也應迅速報告。

　　保正、甲長是自治團體的「首長」，是該團體內的「一流人材」，利用他們來輔助行政事務的處理非常便利。所以《保甲規則》的第二條，在 1909 年以律令第 5 號修改為：「臺灣總督認為，在必要的情況下，保及甲的職員可輔助區長的職務」。同時在「施行規則」第三條第三項中規定：「保正及甲長接受市尹、街莊長或區長的指揮，在保內或甲內輔助執行市尹、街莊長或區長的職務」。〔註15〕

　　這些職責本來並不是保甲的職責，它限定在不妨礙保甲事務的限度為準。所說的補助事務的範圍，在 1907 年 10 月，以內訓令第 3 號把它限定如下：法令及其他行政官廳發布命令的宣傳及傳達；產業上的調查資料的收集及其設施；臺灣年度地方稅收及其他費用收入書類的傳達及納入監督等。

〔註15〕（日）中島利郎、吉原大司：《鷲巢敦哉著作集》Ⅲ，第 104 頁。

（三）保甲職員的監督及懲罰

根據《保甲條例施行規則》第三條規定，保正的直接監督者是所轄郡守、支廳長、警察署長及警察分署長；甲長的直接監督者是保正。

保甲職員違背其工作職責時，由地方長官懲戒。其處罰為百元以下的罰金、剝職及譴責三種。另外保甲職員如果知道有犯罪行為的人，卻不接受保甲內住民的申報，甲長不把申報報告保正，保正也不報告警察時；或戶口上有變動、有行為可疑分子或知道有傳染病患者，或雖接受到保甲民的申報，但甲長不報告保正，保正不報告警察時，除上項的懲罰之外還要處以罰金。

（四）保甲的事務

如前所述，保甲制度是為了達成警察行政及市街莊區的下級輔助行政順利進行而設置的，它的事務也屬二級行政範圍以內，其主要的事務有保甲的名稱及區域；戶口調查；出入者管理；風水火災、土匪、強盜等的搜查警戒；傳染病預防；鴉片敝害矯正；道路橋樑的小型修繕及掃除；害蟲預防；獸疫預防；保甲會議；過怠金處分；保甲內的褒賞救恤；經費的收支、預算決算及賦課徵收；有必要保持前各項的外圍安寧等事項。從其事務內容上看，保甲即有「地方警察」的性質，又涉及到普遍的地方行政事務。

（五）保甲民的責任

保甲是以家為單位的鄰保團體，所有人都是保甲團體的構成單位即是成員。從保甲編成的形式來看，除家長以外的家庭成員不是保甲的正員，所以不負有保甲民的直接責任。但必須遵從家長的命令盡保甲民的本份。家長不在時，要代替家長擔負起其義務。因此，家庭成員實質上與家長一樣，作為保甲民負有間接的責任和義務。家長的責任，又分為單獨責任和連座責任二種。

1. 單獨的責任

單獨責任是指保甲內的家長必須履行指定義務的場合，單獨所負的責任。重要的義務有加入保甲規約；從外地轉入或新立戶的家長，必須誓約服從現有保甲規約：接受過怠金、保甲及壯丁團所需要費用的徵收，不能無故拒絕繳納或滯納；發現犯罪人或行為可疑之人進入甲內，馬上向甲長報告；讓外地來的人住宿，或自家人有一晚上以上的旅行時，及食宿人離開，或旅行者歸來時，馬上報告甲長；出生、死亡或有其他戶口上的變動時，馬上報告甲長。

2. 連坐責任

所謂保甲民的連坐責任，是指保甲內的住民犯有所定罪的場合，其保及甲內的全部家長處以所定的處罰（罰金或課料）。

作為保甲民負有連坐責任的場合有二種，一為甲內住民中有被處以重罪刑罰時，其甲內的各家長都處以課料，但對於發現犯罪行為，並帶領犯罪人向官署報告的人可免除其罪。二是違背保甲規約時，按規約中設有褒獎和過怠金處分的方法進行處分，可對當事人進行單獨過怠金處罰，也有連坐過怠金處罰。事態非常嚴重的場合，除對違背者以外，所在保及甲內的各家長，都要處以過怠金。

（六）過怠金處分

過怠金處分，是保甲民違背保甲規約所規定事項時，對其收取金錢的一種保甲制裁方法。它的目的是利用剝奪違背者財產的方式，以期勵行保甲規約。金錢的徵收是以罰金或課料這種強制的形式來實現的。過怠金是對保甲市民違反規約行為所科以的對保甲團體的制裁，不是刑罰，是屬規約中的規定，需要地方長官的認可，它對保甲民具有約束力，保甲民不得無故拒絕，必須發誓遵從這一規約。另外，當滯納過怠金及各種賦稅時，將被處以課料。根據臺北州的保甲規約，對沒有交納過怠金的人，經保甲會議的議定，知事的認可後，可以勞役來換取。在這種場合，每五十錢折算為一天，不足五十錢時，亦為同額度。

過怠金的處罰，是對違反規約的人，科以保甲內的一種制裁，它的方法及金額不一定全部依據規約。所以，全島並不是一律的，地方根據情況多少有一些差異。例如《臺北州保甲規約標準》中規定，保甲民違反下記各項之一的，處以十錢以上十元以下的過怠金。

不掛門牌；家人有變動時，不迅速訂正門牌的；戶口有變動時，不迅速向甲長提出申請，不依據調查規則經由保正向當地官署報告的；遷出、失蹤、死亡、廢戶口及有留宿人員離去時，有義務報告者不在保甲內，家主、地主、甲長或保正不向當地官署報告的；留宿他保的人員時，沒有直接將其姓名、年齡、職業、目的及預定的日期數向甲長報告，他離開時也沒有向甲長報告的；自己家裏有人需要在外住宿一晚以上的旅行時，沒有把他的姓名、旅行目的地及預定日期向甲長申報，或他歸來時沒有迅速向甲長報告的；壯丁團員沒有正當的理由，損壞或丟失其被服器具的。

保甲民如違反下記各項之一的，處以五十錢以上五十元以下的過怠金。

對保正甲長的戶口調查不誠實回答的；知道下列事項（發現有犯罪行為的人或形跡可疑的人及身份不明的人進入甲內、發現販賣不正當物品或進行強買強賣的人進入甲內、發現謠言惑眾者或有傷風俗習慣的人進入甲內、聚眾集合舉動不穩的行為）而不馬上向甲長報告；甲長不在或因其他事故不能向甲長報告的場合，不直接向保正或警察報告的；沒有得到警察的承認就留宿身份不明的人住宿的；在匪賊盜竊、風水火災及其他災害發生時，或匪賊強盜在保甲內潛伏或通過時，家長不迅速向警察官吏報告或不受保正甲長的指揮進行警戒及不協力搜查逮捕的；家長如發現保甲內有違反法規或行為不當者時，不快速向保正甲長或警察官吏報告；各戶的家長不通力合作相互警戒以防保甲內出現犯罪者的；家長不注意衛生，不保持住宅內外及道路上下水等的清潔的；家長在鄰居有傳染病人、疑似病人死亡時，不馬上向甲長、保正或警察官吏報告的；家長不接受警察及保正甲長的指揮，不從事滅鼠及其他傳染病的預防消毒工作的；如果在自己家裏出現傳染病、疑似患者死亡時，不迅速向警察官吏申報，等待警察指揮的；家長在甲內發現有受到交通阻斷的人時，或發現阻礙交通的人或事，不快速報告警察的；對受到交通阻礙的人所相鄰近房子的家長及甲長，不提供資金援助及其生活必須物品的；當甲內發生獸類傳染病時或疑似發生時，不快速向保正、甲長或警察官吏報告，不聽從其指揮，不努力進行預防消毒的；家長不接受保正甲長或適當官吏的指揮，來從事病蟲害的預防與驅除的；家長在病蟲害發生或疑似發生時，不迅速地向甲長、保正或警察官吏報告的；家長在病蟲害驅除及預防中，沒有正當的理由而拒絕指揮官吏命令的；家長不進行對道路橋樑及上下水堤壩等的清潔及小破損的修繕義務的；如若道路橋樑堤壩或其他交通上出現障礙，不快速排除或進行防護的；牛畜出入鐵路附近時，不在鼻上加環用手牽著，或看守者牽兩頭以上不用繩子牽著，或不找一個方便的地方拴在樹上的；保甲內的子弟不聽從家長的訓戒時，家長把他交給甲長或保正，仍不聽從訓戒的；前項的子弟不遵守保正的訓戒，不思悔過，保正不把此情況報告警察的；在他人私有田地住宅範圍內放養牛馬羊豬或其他家畜的；壯丁團員不遵守下記各項的（壯丁團員不相互團結，日常不注意自己的品行，有粗暴行為的；在勤務工作中不聽從警察及壯丁團長、副團長指揮的；在勤務服務時不著規定的服裝，只限於緊急情況下不能著裝時不在此範圍之內；在服務以外的時候，著制服或攜帶壯丁團器具的；壯丁團在沒有警察

或團長命令時自行解散，但一旦接受召集命令或聯合區域內發生變故或災難時，不馬上到指定的場所或現場集合的；被服及發放品不妥善使用，日常不注意保養，任意其污損的；壯丁團員及其職務由其他人代理的）；壯丁團員在非常事變發生時，不快速通知保甲內民眾，不迅速向警察報告的；壯丁團員有以下行為者（怠慢或違反職務的、不聽從正副團長指示命令的、在非常事變時，無故遲到或不參加召集者）；無故拒絕保甲及壯丁團所需要經費的徵收或滯納的。

保甲民違反下記各項之一的，處以一元以上百元以下的過怠金。

違反下記責任者（測量或其他用的建設標識標柱等的移動及毀壞、對列車及鐵道線路放置或投擲瓦石木竹或其他危險物造成障礙的、在鐵道線路上及公園放養牛馬羊豬的、毀壞電信電話電燈的設備或官方設置的郵政信箱的）（此場合除對違反者處以懲罰，還對當地的保甲內各家長進行連坐的處罰）；保甲內子民不守國家法律，營私結黨，搞同盟罷工，或沉溺於打架鬥毆及放蕩淫逸，作擾亂地方安寧有傷風俗的事情的；違反下記各項（賣給硝石販賣營業者、醫師、醫生、藥劑師以外的人硝石的、婦女的纏足有悖於善良的風俗，也有害於生理衛生，有纏足的、發現有偽造貨幣及偽造紙幣的，不把樣品及出所迅速向保正甲長或警察報告的、不接受使用一元銀幣、外國銀貨幣及外國補助貨幣的買出賣出的、不保護居住區的保安林及防砂林的）之一的。

（七）保甲民的獎賞及救恤

所說的獎賞及救恤，是指對保甲民在執行事務過程中有顯著功績的人的獎勵，或者對其在履行義務時死亡、負傷或留下疾病的救恤。它的目的與過怠金一樣，是維持保甲規約執行的。只不過一個是懲罰的方法，一個是獎撫的方法。

根據《臺北州保甲規約標準》，壯丁團員及保甲民中有在事變發生或其他場合救人性命或保護財產有顯著功勞之人；捕獲匪賊強盜或其他重大犯罪人的；得知犯罪人的行跡或發現危害安全事件，迅速報告，加快捕獲速度，遏止了事態發生的；保正甲長或壯丁團員平素勤奮工作，品德端正成為楷模的；發現有偽造貨幣及偽造紙幣及對相關罪犯進行檢舉等行為時，經保甲會議決定，給予百元以下的獎勵。

關於救恤，與前面所述的獎勵一樣，是基於保甲條例所制定的各保甲的規約。以《臺北州保甲規約標準》為例，保正、甲長、壯丁團員及保甲民中，有為履行規約所規定的義務各項之一的，遭受死亡、殘廢、或疾病者，可給予五十元以上百元以下、二十元以上百元以下的撫恤金及給予五元以上十元以下

的治療費及津貼，其標準由保甲會議議定。

（八）保甲會議

保甲會議分為保甲會議和保甲聯合會議二種。

保甲會議是組織同一保甲內的保正及全部甲長，來認定保甲事務中最重要事項的，保甲內唯一的議決機關。它的議定事項不論團體還是個人，都必須遵守。由於它的重要性，在保甲會議召開的時候，警察必須出席會議給予幫助指導，並且會議的召開除依據規約以外，必須得到所轄郡守、支廳長、警察署長、警察分署長的必要認可後，選擇時間召開。保甲會議的議事由保正負責進行整理。保甲會議需要總數半數以上的人出席，並依大多數人通過為準，如果票數相同，由保正來裁處。保甲會議主要對諸如保及甲的名稱區域變更、對違反規約者給予過怠金處分、獎勵及救恤、制定保甲費的負擔額、報告保甲費的收支決算等重要事項進行議決。另外還有所轄郡守、支廳長、警察署長或警察分署長認為必要的事項，也被作為議決事項來處理。

保甲聯合會議是由相關聯的各保來組織，協議相鄰各保間的相關事項，並對之進行議定而組織的。會議召開時，制定的會則，要由相關聯的保正署名，向所轄郡役所、支廳或警察官署提出申請，取得認可。會議的召開及閉會時，都要向所轄郡役所、支廳、警察署或警察分署申報，且必須有警察出席會議。在會議協議的事項，必須遵守會則的規定，它的範圍只限於各保相關係的事項。

（九）壯丁團

壯丁團是為幫助維持地方安寧而設立的保甲機關之一。原有的壯丁團是中國保甲制度中的一種特殊機關，是根據其國內特殊的社會狀況來創設的。此制度是從管仲的「什伍制」中開始的，後來在歷朝的保甲制度中都要設立，其組織根據時代多少有些差異，但常以弓箭槍劍等作為武器，由保甲內的少年體力強健的人為壯丁，在農閒時期進行訓練，有事即由團長引領進行防護。

日本入臺後，在創設保甲制度的同時，參酌舊慣編成了壯丁團。保甲制度最主要的任務是保持地方的秩序之安寧，但單靠保甲民的自制自戒是達不到目的，這就要求成立自衛的專門機關。保甲條例第五條規定：保及甲為防禦土匪及水火災害的警戒及防禦而設置壯丁團。它的目的主要是為對付土匪、強盜、蕃害、風災、水災、火災等非常事變。

壯丁團以壯丁、壯丁團長及壯丁副團長這三者組成。成立手續是，由保正甲長出具所在區域及街道莊名稱、團長以下職員及壯丁人員名單、勤務方法以及經費的收入支出方法等事項，經由所轄區內的郡役所、支廳或警察官署向所轄州及廳提出申請，並得到知事或廳長的認可。壯丁團中的壯丁，是在其所屬區域內的住民中，由十七歲以上未滿五十歲的男子，體態強壯品行善良的志願者中選擇，在保正與甲長協議的基礎上，每一甲選拔一名來擔任。壯丁團長及副團長由壯丁團員在所有的壯丁中相互選舉產生。但團長要盡可能從警察官吏派出所所在地選舉，並且保正不得兼任，其數量通例是團長及副團長每個保一名。這樣相互選舉出來的團長及副團長，要經由保正，得到所轄郡守、支廳長、警察署長或警察分署的認可。

壯丁團要備有壯丁團職員名單、壯丁名單及登記帳簿，並交由團長整理保管，並且要把這些名單及帳簿的另冊提交所轄郡役所、支廳或警察官署，每當有增減變更時，要提出訂正報告。

壯丁團的任務是在其區域內發生匪徒強盜等的侵害，或發生火災及風災、水災等非常災害之時，聽從警察及團長的指揮，迅速從事警防工作。其他區域發生事變之時，或接受到報告之時，在加強所管轄區域內的警戒同時，聽從警察的指揮，有相互支持的義務。

壯丁團員的勤務方法，依據保甲條例施行細則標準第十八條的認可之外，還接受作為專門監督官廳的所轄郡守、支廳長、警察署長或警察分署長的指示。在其勤務中，團長秉承所轄郡守、支廳長、警察署長或警察分署長的指揮監督，副團長協助團長的工作之外，當團長有事時，副團長可代行其職。

壯丁團的指導、訓練及監督由所轄郡守、支廳長、警察署長或警察分署長來進行，但他們的監督通常是對警察官吏進行定期或臨時召集，對壯丁團進行點檢來培養團員，以待一朝有事時而無遺漏。

（十）保甲的經費

保甲經費全部由保甲民來負擔，而其收支預算，每年由保正在前頭年的十二月份編成，並得到所轄郡守、支廳長、警察署長或警察分署長的認可，其決算在第二年一月末止，向同一官署報告。經費的徵收方法依據地方不同有所區別，或依據戶口數量，或經過調查對赤貧者全免等等，並沒有一定的要求。其「賦稅」為一戶一整年平均六十錢以內。雇入保甲書記的家庭，允許徵收到一元。

　　保甲的經費可分為保甲費和壯丁團費二大項，也可區分為經常費或臨時費二種。其徵收及支出都由保正製作徵收本或支出本，使其收支明瞭，其中的支出事項不允許有費目以外的支出。過怠金平時是屬保甲的收入，但不到萬不得已，不得納入經常費中，另外保管，用作褒賞、救恤、或其他臨時必要的費用（「關於保甲過怠金支出件」1904 年 9 月民警第 1682 號民政長官通知）。保甲費及過怠金由保正保管，其保管方法區分為保甲費和過怠金，並酌情以郵政儲蓄或銀行預備金來保管。壯丁團的經費如前所述，為保甲費的一部分，其金額為一保五元至十元，專門用於壯丁團的費用。

三、保甲制度的性質與職能

　　保甲制度的重建，最主要的目的與職能，是配合警察與憲兵，對抗日義士進行剿滅的自治警察功能。總督府借用保甲制度，將自治警察變成為法條文化，而地方長官又可根據律令大綱，將保甲規約的相關制度、連座責任等隨意規定。這樣就使得臺灣的警察機構，向最小自治單位協力團體——家庭發展，最終成為以住戶為基礎的地緣自治團體。1902 年以後，由於警察政治的原因，保甲組織除了一般的警察事務以外，開始新的歷史使命，即輔助最下層的普通民政事務。

　　臺灣在 1897 年開始設置街莊役長「公所」，但「公所」並沒有取得明顯的政績。因當時的「公所」一般只有街莊役長和一二名的書記，就連納稅通知下發這樣的小事都不能做得很好。當時「役所」的工作人員非常羨慕保甲組織。因為由於保甲制度的完備，保正和甲長每月可以在派出所召集會議，就一些事情進行商討，也能組織保甲民完成屬內任務。〔註16〕對於警察來說，只要保甲能夠完成自己的任務，適當幫助街莊公所事務，也是益事。於是在 1904 年 4 月發布通知，除街莊事務中現金收授以外，保正甲長得支持納稅管理事宜。8 月，總督府以訓令形式發布認可保甲對街莊公所的行政援助事宜。「廳長可令保甲職員補助街莊役長事務。但其種類要由臺灣總督規定和認可。」〔註17〕這樣，確定了保甲援助行政事務的根本方針。

　　本來在《保甲條例實施細則》中，就已經有一些行政助長事務。諸如「戶口的調查、安寧風俗及警戒搜查、埠壩交通、經費收支賦課徵收、過怠處分、

〔註16〕（日）中島利郎、吉原大司：《鷲巢敦哉著作集》Ⅲ，第 102 頁。
〔註17〕（日）中島利郎、吉原大司：《鷲巢敦哉著作集》Ⅲ，第 103 頁。

出入者管理、衛生獸疫預防及害蟲驅除、壯丁團、褒賞及救恤」〔註18〕等等。1904 年以後，根據總督府的新訓令，各廳都開始借助保甲來推行自己的行政。當時保甲除警察事務外，主要援助事務為：法令周知相關事項；產業統計相關事項；戶籍變動申請及調查相關事項；國稅納稅通知書及地方稅徵收通知書的發放及未納督促相關事項；害蟲驅除相關事項；獸疫預防相關事項；道路掃除及小破修繕；度量衡器的普及。〔註19〕

　　1909 年，廢止了以前的「街莊公所」，設置新的「區長公所」，因此，總督府以律令第5 號對《保甲條例》進行了修改，將第三條修改為：「臺灣總督認可在必要的時候，可以讓保及甲的職員輔助執行區長的任務。」〔註20〕同時，以府令第66 號（1920 年第136 號）對《保甲條例實行規則》進行了修改，將第三條修改為：「保正受所轄郡守、支廳長、警察署長及警察分署長的指揮與監督，負責保持保內的安寧。甲長接受保正的指揮監督，負責保持甲內的安寧。保正及甲長接受市尹、街莊長及區長的指揮，在保內及甲內輔助市尹、街莊長及區長工作。」將第四條修改為：「保及甲設置壯丁團時，由保正甲長向所轄郡役所、支廳及警察官署通報，由知事及廳長認可。」將第六條修改為：「團長（壯丁）須受所轄郡守、支廳長、警察署長及警察分署長及上級團長的監督來指揮部下。」〔註21〕1910 年，又以內訓的形式規定了保甲職員必須協助區長職務的事項。〔註22〕

　　經過此次調整，各區長或代理者可以直接參加保甲會議，同時其自己作為保甲民及行政官吏，也可就保甲職員事務相互援助，並同所轄派出所警察官吏及保甲職員之間經常交換意見。這樣，作為具有警察輔助職能特點的保甲制度就更加具有新的意義，成為日本統治臺灣的最下層具有警察性質的行政組織，而不再是單純的鄉民自治組織了。另外，為了便於警察對保甲的控制，日本人還制定了一套將保甲書記進升為乙種警察的「一石二鳥」的制度〔註23〕，這使警察與保甲結合的更為密切了。

　　日據臺灣時期的保甲制度確實參照了中國以往的傳統，但它更是現代的

〔註18〕（日）江廷遠：《保甲制度叢書》，第128 頁。
〔註19〕（日）中島利郎、吉原大司：《鷲巢敦哉著作集》III，第103～104 頁。
〔註20〕（日）中島利郎、吉原大司：《鷲巢敦哉著作集》III，第104 頁。
〔註21〕（日）中島利郎、吉原大司：《鷲巢敦哉著作集》III，第104 頁。
〔註22〕（日）中島利郎、吉原大司：《鷲巢敦哉著作集》III，第104 頁。
〔註23〕（日）江廷遠：《保甲制度叢書》，第219～223 頁。

殖民政策與日本統治者統治技巧相結合的特殊產物。它吸收了基於舊的法權系統而產生的連坐制度與保甲的形式，加入了現代警察技術，並且，整個系統被掌握在一個現代、完備、苛刻、橫暴的警察制度與控制整個社會的警察政治的前提與環境下，因此，它不是一般意義上的「自治」，而是名符其實的警察輔助組織。特別是郡守與支廳長都明白地以警察充任，那麼保甲組織自然成為警察政治的最末梢神經。「警察既然掌握了保甲，警察力就浸透到行政的底層，因此，反又增加了警察的力量，提高了警察的地位。總之，說到臺灣的統治，不能忽視警察，講到臺灣的警察，就不能忽視臺灣的保甲。」〔註24〕

警察對保甲的控制，我們可以從臺灣民報上窺視一斑。警察不僅對保甲進行嚴格控制，甚至還有侮辱人格的做法，如《巡查惹起公憤——由於不尊重人格》一文中所描述：「新莊郡三重埔派出所在勤部長沼田某，於本月三十八日，在和尚洲保甲會議席上發言，欲建宿舍，時役員答非所問以可暫用現之宿舍如何，沼田某隨以霹靂之聲，罵諸役員為ネコ（即貓）時，在座之人概不懂日本語，只有青年李維岳、李四連二氏不堪其辱，起而應答，會議之事須互相討論，以公論為正義，沼田某不但不由二氏分說，自大罵二人，怒氣衝天，舉手扯住二人到場外跪下，又命二氏速歸支那，二人不得已退出，心大不甘，而一般人亦莫不為之憤慨。」〔註25〕當然，這也許是個別的現象，但也能反映出警察對保甲組織控制之嚴屬。

1906年底臺灣的保甲組織總人員達到90,915人，是當時警察的九倍，舉凡勸業、土木、納稅、修路、疾病的預防、害蟲預防等等都在其職責範圍之內。警察與保甲成為日本人殖民臺灣的暴力基礎。「保甲規約無所不用其極，除鋪橋造路等的事情以外還有輪流送文書，甚至現在又要兩日一回保甲人民去當挑水夫。」〔註26〕就保甲制度，臺灣民報中就有《保甲制度的妙用》（大正十四年十二月十三日，第八十三號）、《無所不用其極之保甲制度》（大正十五年一月十七日發行，第八十八號）、《惡政二則——保甲的妙用》（大正十五年十一月二十八日發行，第一百三十二號）、《保甲無所不用其極》（昭和二年六月五日發行，第一百六十號）等多篇文章進行批判。

〔註24〕鹽見俊二：《日據時代臺灣之警察與經濟》，《臺灣經濟史》，第146～147頁。
〔註25〕《巡查惹起公憤——由於不尊重人格》，《臺灣民報》，大正十五年二月十四日發行，第九十二號。
〔註26〕《保甲無所不用其極》，《臺灣民報》，昭和二年六月五日發行，第一百六十號。

就保甲組織的職能，各州都有自己的相關規定。根據日本政府編寫的《保甲制度論送付之件》，主要有警察事務、行政勸業、行政衛生、社會風俗、戶籍事項、租稅事務等多個方面。

警察事務方面具體的職能是：匪徒的警防、住民的相互檢察、犯罪及事變的告發、犯罪人的逮捕、居住宿泊者的管理、旅行及去向不明者的管理、賭博的禁止、防火、防水、河川交通通信網的保護與修理。

行政勸業事項（警察的事項是非常重要的，同時勸業、勸農相關事項也很重要）為：以勤勞為宗旨，田地不能荒廢、耕耘相關事項，即獎勵耕耘，驅除害蟲，以期獲得豐收、副業的獎勵、業務事務，即甲內有生老病者時，甲內住民要共同幫助其生活、山林的保護、種子、肥料的配給、農作物的共同出賣、農耕資金的融通。

衛生行政事項的具體職能是：徹底普及衛生思想、傳染病的預防警戒、傳染病發生時的應急處置、壞嗜好的矯正，即阿片等吸食者的矯正。

社會風俗教化相關事項為：徹底普及教育、獎勵孝敬忠實及親切、徹底普及建國精神國家觀念、慶殯的共同謀劃及救恤、徹底普及保甲精神、鼓勵青年士氣、宗教心的養成。〔註27〕

從上述內容來看，保甲組織實質上已經包羅萬象了，再加上其借助於警察的強制力，其職能上的威力就可以想像了。1934年時，臺灣全島共計有51,776甲，其行政能力遍及全島，由於其鉗制臺灣人民的特殊功能，儘管廢止之聲不斷，但此種「民族差別待遇」，一直持續到日本戰敗。

四、保甲制度的作用

（一）維持地方治安的作用

建立保甲制度的最初目的，是為了鎮壓臺灣抗日義士，對所謂「土匪」進行討伐。但該制度一直到1900年才基本普及到全島。從此種情況來看，保甲組織對「土匪」鎮定事業所起的作用並不顯著。這最主要是出於當時臺灣人普遍對日本統治的反抗心理，當然也有對抗日義士的同情心理，其中也不排除對真正土匪的恐懼心理。當時的情況是，如果遇有抗日義士來襲時，壯丁團員沒有人向日本官廳報告。即使知道抗日義士即將來襲，也佯裝不知，等到義士離開後再向警察通報。當時著名的「撲仔腳支廳事件」、「斗六、林杞埔壯丁反抗

〔註27〕（日）《「保甲制度論」送付の件（3）》，國立公文書館藏檔：C04012413800。

事件」及「北埔支廳襲擊事件」，都令日本統治當局十分惱火。

撲仔腳所在的南部當時是抗日義士集中的地方。1901 年 10 月，抗日義士謀劃襲擊日本警察支廳。在襲擊撲仔腳支廳之前，義士們白天襲擊了附近的派出所，以顯示其威力。但當時的保甲及壯丁團沒有一人向警察或官廳報告，當天下午四點左右，義士們開始包圍撲仔腳支廳，將支廳長等多名日本人殺死。當時的保甲民佯裝不知，並告訴義軍日本人隱藏的場所，同時還向他們提供了食物。日本統治者十分憤慨，罰以部民一千二百元的連坐過怠金。

1902 年 5 月，在斗六、林杞埔等地進行歸順招降式，當時發生了大的騷亂，很多義士從現場逃去（推測可能是日軍欲殺害之）。7 月開始對其進行搜查，當時壯丁團長二人、壯丁監督四十五人、壯丁八百二十多人進行了為期二個月的搜查。當時一群土民正好聚集在歸順義士首領黃傳枝的家中祭祀關公。巡查就此進行詢問，集會者回答「此乃神命」後就不再說話，後與巡查發生衝突。當時佯裝歸順的黃傳枝與陳旺等心中有愧，於是率領壯丁進行反抗，他們先殺死監督的警察官及軍隊的日本人，後又出其不意地襲擊了梨仔嶺、湖塗窯、石壁、外湖、樟湖、草嶺等地。

1907 年的北埔支廳襲擊事件也是如此。保甲部民不但不通知警察，反而加入到襲擊之中，令當時的大島警視總長十分惱怒，同樣處以連坐過怠金處罰。

儘管說保甲組織對日本統治臺灣初期的「土匪」鎮定事業所起的作用並不顯著，這不表明其不起作用，只是其作用不像日本統治者所期待的那樣。應當說是依據保甲規約等，對保甲內的出入者嚴加管理，防止可疑人員進入，同時，壯丁團員進行日常巡邏，對於保證保甲內人民的正常生活安寧等，還是起了很重要的作用。

（二）保甲組織對警察系統的輔助作用

保甲對警察的輔助作用，首先應當是對民情的查察上。當時的臺灣警察多半都是由日本內地招募來臺的，他們一般先在練習所裏學習六個月之後上崗，對普通臺灣人說話，幾乎聽不懂，特別是鄉間老人們的土話就更加困難了。所以，當時在派出所附近一般都設有保甲的事務所。保甲職員作為新赴任警察的協助者，將管轄區域的情況作以介紹，並協助警察進行工作。這樣警察的基層工作就沒有什麼大礙了。從百姓的角度來講，百姓要想與警察交涉，也必須通過保甲職員從中翻譯。這樣，保甲組織承擔著上與警察下與百姓溝通的中介作

用，這也是保甲組織對臺灣殖民統治的一大特色。

　　臺灣風土病嚴重。保甲職員都是臺灣本地人，其抗病能力較強，日常的預防消毒、病者的看護運送、死者的收屍埋藏等都有他們來完成。有時一個街莊都感染病毒，可以說病毒的預防與撲滅是臺灣的一個「事業」，此事業全賴保甲職員的努力。日本統治者對此也給予很高的評價：「當時如果沒有保甲壯丁團，僅靠警察是絕對不行的。……臺灣衛生狀態獲得了想像程度以上的改善，此衛生政策的成功，不能無視本島警察的苦勞和保甲壯丁團的幫助。」〔註28〕

　　另外，警察有軍事行動之時，一般都需要保甲「人夫」的幫助。特別是左久間總督實施的五年「徵蕃計劃」時，保甲組織所動員的人力負責物資的運送、傷病員的護送等的後勤工作。一般的警察行為，特別是對生蕃的征討出動警力時，都是緊急任務，一時間需要百千人的「人夫」，如果沒有保甲組織是絕對做不到的。根據日本人統計的資料，於1914年4月，對警察圍剿隊物資運送而出動的保甲人夫總數達五萬五千六百多人。〔註29〕很多保甲職員為此獻出生命。

　　最後，每當有水災發生時，由警察指揮的保甲組織才是真正的救災者。同時保甲組織在發生火災時，也承擔著消防隊的作用。特別是發生地震災害時，保甲職員配合警察與街莊職員工作，對災民進行救助，以保持地方治安的穩定。日本統治者自己都認為：「保甲組織作為保障部民安寧秩序的警察系統補助機關，其任務十分龐大，說警察功績的一半屬保甲組織並不為過。」〔註30〕

（三）社會風氣的改善作用

　　在日本人沒有進入臺灣島以前，臺灣島內就流行著諸如鴉片吸食、纏足、辮髮等習慣。從今天看來這確實是不利於身體健康的陋習。臺灣總督府對此採取了相應的措施。這些與人民密切相關的行動當然離不開保甲組織的配合。

　　鴉片煙歷來是日本政府絕對禁止的。但日本殖民統治者為了從臺灣獲得更大的經濟利益，以所謂的「人道正義」為藉口，並沒有馬上禁止吸食鴉片，而是採用漸禁的辦法，即對於已經吸食成癮者限量供應。但由於有走私鴉片者，吸食者並沒有減少的趨勢，為此不得不由警察出面來進行整頓管理。作為警察下層組織的保甲，自然更要參加。但其主要作用是為了防止吸食者購買走

〔註28〕（日）中島利郎、吉原大司：《鷲巢敦哉著作集》Ⅲ，第122頁。
〔註29〕（日）中島利郎、吉原大司：《鷲巢敦哉著作集》Ⅲ，第123頁。
〔註30〕（日）中島利郎、吉原大司：《鷲巢敦哉著作集》Ⅲ，第124頁。

私的鴉片，防止由鴉片而帶來的經濟利益旁落，並不是禁止吸食，所以，其作用並不顯著。

纏足是一項舊習，不論從衛生上還是健康上都沒有什麼好處。儘管總督府一再提倡放足，但實際的效果並不顯著。1915 年修改保甲規約，將禁止纏足作為一項加入其中。即從 1915 年 4 月禁止纏足。各地保甲積極行動，到 8 月份不到半年的時間，臺灣全島解除纏足者達 495,984 人。﹝註31﹞這可以說是保甲組織的另一個功績。

日本佔領臺灣以後，剪髮成為是否服從日本統治的一個標誌。總督府就此並沒有什麼明文的規定。辜顯榮等在 1897 年前後就已經斷了頭髮。之後，臺灣醫專的學生及巡查補開始實行斷髮，在 1902 年前後，「它吧呢」地方的保甲民聯合起來，一次就有數千人進行了斷髮，在那以後，保甲職員們積極努力，開始取得了一些進展。1911 年辛亥革命爆發後，大陸也勵行斷髮，臺灣才從根本上消除了辮髮。

賭博可以說是各國的陋習，臺灣也不例外。特別是在每年的正月，公然賭博盛行。根據刑法，賭博是要受到法律治裁的。但有賭博事件發生時，往往警察官一到現場，大家就裝作不知道，由於缺乏證據，處理起來也非常困難。但保甲組織則不同，它直接面對百姓，所以，用保甲組織監控賭博事件就易如反掌。

（四）教育及道路等行政援助事務上的作用

日本入臺以前，臺灣的道路並不發達。這主要是由於資金問題，一方面也是防止遠方土匪的一種方法。日本入臺後，開始修築道路，大部分的道路都是由保甲出工修築的。經過二十幾年的努力，臺灣的道路比日本內地還要整齊有序。「這四通八達的道路只不過是由保甲出工完成，道路完成後，交通更加便利，文化交流也很方便，農產品、薪炭等其他產業額也不斷增加，臺灣人民也逐漸感覺到道路給他們帶來的恩惠。」﹝註32﹞

《保甲規約》中就有保正、甲長及各家長有教育各保甲內子弟防止其誤入歧途的規定。保甲規約規定家長有訓導子女的責任，同時保正甲長也有監督保甲內年青人的責任，檢查他們的日語學習情況，是否有吸食鴉片等不良行為。由於嚴格的連座懲罰制度，使保甲內的人民輕易不敢做出違反規約的做法。

﹝註31﹞（日）中島利郎、吉原大司：《鷲巢敦哉著作集》Ⅲ，第 118 頁。
﹝註32﹞（日）中島利郎、吉原大司：《鷲巢敦哉著作集》Ⅲ，第 128 頁。

（五）戰時的作用

第一次世界大戰期間，臺灣各地的反日殖民統治鬥爭又進入一個新的時期。1907 年的北埔事件、1912 年的東勢角事件、苗栗事件、西來庵事件等，特別是 1921 年臺灣文化協會的成立，臺灣島內新的反日殖民統治、主張自治的思想不斷高漲。受控於警察的保甲組織自然承擔起思想監督與教化工作。

1937 年中日戰爭爆發後，普通臺灣島民對戰爭情況並不瞭解，日本殖民統治者就利用保甲會議欺騙人民，宣傳所謂的東亞善鄰論，以保證前線與後方的團結。保甲組織在軍夫的徵發、農民義勇軍的募集、軍用物資的徵用等方面配合警察的活動，起著非常關鍵的作用。在戰爭激烈之時，保甲組織還擔當著防空監視哨等其他任務，同時還承擔著安撫戰亡人員家屬的工作。

小結

保甲制度是日本殖民統治者為剿滅抗日義軍而重建的。從它重建的那一天起，就嚴格地控制在警察手裏。1902 年底，其所謂「土匪鎮定事業」基本告一段落，作為「土匪對策」的保甲制度，至此應無繼續存在下去的必要。但事實上直到 1945 年 6 月 17 日，日本向同盟國投降前夕，臺灣總督府才依據「中央政府對外地同胞處置改善方針」，廢止了保甲制度。是故在日本當局的經營下，保甲制度在臺灣實施將近五十年之久。

1903 年日本殖民統治者已經基本上完成了鎮定「土匪」的事業，而警察的力量也發展到足以監督保甲制度。由於警察開始廣泛地介入到普通民政中，致使臺灣的警察機構遠比其他民政機關充實，同時又因警察事實上掌握了民政，所以保甲制度的運用範圍，亦予擴大，使其成為最下級的行政輔助機關。特別是 1909 年總督府以律令第 5 號對保甲條例進行改正後，保甲不止於輔助執行基本警察事務，其他諸如勸業、土木、納稅及戶口調查等都在其輔助執行之內。保甲組織運用家長在「家」中的崇高地位，及選用紳商、望族等地方領導人士為保正、甲長，使警察——保甲職員——臺灣民眾，構成金字塔形狀，形成嚴密的殖民統治體制。可以說保甲制度對臺灣「警察政治」的確立，及對社會政治、經濟、思想、文化的影響都很深刻。警察既然掌握了保甲組織，警察力就浸透到行政的底層；因此，反過來又增加了警察的力量，提高了警察的地位。「這樣，在此警察國，臺灣人民是在『自己出力、自己出錢、自己負責』之下，維持地方的安寧、建築道路並援助其他行政事務。這顯然是為了援助臺

灣總督府的治安維持、財政獨立及產業振興。而保甲的義務，只有臺灣人有之，日本人及先住民則在保甲之外。」〔註33〕臺灣警察與地方保甲制度構成嚴密的統治網，是臺灣殖民統治的成功關鍵所在。這種「民族的差別待遇」，凸顯了日本對臺灣統治的殖民性質。

第一次世界大戰後，受世界民主思潮的影響，臺灣開始向日本政府提出廢止保甲制度的意見。1921 年 1 月 10 日，臺中州彰化郡的彰化街長楊吉臣、線西莊的莊長黃呈聰、秀水莊的莊長甘得中、鹿港街長陳懷澄、南郭莊莊長張晏臣、和美莊的莊長陪允恭、大竹莊的莊長揚宗堯、芬園莊的莊長張青波、花壇莊的莊長李鴿儀、福與莊的莊長潘邦治等人，聯名向第一任文官總督田健治郎提出「保甲制度撤廢建議書」。〔註34〕

當時此事件在臺灣引起很大的反響。臺灣民報也就廢除保甲制度一事，在報紙上進行大辯論。《本社設問的應答──保甲制度當「廢」呢？當「存」呢？》（臺灣民報大正十五年一月一日發行，第八十六號。）一文引起社會極大的反響，臺灣島民積極支持，並希望盡早廢止這一民族差別待遇。但發達的保甲制度，已經成為日本殖民臺灣的末梢神經，日本統治者又怎敢自斷神經呢！特別是日本從朝鮮的警察與保甲關係中得到啟示，沒有發達的保甲制度的配合，其內務與警察都將處於困境。〔註35〕所以，日本殖民者為了自身的利益，始終也沒有廢除保甲制度。

〔註33〕矢內原忠雄著、周憲文譯：《日本帝國主義下之臺灣》，帕米爾書店，1985 年，第 163 頁。
〔註34〕（日）中島利郎、吉原大司：《鷲巢敦哉著作集》Ⅲ，第 131～132 頁。
〔註35〕在朝鮮警察是獨立的，與保甲制度沒有關聯。下村元民政長官在視察朝鮮後認為，朝鮮的制度中其內務與警察之所以不能順利進行，其主要原因就在於警察與保甲的分離。參見：（日）中島利郎、吉原大司：《鷲巢敦哉著作集》Ⅲ，133 頁。

第六章　殖民地差別政策的鴉片專賣制度

　　日據臺灣五十年的鴉片專賣制度，是殖民地差別待遇的最明顯表現，也是日本自認為殖民統治中，最引以自豪的一部分。在現存研究臺灣鴉片政策的論著〔註1〕中，一般都認為據臺之初，日本的方針及輿論都是斷禁，但由於臺灣民主國的創立及各地人民的強烈反抗，這種「斷禁」想法胎死腹中，半年後政府採用內務省衛生局長後藤新平所提出的漸禁政策，臺灣鴉片專賣制度得以最終確立。以這樣的論點看來，後藤新平及所提出的「意見書」，在其中起了關鍵性的作用。一份「意見書」就能促成了喧囂爭論不止的鴉片政策得以確立，似乎在論證有些單薄，是否有其他的原因被研究者所忽視呢？本文僅就這些問題進行新的探討。

一、臺灣總督府與鴉片「漸禁政策」

　　臺灣總督府是日本據臺後最高的統治機構，也是臺灣鴉片政策真正的執行者，故其在政策制定中的作用，應是研究臺灣鴉片專賣制度的第一切入點。

〔註1〕目前關於日據臺灣時期總督府鴉片政策的研究專著，目前在臺灣方面只有劉明修的《臺灣統治與鴉片問題》，碩士論文有三篇，即為《日本殖民體制下的臺灣鴉片政策》（張文義，中國文化大學日本研究所，1987年）、《日據時期臺灣鴉片漸禁政策之研究 1895年～1930年》（陳進盛，國立臺灣大學政治學研究所，1988年）、《日據時期臺灣鴉片問題之探討》（城戶口康成，東海大學歷史學研究所，1992年）等。

1. 伊藤博文與現地執行者之間關於鴉片問題的分歧

1895 年 4 月 10 日，中日兩國在下關談判中，首次涉及到臺灣鴉片吸食問題。日本首相伊藤博文以「日後領臺，必禁鴉片」〔註 2〕的承諾，不僅讓李鴻章無言反駁，亦因此獲得倫敦「反鴉片協會」的「頌德狀」，成為「現代的救世主」。〔註 3〕故在日本籌建總督府的 5 月份，臺灣鴉片問題，就成為內定總督府民政局長水野遵的「日夜苦惱之源」。〔註 4〕

5 月 10 日，日本政府任命樺山資紀為臺灣總督。同時發出了伊藤博文的《給臺灣總督府的訓令案》，其中就臺灣鴉片問題，曾有特別的指示：「鴉片煙是新領土施政上的一大害物，在新政實施的同時，應依我國與各締盟國條約之明文，向臺灣島民公布嚴禁鴉片煙之宗旨，然需明訂寬限期間，於道義上應予業者處理商品之緩衝期，且此事與英國商業有重大關係，不可不慎思遠謀。」〔註 5〕

從接收「訓令」相關鴉片內容分析來看，伊藤認為鴉片是施政上的一個難題，處理的宗旨雖是嚴格禁止，但由於既有庫存鴉片，故應給予業者一個處理時間；另外從對外關係上考量，也必須採取一個可行的措施。故筆者認為，以伊藤博文為代表的日本政府，在條約取得臺灣之時，對臺灣鴉片將採取的政策是傾向於嚴禁，這一點似乎是毋庸置疑的。這一方面是由於日本自「安政條約」來以，一直嚴格禁止外國人輸入鴉片，也嚴格禁止日本人吸食鴉片，臺灣即為日本領地，當尊從慣例；另一方面，也因伊藤博文在下關談判時誇下了嚴禁的海口，並因受領「頌德狀」而名揚海外，如果失信，將有損於日本的國際形象。

但有一點非常值得玩味，現存檔於日本國立公文書館的《臺灣総督府へ訓令案ノ件》〔註 6〕之原件中，並沒有此項關於鴉片之內容。而在山邊健太郎編著的《現代史資料——臺灣（一）》及高濱三郎的《臺灣統治概史》中，收入

〔註 2〕（日）《日清講和條約締結一件／會見要錄》，日本國立公文書館藏檔（JACAR）：B06150073000。

〔註 3〕（日）水野遵：《臺灣阿片處分》，發行者：水野遵，明治 31 年，第 1 頁。此資料承蒙在日友人車長勇先生幫助收集，特此表示感謝！

〔註 4〕（日）水野遵：《臺灣阿片處分》，第 1 頁。

〔註 5〕（日）山辺健太郎編：《現代史資料——臺灣（一）》，みすず書房，1971 年，第 X 頁。

〔註 6〕（日）《臺灣総督府へ訓令案ノ件》，JACAR：A03023062200。

了帶有嚴禁鴉片內容的「訓令案」；而《日本外交文書》第 28 卷第 2 冊、伊藤博文所編的《臺灣資料》（秘書類纂）、總督府編纂的《臺灣總督府警察沿革志》及《原敬關係文書》等，所收入的「訓令案」都沒有鴉片的相關內容。〔註7〕

　　日本學者山田豪一研究認為，之所以在最後刪除鴉片相關內容，是由於當時臺灣總督樺山資紀及民政局長水野遵的進言。〔註8〕筆者曾查閱「訓令案」原件，此「訓令案」雖發布於 5 月 10 日，但在 8 日時曾在內閣進行討論，故推測可能是訓令案在閣議時，關於鴉片事項，有人提出反對意見。此推測在水野遵的《臺灣阿片處分》中得到證明，水野自述曾為鴉片問題的決定，而陷入了「臆病」。樺山也曾言：「阿片問題不是馬上就可以禁遏的，應尋求其他適當的辦法，這樣的難題，最好現在不要解釋為好。」〔註9〕故在 5 月 10 日公布的「訓令案」中刪除了此項相關內容。

　　「訓令案」中鴉片相關內容的刪除，意味著時已被任命為臺灣總督的樺山資紀及民政局長水野遵，不認同或對伊藤的嚴禁政策有所疑惑，但一時又沒有更好的解決辦法，故主張先放置一段時間，再做考慮。如果此推斷成立的話，這表明當時伊藤首相，與即將成為實際統治者的樺山與水野等，在鴉片政策上存在著分歧，而伊藤尊重現地統治者樺山與水野的意見，才使「訓令」中的「鴉片煙之事」（第 11 項）與「外國宣教師」（第 10 項）這兩項內容，全部被刪除。

　　樺山及水野的做法，也自有其道理。他們早在領臺以前，就以「臺灣通」著稱。樺山與水野都曾在 1874 年日本出兵臺灣前後，曾親自到臺灣考查，對臺灣情況較為熟悉。特別是水野遵曾留學於清朝，對臺灣人鴉片的嗜好，及鴉片在財政上的意義，應當較為瞭解，故主張鴉片問題延後再做決定。

　　另外根據山田豪一的研究，記載鴉片事項的文書，主要在戰前廣為傳佈，但並沒有說明什麼原因。〔註10〕筆者查閱了現藏於日本國立公文書館的《臺灣

〔註7〕（日）《現代史資料——臺灣（一）》，第 xii～x 頁；高浜三郎，《臺灣統治概史》，新行社，昭和 11 年，第 28～34 頁；《日本外交文書》第 28 卷第 22 冊，日本國際連合協會，昭和 28 年，第 553～556 頁；伊藤博文編：《臺灣資料》（秘書類纂），原書房，昭和 45 年，第 434～439 頁；《臺灣総督府警察沿革志》第二卷，南天書局，1995 年復刻，第 27～29 頁；《原敬関係文書》第六卷，日本放送出版協會，第 208～211 頁。

〔註8〕（日）山田豪一：《臺灣阿片專売史序說》，《社會科學研究》第 38 卷第 1 號，早稻田大學亜細亜太平洋研究中心，1992 年 8 月 31 日，第 35 頁。

〔註9〕（日）水野遵：《臺灣阿片処分》，第 22 頁。

〔註10〕（日）山田豪一：《臺灣阿片專売史序說》，第 49 頁。

總督府警察沿革志》〔註11〕，及日本外務省存檔的《外交文書》第28卷的原檔，它們的出版年限分別是戰前的1938年及1943年，而「沿革志」及「外交文書」的影響，應當是遠遠大於諸如山邊等人編纂的資料集，故筆者認為山田豪一的說法，值得商榷。

2. 臺灣總督府初期的鴉片對策

日本在整個媾和談判中，採取的是秘密外交，故伊藤博文的禁煙豪言，只是在海外進行了報導，日本國內並不知曉。7月時，由於三國干涉還遼，東京日日新報報導了臺灣鴉片相關內容，才引發了轟動一時的臺灣鴉片問題大討論。〔註12〕

而水野遵到達臺灣後，馬上就著手對鴉片問題進行調查。日日新報報導的內容，即是源自於臺灣總督府在接收淡水、基隆兩海關後，開始進行的關稅收入調查。

7月8日，東京日日新報的特派員石冢剛毅，以總督府的名義，在報上發表了《阿片問題》一文，就臺灣鴉片問題，拋出試探性的氣球：「現今臺灣鴉片的輸入，如果從國內法上探討，當然是必須禁止的，但如果從國際法的視角上考慮，獲得他國領土時，新的主權者，不能不受舊的主權者，其在領土上相關條約的羈絆，而能否馬上解脫，當然也是一個問題。故鴉片的輸入，依據舊慣，日後必須與各國商量，或者直接課以禁止的重稅，這是有識之士必須研究的問題。」〔註13〕

石冢的鴉片相關報導，是以臺灣總督府的名義發表的。雖然報導沒有明確說明總督府究竟採取什麼政策，但試探性的放出以「禁止重稅」名目，允許鴉片輸入，以圖增加財政收入的意圖。而實際上，總督府確實默許著鴉片的輸入及吸食。「淡水海關公然徵收輸入稅，外商也販賣鴉片，本島人繼續製造吸食著鴉片。」〔註14〕

隨後，在7月12日，石冢又在日日新報上，報導了淡水海關鴉片輸入情況。報導稱，日本在接收兩海關後，裝載著鴉片的英、德船「福爾摩薩號」及「ハイモツ號」首次駛入港口，雖然還不到一個月的時間，就有了十萬多元的

〔註11〕 （日）《臺灣總督府警察沿革志第2編·領臺以後の治安狀況（上卷）》，
JACAR：A05020352000。

〔註12〕 （日）山田豪一：《臺灣阿片專賣史序說》，第35〜36頁。

〔註13〕 （日）《臺灣通信第15信》，《東京日日新報》，明治28年7月18日。

〔註14〕 （日）水野遵：《臺灣阿片處分》，第7頁。

收入。徵稅也在入港之後辦理，一旦鴉片收入倉庫，檢查重量後，一擔就要付海關稅 30 兩、釐金 80 兩，總計 110 兩，折算成當時的日本元為 165 日元，才明白這才是值得期待的財源！〔註15〕

　　12 日的報導，依然是以臺灣總督府的名義發表的。它以直接的形式，向日本內地報告臺灣鴉片的輸入正在繼續進行，並委婉地表明總督府，期以「禁止稅」的名義，增加財政的思路。

　　總督府民政局最初的工作，就是接收稅關及稅收的調查，在民政局內鴉片相關問題的研究調查，早在接收臺灣後就已經開始，故以稅收為前提的「禁止的重稅案」，逐漸成為總督府民政局的一個立案。此點從水野遵提交給日本政府的報告書「臺灣行政一斑」〔註16〕中，可窺視出其中的端倪。

　　在這份報告書中，水野遵將臺灣舊政府的財源分為六個部分，其中最大一部分是關稅。下表為水野遵推算提出的清政府統治時期主要財政收入的統計概表（統治單位為：元）：

關稅 （含鴉片釐金）	地　租	釐金 （官鹽利益金）	官田 小作料	樟腦窯稅	土地 登記稅	合計歲入
1,608,696	828,785	959,596	47,937	450,000	450,000	4,345,014

此表內容根據水野遵《臺灣行政一斑》之內容整理而成。參見：《原敬關係文書》第六卷，第 266 頁。

　　根據上表分析來看，以鴉片輸入稅及釐金為主的關稅，占臺灣歲入的四分之一左右，實為清政府時期臺灣財政收入的關鍵。

1887～1992 年間鴉片輸入與收入在清政府財政中所佔比例

年　次	鴉片輸入量 （斤）	鴉片收入（單位：海關兩）			政府總收入 ②	①／②
		海關稅	釐金稅	總計①		
1887	4,247,000	126,983	299,289	426,273	872,100	49%
1888	4,642,000	139,339	371,566	510,906	1,002,590	51%
1889	4,734,000	142,017	378,713	520,730	990,148	53%
1890	5,042,000	151,452	403,804	555,258	1,045,247	53%
1891	5,582,000	167,497	446,640	614,138	1,111,570	55%
1892	5,141,000	154,522	412,061	566,585	1,079,101	53%

此表根據劉明修《臺灣統治與阿片問題》第 9 頁之附表整理而成。

〔註15〕（日）《臺灣通信第 15 信》，《東京日日新報》，明治 28 年 7 月 18 日。
〔註16〕（日）《臺灣行政一斑》，《原敬關係文書》第六卷，第 261～289 頁。

從上表分析來看，鴉片在清政府統治下的臺灣財政收入中，實際上比水野遵估算的四分之一左右還要高，一般都占到二分之一左右，這說明清朝統治者主要靠鴉片收入來維持臺灣財政，故我們在批判日本的臺灣鴉片政策之時，更應當反思清政府的鴉片政策。

另外，總督府在關稅上的考量是，「海關稅率，在輸入上，除鴉片外，與日本現行稅率相同，輸出上繼續施行現行稅目。」〔註17〕當時臺灣海關茶的舊稅率是一擔 3.85 元，而日本現行稅率則是 1.125 元，如果按照日本稅率，茶的稅收將減少 450,448 元。而當時作為第二財源的釐金，由於各地釐金局的解散，其徵收基本已經廢止。雖然也可用製造稅來代替釐金，但短時期內難以完成。在兵荒馬亂之際，其地租的徵收、土地登記稅等，都不可能順利進行。如果不包含鴉片稅及釐金，即使忽略茶葉稅減少部分，1896 年的臺灣財政預算，將欠虧 2,073,868 元（收入預算為 4,215,000 元），且這種狀況將持續數年，等地租的增徵成為可能才能緩解。〔註18〕

鴉片在臺灣財政收入中所佔的比例，使初期軍費驟增，財政緊張的總督府，決不可能輕言放棄鴉片的收入。特別是總督府在行政經費上的思路是，「決行行政經費的一部或全部，從本島的財源中取得。」〔註19〕如果放棄鴉片的收入，在兵荒馬亂之時，臺灣的財政將幾乎全部依賴日本，這才是臺灣鴉片得以繼續存在的真正原因。

另外，關稅的一部分，必須以舊的稅率為標準，與外商協定臺灣特有的稅則。當時臺灣對外貿易的單品，主要以茶、砂糖、樟腦及鴉片等為主。1892 年時，其輸出額為 764 萬元，輸入額為 577 萬元，這其中鴉片占輸入總額的 40%。〔註20〕這此貿易，幾乎都由在臺英商壟斷，故日本接收臺灣後，一直到南部的平定，依舊沿用清朝時期舊的關稅，以避免與在臺英商產生矛盾。

而英國駐日公使早就向日本方面表明，希望不要對鴉片採取嚴禁政策。英國駐日本公使佐藤拜會代理外務大臣西園寺公望時，曾引用「王立阿片調查委

〔註17〕（日）《海関稅協定二関スル意見》，伊藤博文，《秘書類纂臺灣資料》，第 200 頁。

〔註18〕（日）水野遵：《臺灣行政一班》，《原敬關係文書》第六卷，第 271 頁。

〔註19〕（日）《海関稅協定二関スル意見》，伊藤博文，《秘書類纂臺灣資料》，第 200 頁。

〔註20〕（日）山田豪一：《臺灣阿片專売一年目の成績》《社會科學研究》第 42 卷第 1 號，早稻田大學社旗科學研究所，1996 年 7 月 30 日，第 142 頁。

員會給英國議會的報告書」內容，委婉地表達了反對嚴禁吸食的立場：「鴉片不像酒精那樣有害，故不勸其禁止。」〔註 21〕故如果日本單方面禁止鴉片輸入，勢必引起與英等諸國產生矛盾甚至衝突。

通過以上分析，可以看出總督府現地統治者，最初在鴉片問題上就主張謹慎處理，特別是接收臺灣後的稅關調查，使總督府充分認識到鴉片收入在財政上的意義，其政策的考量，必然是趨向採取確保財源的鴉片政策。水野遵曾明言「如何處理鴉片問題及茶的稅率，是關係到本島施政經費不可小視的稅源。」〔註 22〕在伊藤博文《臺灣資料》（秘書類纂）中，收錄了沒有署名的《關於輸入鴉片的意見》的建議書，及水野遵的《臺灣阿片處分》，都可證明此推論。

3. 水野遵「輸入禁止稅」漸禁鴉片政策

《關於輸入鴉片的意見》雖然沒有署名，但幾乎全部內容在水野遵的《臺灣阿片處分》中可找到，故筆者推測，此份意見書，可能就是水野遵提交給總督府的鴉片處理意見的立案。「意見書」大意如下：

第一、達到禁止吸食鴉片的方法有二種；一種是輸入禁止令；一種是輸入禁止稅。前者直接過激，後者間接漸漫。禁止令是依據法律，目的是以期開始就使吸煙滅絕，但會引起走私相同需要數量的鴉片；禁止稅是依照法律以外的商價，以高價獲得生存必須的鴉片，使吸煙的範圍縮小，以期達到最終禁止。這二種方法只是進度不同，但目的大同小異，美國實施禁止稅的結果，使吸煙範圍縮小，日本橫濱、神戶兩港禁止令的結果，是吸煙被滅絕，但禁止令必須是在中國人不占主流的土地上才會取得效果。

第二、禁止令是為擺脫惡習將必要分量的鴉片也停止，逼迫其一舉將幾十年的習慣改除，這在將來施政上恐造成民亂；禁止稅是一種形式上的變通，給予良民戒除的時間與機會，吸食者不覺得痛苦。

第三、如果仿傚美國現行制度，一英鎊徵收 10 美元的禁止輸入稅，臺灣一斤可徵收 20 元的禁止稅，以 1893 年輸入 468,500 斤

〔註 21〕（日）長岡祥三訳：《アーネスト・サトウ公使日記 1》，新人物往來社，1989年，第 49 頁。

〔註 22〕（日）水野遵：《臺灣行政一斑》，《原敬關係文書》第六卷，第 268 頁。

為例，其稅金可收益937萬元，況且輸入的數量遠不止生存
所必須的數量，這樣即可得到巨額稅金，也可以用稅金來勸
導達到禁止稅的目的，而禁止令沒有這個功能。

第四、鴉片輸入禁止稅的方案，是誘導臺灣人民進入率土之濱王化
之門，漸次擺脫惡習，成為身心健康良民的唯一良方。今後
至少需要二年左右的時間來熟悉本島的民情，進行必要準備，
在時機成熟之時，再發布禁止令也不遲。〔註23〕

這份鴉片政策的最初立案，以禁止令與禁止稅，兩種方式來討論，但主張
採取禁止稅方式。這雖與11月份赴東京時的方案有所差異，但實際內容基本
相同。

11月時提交的議案，是總督府即決的「暫時採取漸禁政策」〔註24〕後的
提案。也許是水野遵在前案的基礎上，又徵集了總督府民政局人員的意見而形
成，固其應當代表臺灣總督府的立場，其具體歸納為以下六點：

一、以1897年5月8日臺灣住民決定去留之日為期，嚴禁鴉片；

二、將此後七年定為嚴禁的期限；

三、藉課徵禁止性重稅，以達嚴禁之目的；

四、逐次遞減輸入斤量，以達嚴禁之目的；

五、給予特定商人鴉片專賣特許，並向總督府繳納特許金，以期達
到漸禁之目的；

六、使鴉片成為總督府之專賣，來決行漸禁。〔註25〕

議案雖有六條，但水野遵為代表的臺灣總督府，已經決定暫時採取第五、
六項之「漸禁政策」。水野遵在《臺灣阿片處分》中的解釋為：「如第一項和第
二項，設定禁止鴉片之期限，毫無道理地設定自即日起，二年或七年間等，終
究是延後處分鴉片之時限，豈可得到實際的禁煙之效果？第三及第四之方法
雖看似可行，但以當時之警力及兵力，能否防遏走私成為問題。如果不能防止
走私，則此法依舊達不到禁止之目的。第五項為英殖民地所施之法，政府如果
採取英國之策略，則其手續亦十分簡便，政府可收取多額稅金，且可防止走私。

〔註23〕 （日）《輸入阿片始末二關する意見》，伊藤博文：《秘書類纂臺灣資料》，第
196～199頁。

〔註24〕 （日）水野遵：《臺灣阿片處分》，第22頁。

〔註25〕 （日）鶴見祐輔：《後藤新平》第一卷，後藤新平伯伝編委會，昭和十二年，
第876頁。

第六項為達成禁止目的最適當之法，除此以外別無良策。」〔註26〕

　　通過水野對「六點提案」的解釋，顯示其本人及總督府方面，認為臺灣的鴉片政策，最好是採取「政府專賣的漸禁政策」，且總督府內部決定「大致上暫採第六案，暫時實施漸禁政策」〔註27〕。非常值得注意的是，劉明修的專著《臺灣統治與鴉片問題》，並沒有闡明當時總督府已經決定暫時採取政府專賣的漸禁政策，特別是在引用這「六項」〔註28〕時，不知是否有意為之，將第五點中之「以期達到漸禁之目的」，及第六點中的「以決行漸禁」之非常重要內容遺漏掉，筆者不敢冒然推測其用意，但覺得非常遺憾。

　　水野的提案是以關稅為主旨的「政府專賣漸禁政策」，這其中存在著很大的缺欠。這就是這個意見，是建立在臺灣復歸民政後，實行日本與各國的現行條約，即茶與砂糖等的關稅不變，而在條約上將阿片輸入款項除外，另將鴉片關稅大幅度提高，使臺灣的鴉片的關稅成為例外。如果要實施這個提案，就必然涉及到修約問題，這對日本政府來說，不能不說是一個困難。因為日本剛剛在 1894 年 7 月 16 日簽訂了《日英通商航海條約》，廢除了領事裁判權，恢復了關稅自主。這個條約將在五年後的 1899 年 7 月開始實施，故在這之前是不可能再進行條約修訂交涉的。

　　另外，以關稅為主旨的鴉片專賣政策，是以國家機器來限止關稅，從而達到控制鴉片輸入的數量，最終達到漸禁之目的，對鴉片吸食者只有增加附加的鴉片稅，在吸食量等方面，沒有任何的約束，這意味著只要吸食者有能力購買鴉片，就終生可繼續吸食。這也是水野提案中一個致命傷。

　　1895 年 11 月，水野遵帶此提案赴東京臺灣事務局，以求得到支持與允許。但「為了彌補財政收入的欠損，就允許癮者吸食鴉片的話，輿論面前無法交待，因此水野就以如果現在禁止輸入，吸食者就會馬上發病。」〔註29〕為由，闡述了自己的臺灣鴉片政策。

　　水野所主張的臺灣鴉片「政府專賣漸禁政策」，不僅在臺灣事務局會議上，在日本帝國議會上也受到強烈的反對。「漸禁說無異懷冰投火般處於水深火熱中」，甚至被批評「貽害國家百年者，非君莫是。」〔註30〕但水野遵並沒有屈

〔註26〕（日）水野遵：《臺灣阿片處分》，明治三十一年，第 24 頁。

〔註27〕（日）鶴見祐輔：《後藤新平》第一卷，第 877 頁。

〔註28〕劉明修著，李明峻譯：《臺灣統治與鴉片問題》，前衛出版社，2008 年，第 59～60 頁。

〔註29〕（日）山田豪一：《臺灣阿片專売一年目の成績》，第 142 頁。

〔註30〕（日）水野遵：《臺灣阿片處分》，第 29 頁。

服，反覆向臺灣事務局總裁伊藤博文稟申：「在臺灣是絕對難以實施斷禁的。
因此，若無穩健的對應之策，臺灣的統治將陷入困境。」〔註31〕甚至提出：「若
政府猶以絕對嚴禁土民吸食鴉片為施政方針，則必生事端，於此情節下無法執
行職務，只好請求准予辭任。」〔註32〕

　　水野以辭職作為反對斷禁鴉片的做法，迫使伊藤不得不重新考慮臺灣的
鴉片政策。他要求臺灣事務局各委員〔註33〕重新考慮此事。正在伊藤為難之
時，「進退維谷的臺灣事務局卻得到了救命的稻草，在 12 月 14 日，收到從內
務省發來的後藤新平衛生局長的奇策。」〔註34〕即是「關於臺灣島鴉片制度之
意見」〔註35〕。

二、後藤新平與「漸禁政策」的確立

　　當時，雖然臺灣事務局各委員反對水野的「政府專賣漸禁政策」，但時為
衛生局長的後藤新平是贊同水野遵意見的。後藤新平在內務省的食堂，與各位
高官聊天時，多次表達：「斷禁之論非常淺見，最好的辦法就是吸食的鴉片由
政府來製造、專賣，將其收入充當衛生事業設施的資金。」〔註36〕但後藤新平
並沒有把自己的意見向上提交，這主要是因為當時的內相芳川顯正，曾因「相
馬事件」與後藤之間有隔閡，故後藤採取先在內務省高官中表達，以「犬吠聞
聲」的方式來尋求響應。〔註37〕

　　當水野遵的「漸禁案」，備受日本各界質疑之時，某天芳川將後藤新平叫
到自己的辦公室，說：「最近聽你屢在食堂議論臺灣鴉片政策，能否將意見提
出書面報告。」〔註38〕這樣，被稱為「暗夜中一盞明燈」〔註39〕的後藤新平臺
灣鴉片「意見書」，便堂而皇之地登上了歷史的舞臺。而促成後藤提出「意見

〔註31〕（日）鶴見祐輔：《後藤新平》第一卷，第 879 頁。

〔註32〕（日）宿利重一：《兒玉源太郎》，國際日本協會，昭和十八年，第 324 頁。

〔註33〕當時臺灣事務局的委員為：「治民部委員：末松謙澄；財務部委員：田尻稻次
　　　　郎；外務部委員：原敬；軍事部委員：兒玉源太郎、山本權兵衛；交通部委員：
　　　　田健治郎；總務部委員：伊東已代治。」參見：《臺灣事務局各部委員氏名通
　　　　知付事務局經費支出請求計算書》，《原敬關係文書》第六卷，第 212 頁。

〔註34〕（日）山田豪一：《臺灣阿片專売一年目の成績》，第 145 頁。

〔註35〕（日）《臺灣島阿片制度ニ關スル件》，JACAR：A04010019600。

〔註36〕（日）鶴見祐輔：《後藤新平》第一卷，第 878 頁。

〔註37〕（日）鶴見祐輔：《後藤新平》第一卷，第 878～879 頁。

〔註38〕（日）鶴見祐輔：《後藤新平》第一卷，第 879 頁。

〔註39〕（日）鶴見祐輔：《後藤新平》第一卷，第 878 頁。

書」的，是當時的內相芳川顯正，此點在《後藤新平傳》中有詳細地敘述，由於後藤與芳川間的隔閡，後藤才採取了「遠吠之犬」的做法。〔註40〕但劉明修在《臺灣統治與鴉片問題》中，卻將「芳川顯正」說成是「野村靖」〔註41〕，不知道其出處為何？

後藤新平的「意見書」，開篇即言，鴉片煙對人體之害，自不贅言。日本能雄居於宇內之一要因，即於開國之初，早布禁制，令臣民得保全其健康，且此種禁制，至少曾有效防制彼等昧於商利擬蹂躪國民健康之企圖，亦使日本帝國在遠東為唯一勢力。

在後藤看來，對鴉片實施嚴禁，是日本強大的重要原因。故他批評清政府說：「令其國民陷入劣敗之原因，固不僅在鴉片之吸食，惟國法無力加以禁止，焉能不論其為令國民懶惰之一因？」〔註42〕「如今臺灣將成為我新領之土，如對此勢力有所減損，豈非千載之遺憾？」〔註43〕

如從後藤上述言論上看，在日本的新領土臺灣，嚴禁政策是必然的。這一方面是由於日本自開國以來的鴉片政策，另外也是顧及到今後日本的內地，「據傳彌近軍役人夫等之間，不顧我國禁之嚴，私下試吸者，亦已日見增加，若一旦成為習癖，於不知不覺之間，將蔓延至日本內地，屆時惟恐其弊害終將不可自拔。故研訂其嚴禁之法，自屬當前之爭務也。」〔註44〕

一般的研究都認為後藤並列陳述了「嚴禁論」與「漸禁論」二案，但資料顯示所謂的「嚴禁論」，只是說「此等弊害，為世人所周知，不容置疑，且嚴禁鴉片煙，則莫以此時為最宜，自不待言。此乃關於嚴禁鴉片煙之卑見之第一案也。」〔註45〕緊接著就非常具體地敘述了八條反對嚴禁之異議者的意見：

　　一、縱未禁止鴉片，並非即將導致人人吸嘗鴉片，以清國並非人人
　　　　吸煙為證。

　　二、在清國，富豪、強健者、勤勉者，亦不乏其人，故不必為防止
　　　　國民之懶惰、疲憊、而禁止吸食鴉片。

〔註40〕（日）鶴見祐輔：《後藤新平》第一卷，第 879 頁。
〔註41〕劉明修著，李明峻譯：《臺灣統治與鴉片問題》，第 62 頁。
〔註42〕（日）《臺灣島阿片制度ニ關スル件》，JACAR：A04010019600。
〔註43〕（日）《臺灣島阿片制度ニ關スル件》，JACAR：A04010019600。
〔註44〕（日）《臺灣島阿片制度ニ關スル件》，JACAR：A04010019600。
〔註45〕（日）《臺灣島阿片制度ニ關スル件》，JACAR：A04010019600。

三、鴉片並非僅試吸一次，就能上癮成為習癖，起初反應不覺愉快，致自動放棄者，不乏其人。

四、清國人本身，提倡鴉片煙之弊害者，亦為數不少，凡略受教育者，均力行禁制，故任其自然，亦不致為害。

五、如臺灣土民已染吸食之癮者，若立行嚴禁，則不僅對健康有大害，且有生命之危險。

六、據土民老輩者自稱：鴉片煙之有害，實知之甚詳，夙願我子孫均應免除此惡習，成為健康之民。

七、故對臺灣土民，嚴禁其吸食鴉片，將遇民情之極力反對，不僅有妨對帝國之心服，也將導致土匪之蜂起，故若要執行嚴禁，則非經常駐派二個師團以上之兵力，並犧牲數千之生命，甚至以兵力威壓，仍未必能達其目的。

八、為推行一鴉片制度，竟需眾多之兵務與巨額經費，並需犧牲生命，更需連年危害島民之和平，則自擴領土謀殖民之觀點上言，殊非得宜之策也。〔註46〕

但後藤卻技巧地對反對者提出「暫緩實施不加過問」的觀點，進行了強烈的批判：「臺灣新附之領土，對其土民之惡習，欲加遂加以禁止，縱有如前論者所言，有其礙難之處，如採用姑息之威信，頗令人堪憂。」〔註47〕

後藤還有意提到馬關談判時，伊藤博文的鴉片嚴禁之議，並言：「此言果可信，憑我國在東洋之威信，禁制手段，更不可等閒視之。」〔註48〕此種說法從表面上看，顯示後藤新平是堅決反對那些「暫緩實施不加過問」的異議者，且重提伊藤之「斷禁說」，給首相之言一個正面回應，來表明自己傾向主張嚴禁政策。

狡點的伊藤又以假借他人之口的伎倆，婉約地批評了「嚴禁」與「放任」兩說，「復有議者曰：鴉片煙之不可不禁，自不待言，惟於今日，要以加急施，似甚有不妥。目前暫時付之不問，俟人心趨穩，亦不為遲。此言乃巧言誤事，即強辯弱行之輩，所常為之。」〔註49〕

〔註46〕 （日）《臺灣島阿片制度二關スル件》，JACAR：A04010019600。
〔註47〕 （日）《臺灣島阿片制度二關スル件》，JACAR：A04010019600。
〔註48〕 （日）《臺灣島阿片制度二關スル件》，JACAR：A04010019600。
〔註49〕 （日）《臺灣島阿片制度二關スル件》，JACAR：A04010019600。

後藤以「批判的利器」，為闡述自己的想法鋪開了道路。後藤認為「合於時宜之禁止制度」應是：

一、鴉片，可仿國內現行制度，統歸政府專賣，不准自由貿易買賣，故可納入衛生警察施行體系，在樹立政府威信上，亦可搶先一步。

二、鴉片買賣，將仿傚國內現行制度，於臺灣島內設置鴉片特許藥鋪，除藥用鴉片之外，不准買賣。

三、有吸食鴉片不能戒除之癖者，係已罹患中毒症者，則唯有以毒攻毒，故依醫師之診斷，唯允中毒者，每年定期，由政府發給一定之通折，憑折隨時向鴉片特許藥鋪，購買吸食。若無醫師之地方，可由所轄警察署或鄉村公所，出據保證，交予通折，憑以購買，依實際設定適宜之方法，及不全之處置，並防可能產生之弊害，令其逐漸改習。

四、據說鴉片進口稅年逾八十萬元，可見其需用量之巨，惟將其歸為政府專賣，寓禁止稅之意，加課比進口稅多三倍之價，在特許藥鋪，憑政府發放之通折，售予其吸食者，則其需用者，必因之逐漸減少，且可有遏止青年子弟陷入此惡習之效，國庫並將增加一百六十萬元之收入。

五、此一百六十萬元與向來之進口稅八十萬元合計時，將達二百四十萬元。如將此費用充用臺灣地方之殖民衛生之費，依所謂生存競爭之原理，實踐了以毒攻毒之自然法則，將危害健康之禍源，改為增加國民福祉之手段。

六、至於青年兒童，當前急務應從教育上著手，令其瞭解吸食鴉片之害，故應在各小學課本上、在教學上力求灌輸此種精神。設有小學之各村落，應從該二百四十萬元中，配置適當之村醫，如在未開化時期之村落，令村醫分但小學教員之權宜，此辦法亦屬可行。

七、從殖民衛生上言，於各縣之下設置醫院或村醫，行急救之功德，為令人民體會厚德之良方，故醫院之設置，極其需要，何況有其財源。〔註50〕

〔註50〕（日）《臺灣島阿片制度二關スル件》，JACAR：A04010019600。

　　後來研究者所謂的「漸禁論」，實際上後藤自己是冠以「適宜之禁止制」。後藤一再強調「嚴禁」窒礙難行。稱如果臺民「鴉片之驟然遭禁，生存之快事亦全般喪失矣，與其置餘生於長久痛苦中，不若即刻速死為快。」〔註51〕認為「如果嚴禁臺灣島民吸食鴉片，將遭民情極大反抗，有礙其心服帝國之統治，終將導致土匪蜂起。是以，若欲嚴禁之，須常駐兩個師團的兵力，犧牲數千之性命，否則即便藉兵力施以威壓，亦不能達到其目的。」〔註52〕

　　從後藤對「嚴禁」的論述來看，其本人認為嚴禁固然為一種禁止鴉片的方法，但吸食者餘生痛苦，有失人道。這與水野遵的說法顯然是相互呼應的，但後藤將實施嚴禁的困難描述為「常駐兩個師團，犧牲數千人性命，亦不能達到其目的」，來說明嚴禁政策將使日本政府付出的代價。這不僅聲援了水野遵的說法，也明確地向那些主張嚴禁論的人士表達，在臺灣根本無法實施嚴禁政策，更為其「適宜之禁止制」的論證奠定了基礎。

　　後藤的臺灣鴉片政策，是以「衛生警察體系」為中心的「禁止制度」。它以「禁止」之名，掩飾了其「漸禁」的目的。特別是它仿傚了日本國內即行鴉片制度，故不與國內相關法律相背逆。這種「最適宜的禁止制度」，即圓了伊藤博文的斷禁說，更超越了「水野提案」中所謂七年的限止。特別是將鴉片專賣的實施，歸屬「衛生警察體系」，即可以避免單純以進口稅形式帶來的諸多不便，還解決了未將吸食者收入管制之限的窘境，更使得鴉片的巨額財政收入得以堂而皇之收入囊中。後藤提案的妙處還在於，本質上就是「漸禁政策」，但卻冠以「禁止制度」，故與水野遵所名言的關稅為中心的「政府專賣的漸禁政策」相比，自是更加圓滑，也容易被接受。此立案也讓人窺見後藤在政治上的韜略，這為其以後在臺灣殖民地統治上的建樹奠定了基礎，故《後藤新平傳》評價說：「造就（先生）自內務行政轉進統治臺灣殖民行政之機緣，成為使先生身列日本殖民政治家首位之要因。」〔註53〕

　　至於後藤的提案與水野遵的具體關係，目前沒有資料證明兩人有直接的接觸。但後藤的漸禁政策及提案，是水野在臺灣事務局及議會上受到強烈質疑與批判後，故間接影響一定是有的。另外，從「星崗茶僚」，由水野遵、後藤新平、石黑忠真及醫學界的數人，為加藤尚志舉行赴任臺灣總督府製藥所所長

〔註51〕　（日）《臺灣島阿片制度二關スル件》，JACAR：A04010019600。
〔註52〕　（日）《臺灣島阿片制度二關スル件》，JACAR：A04010019600。
〔註53〕　（日）鶴見祐輔：《後藤新平》第一卷，第872頁。

的歡送會來看，他們「鴉片」理念相同，相互通氣是不言而喻的。這也是理解石黑支持後藤見解的一個視角。

在後藤新平提出意見書兩天後，12月16日，軍醫總監石黑忠真，亦向臺灣事務局提交了「新領地臺灣之鴉片意見」〔註54〕，以聲援後藤的提案。

石黑忠真在文章強調，自己雖是鴉片嚴禁說的篤信者，但由於臺灣情況特殊，萬一嚴禁法不能實行之時，得頒布「鴉片專賣法」，特別是要制定「鴉片煙取締管理法」；另外，官方應設置鴉片製造所，以嚴明鴉片原料的出處；同時讓可依賴的醫師，對鴉片吸食者進行調查，對於那些癮者給予鴉片吸食特別牌照，由鴉片批發所進行批售，由零售店賣給這此特許吸食者。另外，要設置鴉片警察，專門執司鴉片相關警察事項，包括管理吸食鴉片者、非吸煙者、鴉片批發及零售店、鴉片的輸入、鴉片的密造等。〔註55〕

石黑忠真在「意見」書中，還將自己的相關鴉片政策，解釋成為如果嚴禁不能實施，不得已才會實施的政策。他也強調這種政策性的鴉片專賣制度，不需要政府的財政補貼，以三百萬元的鴉片稅即可解決，時間長度大約為三十年。〔註56〕

石黑忠真的「意見」與後藤相比，並沒有什麼新意，但他以日本軍醫界實際負責人的身份，闡述了在臺灣嚴禁可能行不通，必須實施鴉片專賣政策。這從不同的側面，聲援了後藤新平。從《後藤新平傳》中，可以看出石黑與後藤兩個人，早在「相馬事件」及「檢疫」中就已經成為人生至交，故筆者推測，石黑的聲援決不是單純的，也許其後有後藤的影子。

另外劉明修在《臺灣統治與鴉片問題》中，將後藤新平的提案，說成是當時著名的「鴉片事項調查書」為憑據，筆者認為這也值得商榷。〔註57〕因為鷹崎倫三提交「調查書」的具體日期，為1896年8月5日〔註58〕，遠遠晚於後藤的提案達八個月之久。即使是後藤提出的具體的「關於臺灣島施行鴉片制度意見書」，其提交的日期是在1896年3月23日〔註59〕，亦早於「調查書」五個月。筆者認為，根據水野遵在《臺灣阿片處分》的記載，內務省衛生局加藤

〔註54〕（日）石黑忠真：《新領地臺灣における阿片意見》，伊藤博文：《秘書類纂臺灣資料》，原書房，昭和45年，第62～67頁。

〔註55〕（日）石黑忠真：《新領地臺灣における阿片意見》，第64～65頁。

〔註56〕（日）石黑忠真：《新領地臺灣における阿片意見》，第65頁。

〔註57〕劉明修著，李明峻譯：《臺灣統治與鴉片問題》，第49、50、62頁。

〔註58〕《日據初期之鴉片政策》第一冊，臺灣省文獻委員會，1978年，第48～172頁。

〔註59〕《日據初期之鴉片政策》第一冊，第20頁。

尚志曾向水野遵提出嚴禁鴉片的意見書「阿片之事」，其中曾提出將「藥用鴉片與日本一樣，由政府專賣。」〔註60〕的主張，故推測也許後藤的鴉片專賣思想，受其影響也未可知。

2月3日，伊藤博文將後藤新平的「意見」書，送達到日本內閣，12日，內閣決定採用後藤提出的「第二案」。〔註61〕15日，伊藤正式通知樺山資紀，在臺灣全島，鴉片實施「漸禁政策」。〔註62〕其後，後藤在3月23日又提出「關於臺灣島施行鴉片制度意見書」〔註63〕，將臺灣鴉片實施的具體意見提出。該意見書分為前文、鴉片行政機關、鴉片警察施行方法、鴉片財政、附言五個部分，就鴉片相關官制、定額的配置、鴉片收入的用途、告喻的大意、特許吸食者的許可及許可簿樣本等，進行了詳細的說明，為臺灣鴉片制度的實施奠定了基礎。

1897年1月21日，總督府以律令第二號發布「臺灣阿片令」，4月1日，漸次在臺灣全島實施。這樣，自馬關條約以來的臺灣鴉片問題，終於塵埃落定。

另外，後藤意見書第一項「鴉片行政機關」中，曾言「並非定要附設製藥所不可。據聞設製藥所已成定案，茲不再贅言。」〔註64〕據此，筆者推斷，總督府儘管在鴉片問題上遇到各種困難，但採取「漸禁政策」之意，從來沒有動搖過，故早就著手進行鴉片煙的生產系統準備。而《臺灣總督府製藥所第一年報》中也證明，實際早在1896年2月12日時，總督府就已經命令其雇員就鴉片製造所費用預算等進行調查。〔註65〕這些資料顯示，在日本內閣接受後藤建議之前，臺灣總督府就已經著手實施「漸禁政策」。這也再次證明臺灣總督府在制定臺灣鴉片制度中的作用。

三、最後防線的突破──臺灣財政預算的通過

1897年1月21日頒布的「阿片令」，是臺灣鴉片制度實施的法源。它是以律令的方式發布。而該律令的法源則是《有關應施行於臺灣法令之法律》(俗

〔註60〕　（日）水野遵：《臺灣阿片處分》，第13頁。

〔註61〕　（日）《臺灣島阿片制度二關スル件》，JACAR：A04010019600。

〔註62〕　（日）《臺灣阿片行政施行狀況明治29〜40年》，JACAR：A06032550800。

〔註63〕　（日）鶴見祐輔：《後藤新平》第一卷，第886〜894頁。

〔註64〕　（日）鶴見祐輔：《後藤新平》第一卷，第887頁。

〔註65〕　（日）台湾総督府製藥所：《台湾総督府製藥所第一年報》，明治31年，第4頁。

稱「六三法」）〔註66〕。由於「六三法」最大的特點就是委任立法，即由其構建的律令立法制度，可以使臺灣總督，在臺灣這塊區域內，得以自行制定法律並督促其被執行，不受日本帝國議會的牽制。這也就是說，臺灣總督府以律令方式制定的鴉片相關政策，不需要受日本帝國議會的審議。這使得臺灣的鴉片政策，在日本的反對聲浪中得以確立。但這並不意味著在日本國內諸行政機構中，沒有機關有能力阻止其實施。1896 年臺灣由軍政轉入民政後，日本的會計法實施於臺灣，使臺灣的財政亦需依照程序，將預算與決算交付帝國議會協贊審議。〔註67〕如果總督府向帝國議會提出的鴉片相關預案，遭到議會否決的話，那麼總督府的鴉片政策將胎死於腹中。但後藤新平的臺灣鴉片相關提案，實際上「是相當受財政當局所歡迎」。〔註68〕

當時財政部主計局預算決算課長阪谷芳郎，曾在帝國議會上回憶說，「我在領臺之初，就與今內務大臣後藤男爵及其他人商量過，贊成漸禁主義。」〔註69〕阪谷作為負責日本政府預決算編成責任者，當然清楚地知道鴉片收入對總督府財政的意義。而1896 年日本財政部關於臺灣部分的「收入預算案」，就是阪谷根據清朝時期鴉片的舊稅關統計作成的。下表為1896 年臺灣歲入各項收入預算：

科　目	預算金額（日元）	科　目	預算金額（日元）
鴉片批發收入	3,557,827,000	稅關雜收入	22,088,000
地租	879,086,997	官有物批發收入	20,000,000
郵政電信收入	520,173,350	船稅	20,000,000
樟腦稅	395,470,000	官吏遺族扶助法納金	10,028,340

〔註66〕第一條：臺灣總督得發布在其管轄區域內具有法律效力之命令。第二條：前條之命令須取得臺灣總督府評議會之議決，經拓殖務大臣提請敕裁。臺灣總督府評議會之組織以敕令定之。第三條：於臨時緊急狀況下，臺灣總督得不經前條第一項之程序，而逕為發布第一條之命令。第四條：依前條所發布之命令，須於發布後立即提請敕裁，並向臺灣總督府評議會報告。不獲敕裁核可時，總督須立刻公布該命令於將來不具效力。第五條：現行法律或將來發布之法律，其全部或一部分須於臺灣施行者，以敕令定之。第六條：此法律有效期為三年。參見：《臺灣ニ施行スヘキ法令ニ關スル件ヲ定ム》，JACAR：A01200843100。

〔註67〕（日）《御署名原本・明治二十九年・勅令第百六十七號・會計法ヲ臺灣ニ施行ス》，JACAR：A03020240799。

〔註68〕（日）山田豪一：《臺灣阿片專売一年目の成績》，第 146 頁。

〔註69〕（日）《第 40 回帝國議會・貴族院議事錄・大正 6.12.27～7.3.26》，JACAR：A07050016700。

輸入稅	380,595,951	車稅	5,000,000
製茶稅	208,750,000	官有地出租料	5,000,000
輸出稅	141,512,765	製藍稅	4,500,000
製糖稅	126,245,000	懲罰及沒收金	2,000,000
製船費納金	100,283,400	辦償金	600,000
登記稅	100,000,000	諸特許及手續費	500,000
官有地小作料	70,000,000	雜入	300,000
醫院收入	59,275,000	總計	6,682,236,603
砂金監札料	50,000,000		

此表根據《臺灣總督府統計書第 1 回明治 30 年》（JACAR：A06031501500）整理而成。

　　從上表分析來看，日本預計 1896 年臺灣的收入總額為 6,682,236,603 日元，其中鴉片的收入就 3,557,827,000 日元，占 52%強。而阪谷的這個預算案，是根據臺灣清政府時期鴉片關稅的一半來統計的，且是在鴉片購入價格高漲以前的價格，即一斤 6 元左右作為基準來計算的，鴉片的購入量為 27～28 萬斤，購買費用小計 166 萬元，如果每斤以 13 元賣出的話，鴉片批發即可獲得 3,557,000 元。〔註70〕儘管阪谷對鴉片專賣預算的方法過於簡單，致使財政省及加藤尚志在預算在審議之前都非常恐慌。〔註71〕

　　而板谷所編列的日本財政省有關臺灣諸費用的財政支出，主要有兩大項。第一項為臺灣諸費，總計 6,031,000,000 日元，其中包括民政費、稅關費、通信費、製藥所費、機密費等；另外還有臺灣事業費 4,697,000,000 日元。這樣財政省在 1896 年總計在臺灣經營上將出資 10,729,000,000 日元。〔註72〕

　　比照當年日本財政省關於臺灣的財政支出，即可看出，即使是此種計算方式，日本依然需要補助臺灣 4,000,000,000 日元左右。該年度日本補助臺灣的財政中，有 1,854,000,000 元是用於製藥所費用的，也就是用於鴉片的研發及生產。

　　日本預算委員會，就臺灣財政歲出入的政府說明有二點，其中之一就是如何對付在野黨的「斷禁論」；其二就是給予重要的鴉片專賣預算追加說明，並

〔註70〕（日）《第 9 回帝國議會・貴族院議事錄・明治 28.12.28～29.3.28》，JACAR：A07050004100。
〔註71〕（日）山田豪一：《臺灣阿片專売一年目の成績》，第 155 頁。
〔註72〕（日）《大日本帝國議會志》第三卷，大日本帝國議會志刊行會、昭和 2 年，第 1378 頁。

強調占臺灣歲入過半的專賣預算，現在已經不能更改。〔註73〕

在3月16日眾議院預算委員會總會的答辯會上，在野進步黨的江藤新作首先登壇反對臺灣預算案中的製藥所費用，另外，中村祐八、尾崎行雄等人，也主張將製藥所的費用全額刪除。

江藤認為：「此項製藥所費用應全額刪除，原因並不在於製藥所費用本身，而是它所帶來的影響，及相關事項非常重大。依此項目費來看，政府以日本國法嚴禁的鴉片，加上一些限制，即可在臺灣吸食的政策已經確定。這個問題如何決定，是關係到鴉片先在日本國的一部分，開始公開許可的大問題，所以決不能小看這一問題。」〔註74〕

另外，江藤認為鴉片的政策，關係到日本的臺灣經營戰略。他一針見血地質問：「以今天政府的所為來看，在臺灣販賣鴉片，並以販賣鴉片所得的三百幾十萬元作為收入的考慮，是將臺灣作為日本營利的土地，來謀取利益。」〔註75〕。

水野遵則剛愎自用頑固地堅持「斷禁就死人」的說法，言辭強烈地反駁說：「如果廢止鴉片，就會死人，吸食一定的鴉片，能保全人的生命。」「如果實施嚴禁，就是不關照臺灣總督府。」〔註76〕

江藤甚至提出：「如果嚴禁就會死人，那就讓他們死了算了，不然就讓他們返回支那中國，像這樣的人早死也沒有什麼不好，若因此而返回支那，我看倒是件好事情。」〔註77〕

水野遵說：「諸君說的雖然好聽，但用什麼樣的方法來嚴禁呢？我們當事者是最苦的，就是不想要痛苦了，才提出這樣的預算案來，因此鴉片的事情就不要再講了。」這樣水野遵輕鬆就讓對方無話可說。

由於有比鴉片更重要的議題需要審議，鴉片問題就此被帶過。這樣能夠左右阻止臺灣鴉片政策的最後一道防線也被突破。

〔註73〕（日）山田豪一：《臺灣阿片專売一年目の成績》，第155頁。
〔註74〕（日）《第9回帝國議會‧眾議院議事錄‧明治28.12.28～明治29.3.28》，JACAR：A07050004300。
〔註75〕（日）《第9回帝國議會‧眾議院議事錄‧明治28.12.28～明治29.3.28》，JACAR：A07050004300。
〔註76〕（日）《第9回帝國議會‧眾議院議事錄‧明治28.12.28～明治29.3.28》，JACAR：A07050004300。
〔註77〕（日）《第9回帝國議會‧眾議院議事錄‧明治28.12.28～明治29.3.28》，JACAR：A07050004300。

　　值得注意的是，1896 年被帝國議會審議通過的臺灣歲入為 6,682,236,603 元、歲出 10,825,701,005 元。歲入預算中，鴉片專賣收入高達 3,557,827,000 元。但由於鴉片專賣制度延遲實施，使鴉片收入基本落空。結果該年度的實際歲入僅有 2,711,822,663 元，而當年實際歲出是 10,696,868,678 元。〔註 78〕這樣日本中央政府當年補助臺灣金額高達 694 多萬元。〔註 79〕

　　臺灣的補貼費用，加重了日本中央政府的財政負擔。特別是 1896 年前後，由於擴張陸海空軍、設立鋼鐵廠等，使日本歲出膨脹顯著。該年度日本中央財政結算出現了 9,260 多萬元的缺額。日本政府為了減輕財政壓力，緊急出臺了「臺灣總督府特別會計法案」〔註 80〕。法案除了規定臺灣財政獨立之外，還授予臺灣總督財政權，以促成臺灣財政的獨立。也正是這個法案，使臺灣的歲出入預算，可以不再受日本帝國議會的審議，鴉片相關提案的最後一道防線就這樣崩裂了。

　　儘管這樣，由於初期各地反抗不斷。總督府的統治遇到了重重困難，內部官界所謂「疑獄事件」頻繁發生，引發的「高野孟矩法院長非職事件」，又導致了「日本帝國憲法是否適用於臺灣」的爭議。〔註 81〕這些致使當時的乃木總

〔註 78〕　（日）《臺灣總督府統計書第 1 回明治 30 年》，JACAR：A06031501500。

〔註 79〕　（日）大藏省：《明治大正財政史》第 19 卷，財政經濟學會，昭和 15 年，第 917 頁。

〔註 80〕　（日）《御署名原本‧明治三十年‧法律第二號‧臺灣總督府特別會計法》，JACAR：A03020269300。

〔註 81〕　日本佔領臺灣之初的總督府官吏非常腐敗，瀆職事件即官界的「大疑獄事件」頻繁發生。大的疑獄事件就有第一次疑獄事件、第二次疑獄事件、第三次疑獄事件和鳳山縣疑獄事件等。當時臺灣的法院實施高等法院、覆審法院和地方法院三審級制度，高野孟矩時任高等法院的院長。他毫不留情地把臺灣官界裏的貪官一一揭發出來，使包括敕任官在內的十幾名高官被逮捕，致使民政局長水野遵被免職。高野被召入京，松方首相勸其辭職。高野拒絕了勸告而被處分「非職」。高野以日本憲法第五十八條第二項規定司法官的升遷進退都有明文保障為由，認為「非職」處分為不當之舉，把「非職」辭令書退回，並回到臺灣向乃木提交了歸任書。乃木卻以「足下乃是非職處分者，毋需再服勤務」為由，將歸任書駁回。高野仍然到法院上班，因此總督府派警察把高野逐出法院，支持高野的臺北地方法院院長山田藤三郎，新竹地方法院院長戶口茂里等，受牽連也被迫辭職，這就是震驚朝野的所謂「高野孟矩事件」。由此事件所顯露出來的法官身份保障問題，導致了有關「在臺灣是否適用日本帝國憲法」的論爭。高野孟矩後轉任學術界，並致力倡導三權分立與司法獨立的法界研究。參見：《疑獄事件の頻發並びに高野法院長非職事件》，《臺灣總督府警察沿革志》（第一編），第 190～203 頁；黃昭堂：《臺灣總督府》，自由時代出版社，1889 年，第 81～82 頁。

督心裏產生了抱怨，覺得日本佔領臺灣，「就像一位叫化子討到一匹馬，既不會騎，又會被馬踢」〔註82〕，實在是塊燙手的山芋，於是他產生了將臺灣出賣的想法。1897年春，乃木利用回國之機，向當時的日本首相松方正義及軍政界要人，建議將臺灣賣給英國，這樣既可甩掉這個包袱，又可獲得鉅資。但當時英國佔領的殖民地很多，對購買臺灣不感興趣，而法國人卻有此意向，雙方經過討價還價，初步確定臺灣的售價為1,500萬法郎。

1898年，伊藤博文重新成為日本首相，乃木重提臺灣出賣之事，陸軍大臣兒玉源太郎堅決反對，認為臺灣係日本南部的屏障，軍事價值甚大，如果將臺灣賣給他國，不利於日本的遠期發展。至於乃木提到的臺灣治理問題，他認為主要是由於管理官員的無能造成的，自己願意前往臺灣。兒玉還表示願與伊藤博文立下了軍令狀，發誓要治理好臺灣。這樣伊藤博文就任命兒玉為第四任臺灣總督，乃木希典被迫於2月辭職。〔註83〕

1898年2月26日，兒玉源太郎繼任臺灣總督。他以穩定社會治安，開拓臺灣財源為第一優先政策。他啟用後藤新平任民政局長，主要原因就與後藤提出的鴉片專賣制度有著密切的關聯。〔註84〕

臺灣的鴉片政策自實施以來，並沒有達到總督府理想的目的。總督府自1897年4月1日起，在各地逐步推行鴉片令，並網羅吸食者，但僅有95,449人登記。這與鴉片事項調查書估計的十七萬人差距甚大，也沒有達到製藥所長加藤尚志的十五萬人的估計數量。1897年9月時，加藤的估算為：「本制度迄今實施的區域之人口達五十萬左右，相當全臺灣人口的五分之一，其中吸食鴉片人口約三萬人……若以此比例推算……不出最初預計之十五萬之吸食者。」「若今後吸食者確定為十五萬，則一年三百六十萬元的收益並非難事。」〔註85〕

雖然加藤的預算收益遠高於後藤的預計，但並沒有真正落實。1897年臺灣的鴉片煙膏實際收入，僅有1,539,776.034元，鴉片的專賣收入，也僅有1,640,213.276元。〔註86〕故兒玉與後藤在1898年度預算時，提出「臺灣財政

〔註82〕　《乃木希典》，http://zh.wikipedia.org/wiki/。

〔註83〕　《殖民失敗欲甩包袱日本曾陰謀將臺灣賣給英法》，http://news.xinhuanet.com/world/2005-09/09/content_3467271_1.htm。

〔註84〕　（日）鶴見祐輔：《後藤新平》第二卷，第15～17頁。

〔註85〕　（日）加藤尚志：《臺灣二於ケル阿片》，第13～14、33頁，轉引片劉明修著，李明峻譯，《臺灣統治與鴉片問題》，第95頁。

〔註86〕　（日）《臺灣総督府統計書第4回明治33年》，JACAR：A06031501800。

二十年計劃」，推出欲使臺灣財政在 1909 年以後完全獨立自給的計劃。〔註87〕
這個計劃的法源即是「臺灣總督府特別會計法案」。

後藤新平到任後，馬上改善特許手續費的徵收事項，並先後五次延長吸食
者登記的期限，最終在 1990 年 9 月底網羅到 169,064 人，終於達到鴉片事項
調查書中的十七萬人的數量。但後藤並沒有就此罷手，又先後三次網羅吸食
者。下表為後藤新平繼任後四次網羅吸食者統計表：

回　　數	年　　　代	人　　數
第一回	1897 年 4 月～1900 年 9 月	169,064
第二回	1902 年 1 月～1902 年 2 月	5,187
第三回	1904 年 10 月～1905 年 3 月	30,543
第四回	1908 年 1 月～1908 年 3 月	15,863
合計		220,657

此表轉引自劉明修著，李明峻譯，《臺灣統治與鴉片問題》，第 60 頁。

後藤新平繼任後的四次網羅，促使臺灣鴉片專賣制度全面實施起來，也使
鴉片收入逐年增加，成為總督府財政的重要支柱。下表為鴉片特許吸食人數、
各年製造煙膏的價格、鴉片專賣收入的對比表：

年　　限	特許吸食者人數計	各年煙膏價格計	各年鴉片專賣收入計
1897	54,597	1,539,776.034	1,640,213.276
1898	95,449	3,438,834.167	3,467,334.089
1899	130,962	4,222,224.170	4,249,577.595
1900	169,064	4,234,843.005	4,234,979.565
1901	157,619	2,804,141.340	2,804,894.264
1902	143,492	3,008,386.015	3,008,488.015
1903	132,903	3,619,217.020	3,620,335.900
1904	137,952	3,714,211.405	3,714,012.995
1905	130,476	4,206,524.255	4,205,830.595
1906	121,330	4,395,496.505	4,433,862.705
1907	113,165	4,461,485.595	4,468,514.730
1908	119,991	4,614,871.765	4,611,913.620
1909	109,955	4,671,282.035	4,667,399（元）以下同
1910	98,987	4,844,533.755	4,674,343
1911	92,975	5,501,448.595	5,501,548

〔註87〕 （日）井出季和太：《臺灣統治志》，臺灣日本新報社，昭和 12 年，第 368～
369 頁。

1912	87,371	5,262,605.795	5,262,685
1913	82,128	5,289,495.310	5,289,595
1914	76,995	5,226,437.580	5,226,496
1915	71,715	5,676,874.602	5,870,408
1916	66,847	6,159,450.486	7,132,520
1917	62,317	6,694,998.660	7,970,107
1918	55,772	6,650,764.281	8,105,278
1919	54,365	6,947,322.249	7,641,654
1920	49,013	6,721,647.660	6,719,958
1921	45,832	6,001,680.510	7,533,625
1922	42,923	5,449,345.440	6,440,441

此表根據日本國立公文書館所藏「臺灣總督府統治書」第1～25回之鴉片、財政相關內容整理而成。具體檔號為 A06031501500、A06031501600、A06031501700、A06031501800、A06031501900、A06031502000、A06031502100、A06031502200、A06031502300、A06031502400、A06031502500、A06031502600、A06031502700、A06031502800、A06031502900、A06031503000、A06031503100、A06031503200、A06031503300、A06031500100、A06031500200、A06031500300、A06031500400、A06031500500、A06031500600。從第十三回統計書（A06031502700）開始，鴉片收入以元為單位。

　　根據上表分析來看，自後藤新平繼任臺灣總督府民政長官後，臺灣的鴉片專賣收益每年遞增，鴉片專賣已經成為日本殖民者的重要財政手段之一。特別是進入大正之後，總督府將鴉片煙膏秘密外銷，同時生產粗製嗎啡，使得臺灣鴉片收入更上一層樓。

小結

　　綜上所述，在日據臺灣初期鴉片漸禁政策確立過程中，以水野遵為代表的臺灣總督府所起的作用是不可忽視的。總督府成立後，臺灣鴉片貿易繼續秘密地進行著，水野提出的以稅收為基礎的「鴉片漸禁政策」，雖然沒有被日本政府所採納，但如果沒有以水野遵為代表的臺灣總督府的堅持，後藤新平的「漸禁政策」或許不可能那麼快就被接受。後代研究者之所以忽視了水野遵及當時總督府的作用，筆者推測原因是多方面的。從水野遵之方面來看，可能是因為水野於 1897 年升任日本拓殖務省次官（次長），離開了臺灣民政長官之職，且於 1900 年逝世。而從後藤新平方面考慮，首先，臺灣鴉片採取的漸禁政策，是由後藤提案正式確立的；其次，後藤在鴉片漸禁政策實施過程中，起了非常關鍵的作用；第三，後藤於 1898 年隨兒玉臺灣赴任後，實際上行使著總督的權力，他通過推行各種新政，至 1905 年時，使臺灣實現了經濟獨立，總督府

不再向日本政府申請行政輔助金，且臺灣蔗糖、稅收等收入，還充實了日本的國庫；第四，1906年後藤獲男爵後，於同年11月3日被天皇任命為滿鐵首任總裁，並於任內確立了以大連為中心的滿鐵發展事業；第五、由於後藤在臺灣及滿洲的政績，於1922年被封子爵，1927年晉伯爵；第六、八十年代初美國學者高伊哥的「後藤新平──臺灣現代化的奠基者」發表後，以邱永漢、王育德等為代表的臺灣主體意識研究者，更是推崇後藤新平對臺灣的貢獻。以上種種原因，都是造成後來研究者，在研究臺灣鴉片制度確立過程中，「尊後攘水」的原因。另外，日本帝國議會，本可以成為阻止臺灣鴉片政策確立實施的最後防線，但由於其從經濟上考慮，使得「漸禁政策」沒有受到阻截就順利通過，這也是日本的臺灣鴉片漸禁政策，是從經濟上考量的最好的證據。特別是「總督府特別會計法案」的頒布，更使得臺灣鴉片政策，可以沒有任何礙障隨心所欲地施行，總督府也如同鴉片癮者一樣，陷入貪圖利潤收益的「樂園」，使臺灣成為日本「財政及經濟上最富價值之殖民地」〔註88〕。

────────────

〔註88〕（日）矢內原忠雄：《帝國主義下の臺灣》，1988年復刊，第188頁。

第七章　臺灣人民的武裝抗日鬥爭

　　1895 年 5 月 8 日，清政府與日本交換了「日清媾和條約批准書」。但臺灣島內早在 4 月中旬，就開始了阻止日本割占臺灣的行動。鑒於此，日本政府決定派遣正在滿洲征戰中的近衛師團前往臺灣，協助接收。5 月 10 日，伊藤博文晉升海軍軍令部長樺山資紀為海軍大將，同時，任命他為臺灣總督兼臺灣陸軍軍務司令暨臺灣接收全權代表。6 月 1 日，樺山資紀與李經芳，在臺灣外海的「橫濱丸」上完成了臺灣的交接。

一、1896 年～1902 年臺灣民眾的反抗鬥爭

　　早在日清條約媾和之時，臺灣巡撫唐景崧就想乘著俄、德、法三國干涉還遼成功的機會，也採用同樣的手段使臺灣免於割讓，但清政府怕因此使遼東半島的歸還化為烏有，於是下令讓唐景崧回大陸。但臺灣紳民和南澳總兵、臺灣防務幫辦、黑旗軍首領劉永福等共同謀劃，不墾放走唐景崧，並在 5 月 25 日成立「臺灣民主國」，反對清政府將臺灣割讓給日本，堅決反對日本入臺，並發布宣言，實行抵抗。當時臺灣的防衛軍共有 150 營，約 5 萬人，主要布置在臺灣北部的基隆、臺北、淡水。〔註1〕

　　5 月 29 日，在日本軍隊從臺灣東北部的澳底登陸，擊退數千名防衛軍，佔領了瑞芳，進向基隆。6 月 3 日，日軍炮擊基隆，臺軍死 250 多人，傷者無數，日軍終於佔領了基隆。第二天，唐景崧就離開了臺北，並於 6 月 7 日由淡水返回廈門。基隆陷落後，臺軍退守臺北城，臺北一片混亂。後來被臺人稱為

〔註 1〕黃昭堂：《臺灣總督府》，第 54～55 頁。

「第一號臺奸」的商人辜顯榮，主動去日本軍營迎接日軍進入臺北城。6月17日，樺山在臺北城內舉行了「始政典禮」。

另一方面，劉永福以臺南為根據地，指揮全島軍隊反抗日軍的入臺。臺灣人民熱情支持，各地抗爭不斷，勢不可侮。日本政府面對強大的反抗，派高島中將為臺灣副總督，配合樺山總督策劃鎮壓。日本憲兵兵分三路，第一路由北川宮能久親王率領近衛師團，經彰化、嘉義向臺南進發；中路由乃木希典中將率領第二師團，在枋寮登陸，經鳳山，向臺南進發；第三路由貞愛親王親自率領第四混成旅，在布袋登陸，向臺南進發。10月19日，劉永福迫於形勢，不得已由安平乘座英國輪船回到廈門。次日，三路日軍會師臺南。於是以清政府官員組織的反日鬥爭基本告一段落。當時有 50,000 槍枝和 100,000 發彈藥散在民間，加上當時臺灣人的強烈的反日情緒，致使此後的日本統治仍舊不能安定。臺灣民主國以武裝抵抗日軍接收的鬥爭，以 8 月 9 日新竹尖筆山戰役的失敗為標誌，整個北部地區全部被日軍所佔領。此後，臺灣武裝抗日，開始以團體化、地下化、游擊化的方式出現。密謀抗日的首例，即是臺北大安莊的道士兼醫生吳得福。吳氏在割臺戰爭時加入義軍，後被俘虜。他趁隙脫逃至三角湧，後潛回大安莊，與同鄉黃賜暗中糾合秘密抗日。

以吳得福起事為標誌，臺灣新的自發式的抗日運動蓬勃展開。1895 年 12 月 28 日，宜蘭的林大北、林李成發動新的抗日起事。金包里的簡大獅、錫口的詹振、文山的陳秋菊與陳捷升、石碇的盧振春與許紹文、新竹的胡嘉猷等積極響應，一時聲勢浩大。林大北率領義軍，突然從臺北與宜蘭內山之間的大聚落—頂雙溪出擊，先往北一舉攻下採金重地—瑞芳，然後再從山林攻向蘭陽平原，收復羅東、頭圍、礁溪等地。次年 1 月 1 日，林大北的義軍包圍宜蘭城的日軍長達一個星期。總督府察覺情勢危急，急忙調派大批軍隊登陸蘇澳，援助宜蘭之圍。義軍不敵，林李成逃至臺北，林大北向南逃往花蓮奇萊。

宜蘭之役雖功虧一簣，但所號召北部義軍的行動，卻讓總督府深有「土匪蜂起」之感。1895 年 12 月至 1896 年 12 月，各地義軍反抗不斷，整個臺灣分成八個重要鎮壓地區—北海岸、淡水、臺北城、士林、松山、三峽、桃園、新竹。〔註2〕

在北海岸方面，日方派出 6 名憲兵前往追捕，但是義軍聞訊遁走。1895 年 10 月，義軍們又騷擾三芝一帶，日軍駐淡水分隊派出憲兵與步兵進行掃蕩，

〔註 2〕（日）竹越與三郎：《臺灣統治志》，博文館，1905 年，第 154 頁。

但僅捉拿到 3 名義軍，其餘仍被逃逸。同年 12 月 31 日金包里義軍首領許紹文，以及追隨者約五百人，趁地方舉行迎神廟會之際，攻擊金包里憲兵駐屯所。此屯所憲兵除了 2 名突圍逃至基隆報警，其餘 9 名均被擊斃。許紹文乘勝追擊，隔日進攻基隆。但由於輕敵，在半路遇到日軍伏擊，許部死傷慘重。日軍遂大舉攻入金包里，並屠村、焚屋洩恨。〔註3〕

在淡水方面，1895 年 12 月 31 日北部各路義軍密約，以大屯山舉火為號，夜襲各處日軍據點。日軍死守各處反擊，惟義軍彈藥用罄無從補充，只能放慢攻勢。日軍不意出陣反攻，義軍紛紛棄守戰場遁入山林。蔡白、蔡池見局勢不佳，渡海逃往廈門。簡大獅與其他人逃入大屯山。〔註4〕

在臺北城方面，根據憲兵、警察的回報，來自新店街、深坑街、水返腳、和尚洲義軍，或以三百、五百、一千為群向臺北城靠近，攻擊臺北的西門與小南門。1896 年 1 月 1 日，日軍調派大軍出城掃蕩，在古亭莊、艋舺二地與義軍爆發激戰。陳秋菊部撤退，日軍亦尾隨至深坑內山—旺軌、升高坑追捕，但被熟悉小徑的陳秋菊逃脫。

在士林方面，有所謂「芝山岩國語傳習所事件」。1896 年 1 月 1 日，芝山岩國語傳習所的楫取道明、關口長太郎、桂金太郎、中島長吉、井原順之助及平井數馬等 6 名日本教師欲前往總督府慶祝新年，不料在途中遇襲全數被殺。聞訊趕來的日本步兵 14 名，也在路途中伏，其中有 10 名陣亡。總督府獲悉大怒，調派大軍圍剿士林地區，並且捉拿可疑人士，不經審判即予殺害。〔註5〕

在松山方面，1896 年 3 月，當地義軍領袖詹振，會同從宜蘭逃亡過來的林李成，率部 200 人襲擊錫口憲兵駐屯所。然而義軍因彈藥不足，最後還是撤退逃至山區。

在三峽方面，1896 年 11 月 11 日，三角湧憲兵駐屯所與守備隊聯合出擊，主動攻擊轄區內的犁舌尾、十三店、打鐵坑，並逮捕嫌疑犯 13 人。不料抗日義軍約 300 餘名隨後來攻，日軍立刻調集大嵙崁守備隊來支持。22 日總督府調集軍、憲、警百餘人，三路包夾抗日份子的根據地—暗坑、十六僚。抗日義

〔註3〕臺灣憲兵隊著、王洛林總監譯：《臺灣憲兵隊史》（上），海峽學術出版社，2001年，第 64～70 頁。

〔註4〕李汝和主修：《臺灣省通志稿》（革命志抗日篇），臺灣省文獻委員會，1971 年，第 15 頁。

〔註5〕鈴木明著，謝森展譯：《外國人眼中臺灣真相》，創意力，1991 年，第 105～1106 頁。

軍不敵，紛紛逃往番地躲藏。〔註6〕

在桃園、新竹方面，1896年2月初，日軍得到情報，得知在龍潭坡一帶有抗日義軍出沒。總督府主動出擊，先攻破銅鑼圈義軍的根據地。然後由北往南進掃蕩至鹹菜甕，之後又尾隨義軍的行蹤，往南追至北埔。〔註7〕

當時臺灣的治安極為不穩。總督府首要征討的目標，即是盤踞在臺北盆地東南側的陳秋菊、徐祿。1898年2月，日本憲兵進入大坑莊進行搜索開始，之後軍、警形成合圍進剿之勢，陳秋菊在四面楚歌之時，最終在10月接受臺北縣知事村上義雄的勸說，帶領部眾1,354人投降。〔註8〕

1898年7月28日，後藤新平親自入宜蘭接受林火旺、林少花等七百多名義軍的歸順儀式。之後，兒玉總督還親自巡視臺灣各地，接見地方參事、街莊長及父老，親示總督府當局的主旨。日本人這種軟硬兼施的誘降政策，取得了「輝煌」的成果。次年，斗六柯鐵所部陳權、林親慶、林朝海等，首先於3月「歸順」。繼之，柯鐵、張呂赤等又被誘降成功。接著南投的李鹿、陳猜、莊祿，臺灣中的林顯、王式金，彰化的陳龔番、陳爐，苗栗的張程材、劉進發等義軍也先後投降。

陳秋菊、林火旺、林小花等被總督府招降後，北部最大抗日勢力領袖只剩下簡大獅。他與中部的柯鐵，南部的林少貓合稱為「抗日三猛」。1898年3月，簡大師先發制人，率部攻打金包里璜溪憲兵駐屯所。該所憲兵不敵，向基隆日軍求援，簡大獅恐遭到反包圍，又率部撤離。由於根據地已經曝露，所以日軍、警大舉包圍竹仔湖。簡大獅乃把所部化整為零，獨自突圍到更內陸的內僚山。5月中旬，簡大獅有計劃攻擊金包里、基隆，可惜事泄，日軍已有防備，游擊隊反遭到襲擊。9月，簡大獅苦於孤掌難鳴，亦率部下出降。總督府分配他們修築士林到金山的道路。不料工程進行當中，簡大獅的部下與日警發生衝突，簡氏憤恨日警殘暴，又意圖率眾舉事。簡大獅以臺北非抗日長久之地，暫時南下至桃圓、新竹交界山區繼續頑抗。11月簡大獅又潛回臺北山區躲藏，並招集舊部以圖再舉。〔註9〕

儘管日本人的本意是意在消滅抗日，瓦解義軍，並非真心地接受愛護義

〔註6〕臺灣憲兵隊著、王洛林總監譯：《臺灣憲兵隊史》（上），第84頁。

〔註7〕程大學編譯：《臺灣前期武裝抗日運動有關檔案》，第151頁。

〔註8〕陳慧玲：《反抗、妥協與認同——以日據初期陳秋菊的抗日與歸順為例》，《東南學報》，第27期，2004年12月，第353～367頁。

〔註9〕李汝和主修：《臺灣省通志稿（革命志抗日篇）》，第19頁。

民，但由於經過一次歸順後，日本當局對義軍的性質、實力、實體所在位置已
經了若指掌，警察可以順藤摸瓜。1898 年 12 月，總督府調派步兵 400 名、憲
兵 50 名及若干騎兵與炮兵，向燒炭僚及附近的抗日據點進攻。由於日軍攻勢
猛烈，游擊隊幾未接戰即倉皇撤離。簡大師在這次攻擊中，幸運地潛逃出境回
至福建，不料日方與清廷交涉，引渡簡大獅回臺受審。1899 年簡大獅被總督
府處死，而他的死，為割臺五年以來臺灣北部的抗日運動畫上了句點。〔註 10〕

二、1903 年～1919 年臺灣民眾的反抗鬥爭

　　1902 年，總督府以誘惑、欺騙、強迫等手段，殘酷殺害武裝抗日首領及
同志數千人後，臺灣各地開始平靜起來，但實際上各地反日義士懾於日本人的
威權，反日情緒處於埋藏期，一旦有導火線，反抗運動就像火山一樣爆發。

（一）北埔事件

　　事件爆發之時，正值佐久間總督加緊征討山地，派遣一批批軍隊及警察隊
討伐番人。當局擬召北埔管內之隘勇，援助大溪嵌，隘勇們不願意前往，心存
怨氣。居住在北埔支廳月眉莊的蔡清琳，素仇恨日本人。他到處宣揚已經與祖
國軍隊約定好，祖國大軍將從舊港登陸，先攻佔新竹，漸次擴展到全島，最後
光復臺灣。隘勇們皆信以為真，表示願意參加。蔡清琳採取同樣的方法，勸誘
山地同胞，山地同胞更是表示支持。特別是五指山一帶的泰亞族總頭目趙明
致，顧念自己的職務乃是清政府所奏授，更是率領族人共同參加。

　　1907 年 11 月 14 日夜，蔡清琳招其弟弟何麥榮、何麥賢及同志 100 多人，
攻取了鵝公髻分所，殺死巡查田代；次日攻取一百端分遣所、長坪頭分遣所、
大窩分遣所，殺死巡查香川文四祁、殯海野重助、長友平藏。後抵大平警察派
出所，又殺死了警部補德水榮松，巡查安屬及附近居住的日本人。〔註 11〕15 日
上午，他們揭起「安民」及「復中興總裁」兩面大旗，攻取北埔支廳，殺支
廳長渡邊龜作，警部補高野正、弓削則明、德永榮松三人，郵局局長姬也淳
一郎，及巡查 13 人，巡查補 1 人，郵差 1 人，眷屬 22 人，民間日本人 15
人。〔註 12〕

〔註 10〕陳漢光：《簡大師文獻四則》，《臺北文物》，第 8 卷第 3 期，1959 年 10 月，第
　　　　　33～35 頁。
〔註 11〕井出季和太著、郭輝編譯：《日據下之臺政》卷二，第 409 頁。
〔註 12〕曹永和總纂：《日據前期臺灣北部施政紀實》（警治篇／政治篇），第 35～358
　　　　　頁。

事變消息快速報到新竹廳。廳長里見義正急派警部高比良率臺北守備隊一中隊，警察練習生 120 人至新竹廳，會同松田警察大隊共赴北埔討伐。此時，蔡清琳已率隘勇及山胞恰好在距離新竹城不到十里的水仙嶺，自知不是日本人的對手，急忙向北埔退走。里見廳長急稟總督府戰況，警視總長大島久滿次請示民政長官祝辰巳，祝辰裁示調派第一混成旅團的竹內少佐，率領步兵大隊與警查練習生近千人趕赴圍剿。由於義眾知道中國兵之來是虛假之語，自是軍心大亂，逃入番界，蔡清琳藏匿於趙明政家裏。日本人於是利用漢人與原住民的矛盾，諭示跟著蔡清琳舉事的泰雅族，若提著蔡氏的首級來獻可以寬免其刑。趙明政恐怕蔡連累自己，遂將他殺害。日本軍及警察隊，一路未受到任何抵抗就到達隘勇線附近，搜捕蔡清琳同黨，被殺 81 人，逮捕 100 多人，其他同黨大部分歸順。總督府依府令第 117 號，12 月 13 日在北埔設立臨時法院，命高田富藏為裁判長，土屋達太郎、小野隆太郎二人為陪審員，西內金吾為檢察，開庭審問，以一審結案。何麥賢等 9 人，以重罪之名被判死刑。有證據不足者 97 名，各被課以行政處分，還有 3 名無罪釋放。〔註13〕

（二）林圯埔事件

此事件起源於林啟禎事件。南投廳大坑莊中心嶺人林啟禎以農為業，依其所有竹林，經營製造紙業。林圯埔地方盛產竹子，並無明確的歸屬，莊民只繳納少許稅金，皆得自由採伐，來補助日常生活費用。日本入臺後，依據土地調查結果，將其全部編入官有林地，並且大部給與日本的大財閥——三菱株式會社，僅留下小部分，讓莊中所謂紳士保管，並設置竹林組合，禁止莊民自由採伐。莊民之憤慨已達極點。一日，林啟禎在竹林伐竹時，被三菱日本巡視員所發現，遭到毒打至重傷，莊民們非常氣憤，為林啟禎抱不平。林將日本人欺侮一事向當地的反日人士劉乾敘述，劉認為這是一個好時機。

劉乾居住在南投廳沙連堡羌仔寮莊，以卜筮以業，平素吃齋念佛，對人以慈悲為懷，鄉親們多敬重他。他對日本警察欺壓鄉村小民，素抱憤慨不平之心，常以聚眾宣傳佛法為由，宣傳反日議論，聽者常為其所感動。日警以劉乾平日幫人看相，有妖言惑眾的嫌疑，遂沒收占卜用具勒令其「轉業」。劉乾不得已前往林圯埔田子山（曾為柯鐵據點），結草庵為寺廟成為齋堂居士，並得到鄰近居民捐獻的香油錢糊口。

〔註13〕井出季和太著、郭輝編譯：《日據下之臺政》卷二，第 410 頁。

林啟楨事件後，劉乾借機招集莊民集會，藉神佛指示，宣傳曰：「我前日在國姓爺廟，夢見三聖人對我指點，命我為明朝崇禎帝義子，驅逐日人，救民於水火，故你等須聽我之命令指揮，共成大事，事成之日，得地得管，皆從所欲，如有不聽命令者，餘必處之死刑。」〔註14〕1912年3月23日清晨，劉乾指揮同黨，襲擊了距林圮埔約十里的頂林派出所，殺死日本人巡查飯田助一、川島與川及巡查補陳霖仔。〔註15〕

林圮埔支廳獲得警報後，立刻派遣警察隊，趕到頂林莊中心嶺，進行大規模的搜查，即日逮捕劉乾、蕭啟二人，南投廳警察隊及壯丁團，亦被派入山中，從事搜索。到30日，殺死同黨1人，逮捕12人。4月7日，在南投支廳開設臨時法院，任命複審法院部長萬田富藏為裁判長，臺中地方法院村上武八郎及複審法院判官富島民治為陪審員，於4月10、11兩日開庭，對劉乾以下被告13人草率宣判，死刑8名，無期徒刑1名，有期徒刑3名，無罪1名。〔註16〕

（三）土庫事件

嘉義廳大埤頭莊青年黃朝，平素非常關心祖國的各種事情。辛亥革命成功的消息傳到臺灣，給這個年青人很大的鼓舞，他與忘年交黃老鉗，為祖國革命情懷所感染，相互稱為同志，討論以何種手段獲得同志，認為：祖國革命成功，推翻滿清二百餘年帝業，定中華民國基礎，我亦人也，豈不能驅逐日人，而為臺灣國國王乎？林圮埔劉乾只有十餘人，猶能擊殺警察，而使頂林派出所全滅，我若廣集同志，又何愁革命大業不成。

黃朝策謀革命一事被當地某甲長張龍知曉，向派出所告密。巡查圓崎部治即命臺灣人巡查補陳讀，前往黃老鉗家，命令解散信徒，不許集會。當時黃朝迴避不出，等待巡查走後，出來召集會眾，討論起義事宜。第二天（5月27日），圓崎與巡查陳讀再來黃家，命令黃等數人去派出所。黃趁機襲擊了圓崎。但由於警察快速到場，黃等逮捕，押送至臺南地方法院。8月10日開庭，9月3日宣判，根據《匪徒刑罰令》，對16人宣判如下，黃朝被判死刊，其他無期徒刑2人，有期徒刑12人，行政處分一人。〔註17〕

〔註14〕井出季和太著、郭輝編譯：《日據下之臺政》卷二，第411頁。
〔註15〕井出季和太著、郭輝編譯：《日據下之臺政》卷二，第412頁。
〔註16〕程大學編譯：《臺灣前期武裝抗日運動有關檔案》，第325～401頁。
〔註17〕井出季和太著、郭輝編譯：《日據下之臺政》卷二，第415頁。

（四）苗栗事件

苗栗事件也稱羅福星革命。羅福星別號羅東亞，又名羅國權，曾加入中國國民黨，後旅行南洋、新加坡等地。1912 年 12 月 8 日，羅渡來臺灣，以臺北大稻埕為活動基地，招集革命同志，宣傳革命思想，號召以革命手段推翻日本帝國主義。羅福星與華僑黃光樞、江亮能及臺胞謝德香、傅清鳳、黃員敬等人相互聯絡，以華民會、三點會、同盟會，或革命黨名義，向各方面宣傳，努力召集同志。他們的宣傳範圍除臺北外，擴及到基隆、桃園、新竹等各地。

羅在北部籌劃革命之時，中南部亦相繼前後發生四起抗日事件。他們與羅福星革命合在一起，稱為苗栗事件。此四起事件主要是臺南關帝廟事件（李阿齊）、南投事件（陳阿榮）、新竹大湖事件（張火爐）、臺中東勢角事件（賴來）。

李阿齊又名李阿良，住臺南廳關帝廟地方。其父曾參加武裝抗日團體，曾為一方之首領，後為日軍所殺害。所以，李阿齊與日本人有不共戴天之仇，常思量如何報仇。他居無定所，常入番界，進行宣傳。1913 年夏間，他頻繁往來於關帝廟支廳及大目降支廳各地，從事宣傳，謂在番界已經駐有抗日義民七八百人，且現在北臺灣，抗日軍快要起事了，日軍必疲於奔命，我若振臂一呼，番界之同志即可下山擊殺日本人，報我殺父之仇，救我同胞於壓迫之中。李之宣傳為一般人所相信，承諾參加起義者很多。

陳阿榮住在臺中廳上棟東堡水底僚莊，富有民族意識，對於日本人之統治，素抱不平。適逢祖國國民革命成功，認為臺灣革命時機發展到來。於是在1911 年初冬開始活動，奔走於南投、埔里及東勢角各地，宣傳革命思想，招募會眾，得到隘勇徐香外等八十多人的支持，組織了會黨，並擬俟時機成熟，舉兵向南投進攻。

張火爐住臺中廳棟東下堡何厝莊，因武昌起義，祖國革命成功之影響，對於驅逐日本人起義，越發增強信心。於 1912 年晚春時節，得黃炳貴、紀碯二人為同志，籌備組織革命黨，準備等待時機成熟，即從臺中廳之大甲，及新竹廳之大湖，一同起事。

賴來住苗栗三堡圳僚莊，平素非常關心祖國之事，當辛亥革命成功，中華民國政府成立之時，深受鼓勵，與朋友謝石金密渡上海，目睹革命後的新生景象，大有「有為者亦若是」之概。1912 年潛回臺灣，開始以驅逐異族，光復臺灣為己任。計劃首先襲擊東勢角支廳，奪取敵人槍彈，再擴大招募同志，直迫葫蘆墩，及大湖、苗栗，然後攻取臺中，漸次收復臺灣全省。同年 12 月 1 日，

賴來帶領同志十幾人，突然襲擊了東勢角支廳，殺日本人巡查佐佐木、荻原及巡查補賴鎮漢。但由於受到暗襲，賴來等人戰死。

1912 年 5 月間，日本警察探聞新竹廳後壟支廳，有組織革命黨之風聲，但沒有掌握具體的實情，只好對之進行嚴密監視。其後，日本警察又探悉臺南廳關帝廟支廳管內，亦有革命黨，首領為李阿齊。同年 11 月，新竹廳大湖支廳倉庫內，忽然失去槍支六把，日本警察發動保甲組織開始進行大搜查，大湖區長列名指謫為革命黨之所為。於是在重陽節之日，在大湖天后宮，檢舉被指為革命黨員者共計 8 人，此後擴大檢舉範圍，最後達到整個臺灣島。在秘密檢舉過程中，又有東勢角事件發生，總督府當局深感不安，檢舉非常嚴密。到 1914 年，逮捕嫌疑者 531 人。

羅福星在日本警察未開始搜查以前，就感覺到局勢發展的不利，於 1912 年 12 月 16 日，潛至淡水支廳，藏於農民李稻穗家，等待時機希望從淡水密渡回國，暫避其鋒芒。但日本警察已經利用保甲壯丁，日夜在該地警戒。羅的蹤跡，為興化店派出所警察所查知。淡水支廳長，於 18 日夜半，派出大批警察，包圍李家，羅福星遂為日本警察所逮捕。

全臺大檢舉告一段落後，臺灣總督府於 1914 年 2 月 14 日，開設臨時法院於苗栗。任命安井勝次為裁判長，富田元治、大里武八郎，二人為陪審員，小野得一郎、松非榮堯，二人為檢察官，對以上事件主要參與者進行審判。臨時法院自 16 日開庭，審判範圍為以苗栗之羅福星為首，關帝廟之李阿齊、東勢角之賴來、大湖之張火爐、南投之陳阿榮等，及各派黨員共計 921 人。3 月 3 日，臨時法院閉庭。判決死刑者 20 名，有期徒刑者 285 名，行政處分 4 名，無罪者 34 名，不起訴者 578 名。〔註18〕

（五）六甲事件

此事件的領導者為羅臭頭。臭頭由民族意識，生成仇日心理，雖抱有驅逐日本人，光復臺灣之志，但自覺力薄，隱居於烏山以後，經常下山，物色同志，與大丘圓莊陳條榮相約為同志。

羅等在山中，決定於 1914 年農曆 7 月，揭竿起義，首先攻取六甲支廳。諸同志於所約日期以前，在 5 月 5 日，從店仔口支廳大埔派出所內，偷出村田手槍二把。當時正值羅福星革命結束不久，日本當局得此情報，大為緊張，開

〔註18〕井出季和太著、郭輝編譯：《日據下之臺政》卷二，第 420 頁。

始進行大規模的搜查工作。羅等認為必須先發制人，於是在 5 月 7 日夜，企圖攻取六甲支廳，順路襲擊了大坑圓、王爺宮二派出所。適逢兩所警察皆不在，沒有取得收穫。六甲支廳早已接到報告，急派警部補野田又雄，率巡查一隊，趕至羅必經之林地。羅率隊至此，雙方交戰，野田中槍即死，但羅部漸次不支，退入山中，羅臭頭與同志羅陳、羅其才不願被捕，自殺而死，日警逮捕義軍 100 人。

1914 年 11 月 13 日，在臺南地方法院開庭審判，以《匪徒刑罰令》，判死刑 8 人，無期徒刑 4 人，有期徒刑 10 人，無罪 1 人，行政處分 15 人，不受起訴處分 68 人。〔註19〕

（六）西來庵事件（噍吧哖事件）

西來庵事件是日本據臺時期最後一次武裝反抗事件。主要領導人為（閩）福建人余清芳。余清芳，又名余清風，字滄浪。初期臺灣民主國戰爭時，他參加地方團練，曾投身於武裝抗日事業。民主國挫敗後，余隱藏抗日感情，多次充任巡查補，勤務於臺南、鳳山、阿公店等地。他性格豪爽，廣交朋友，逐漸顯露出反日的言行，常出入臺南廳下各處齋堂，來擴大反日範圍，並加入鹽水港十八宿會。他的反日言行被日本人所發覺，強行送至臺東加路蘭浮浪者收容所。出所後選擇保險員為其工作，以便接觸更多的民眾，宣傳反日。

余清芳以西來庵廟作為籌劃革命的基地。西來庵為清代所建廟宇，供奉道教玉皇大帝神祇，香火鼎盛。余清芳常藉寺廟修繕募款來捐募革命資金。他對信徒傳播，日本原本只有佔領臺灣二十年的運，現在已將要期滿，屆時中國大陸會調派軍隊相助，我們應該裏應外合，迅速將日本人擊退。〔註20〕他還宣傳日本暴政，喚起群眾的民族意識，而且利用扶乩請神諭等方法，讓信徒們相信臺灣革命一定成功。

儘管余清芳等人的活動極為隱蔽，但日本人還是有所查覺，警察密探報蕃薯僚、甲仙埔、噍吧年等各支廳，及臺中員林地區，皆有起事之跡象，但卻不能查出實情。於是日本警察在上述各地及附近地區加強了警戒。5 月 23 日，警察在基隆企圖渡廈的乘客中發現了臺南廳阿公讓人蘇東海，他是被列入日本警察手中的「要視察人」，於是將其扣押於基隆支廳。警察此時還不知蘇東

〔註19〕井出季和太著、郭輝編譯：《日據下之臺政》卷二，第 421～422 頁。
〔註20〕蘇乃加：《日據時期臺灣武裝抗日事件之研究—以西來庵事件（1915～1916）為探討主題》，私立中國文化大學日本研究所碩士論文，2002 年 6 月，第 20 頁。

海是余清芳陣營的人，只是覺得他行為不軌。蘇東海在囚禁中，委託同日被囚禁的一名日本妓女，請她帶信函給賴淵國。賴為革命黨同志，早就被警察編入「要視察人」名冊中。不料此女竟把信件交付警察，信中告以形勢危急，以後如被檢舉，應如何答覆等。此信使警察獲得了余清芳等人反日行動的線索，總督府立刻調派大批軍警南下緝捕，同時進行全臺灣的大檢舉。〔註21〕

　　余清芳得到消息後，自知不能再居住在西來庵，於是退入深山，潛往噍吧哖山區。日本警察沒有捕捉到余清芳等義士，於是在臺灣各地發布畫像，高價懸賞。此時，臺南廳警務課接到密報，說有類似羅俊者，向大目降方面行進。臺南廳向嘉義廳警務課通報，要求協力，兩廳警察共同出動，6月29日，在嘉義東保竹頭崎莊尖山森林中，發現羅俊（余清芳部下）一部，並將羅俊逮捕。此後抗日義軍主要隱藏於嘉義、臺南、阿候這三廳交界的掘子山之中，總督府動用警察270餘人，圍山一周餘，依然沒有收穫。7月6日，義軍們在臺南廳噍吧年支廳牛港山仔山交火，雙方各有死傷。7月9日，義軍們襲擊了甲仙埔支廳。9月2日，又襲擊了噍吧年支廳下的南莊派出所，十二名日警全部被殺。

　　總督府認為事態嚴重，派出臺南步兵第2聯隊約一千人，同時大目降還有三百名警察也來支持。日軍警定下誘殺義軍詭計，打出安撫招牌，聲言降者免死。但等莊民大多數歸莊（後厝、內莊、左鎮、茶僚）後，以分別善惡為詞，命莊中老小集中在野地，命其掘壕，待壕成，即以機槍掃射，進行慘無人道的大屠殺。〔註22〕根據當地人盛傳，死難者達3,200餘人。〔註23〕這場屠殺是1895年乙未戰爭以來規模最大者，因此有不同的數據留傳，最多者有謂屠殺30,000餘人。不過根據考證，三千餘人是一個較可信的數字。〔註24〕9月22日余清芳餘部也遭日本軍警逮捕。

　　臺灣總督府於當年的5月，開始檢舉抗日義士，同時以府令第58號，在臺南開設了臨時法院。以《匪徒刑罰令》，來處置抗日義軍。8月25日，開庭公判，至10月30日終結。被告共計1,957名，被判處死刑者866人，十五年

〔註21〕喜安幸夫著：《日本統治臺灣秘史—霧社事件至抗日全貌》，武陵出版有限公司，1995年，第94～95頁。

〔註22〕陳春木：《噍吧哖事件「左鎮」區遭難採訪記》，《南瀛文獻》，第24卷，1979年6月，第95～113頁。

〔註23〕莊德：《余清芳革命四十年祭》，《臺灣風物》，第5卷第10期，1955年10月，第14～20頁。

〔註24〕王曉波：《臺灣史與近代中國民族運動》，帕米爾書局，1986年，第91頁。

有期徒刑 18 人，十二年有期徒刑 63 人，九年有期徒刑 372 人，行政處分者 217 名，不起訴者 303 名。〔註25〕

此事件被判死刑者人數近千人，這在大正時期的日本國內也掀起軒然大波。下議院議員大島久滿次，對臺灣總督府的上屬單位—內務省進行了質詢，當時民政長官內田嘉吉被迫引咎辭職。〔註26〕不過 800 多人被處死，對日本國內造成的震撼實在太大，因此，內閣藉口大正天皇登基不久，為沐「皇恩」遂把判死刑者全部減刑為無期徒刑，不過已有 95 人已被執行。〔註27〕

西來庵事件以後，除了霧社事件，臺灣人的武裝抗日行動，大致上宣告結束，取而代之的是 1920 年代的政治、社會運動。

小結

綜上所述，在日本佔領臺灣後的半世紀中，臺灣人民從來沒有停止過抗爭。從歷史學的角度來記載，前二十年屬於武裝抗日階段。「臺灣民主國」的成立及反抗，是以駐臺清軍為主的抗拒日軍接收的「乙未戰爭」；而「臺灣民主國」成立之後的前期游擊性抗日運動，幾乎每年在各地都有發生；後期武裝抗日活動自 1907 年的北埔事件開始，1913 年，羅福星領導的「苗栗事件」，到 1915 年余清芳領導的「西來庵事件」（又稱「噍吧哖之戰」），但最終都以失敗告終，數十萬臺灣同胞為此付出了鮮血和生命。站在中華民族的立場上來看，臺灣的「乙未戰爭」是中華民族抗日的原點；臺灣人民的抗日活動，是中華民族反抗外來侵略鬥爭的重要組成部分。

〔註25〕井出季和太著、郭輝編譯：《日據下之臺政》卷二，第 564 頁。
〔註26〕程大學：《日本國會有關噍吧哖事件之質詢紀錄》，《南瀛文獻》，第 24 卷合刊，1979 年 6 月，第 92 頁。
〔註27〕程大學：《噍吧哖事件八百人的死刑》，第 93～94 頁。

第八章　初期「降筆會」的禁煙抗爭

　　日據臺灣時期的鴉片專賣制度是日本殖民榨取臺灣最顯著的特徵之一。
日本對其本國，早就發布禁煙令，並訂有刑典，禁止日本人吸食鴉片；與各國
之間亦訂有禁止政府以外之鴉片輸入的條例。但其殖民地臺灣，在巨大的經濟
利益驅動下，卻以「仁慈恩典」為名，於 1896 年確立了鴉片「漸禁專賣制」，
開始在臺灣公開出售鴉片毒品。至 1900 年時，在民政長官後藤新平的努力下，
終於網羅到基本達到計劃人數內的鴉片癮者。而此時期正值各地武裝反抗鬥
爭基本被殘酷鎮壓為寒蟬噤聲，而臺灣人民心中隱藏的仇恨，不敢也不能公開
表達，便以中國傳統的宗教「降筆會」的形式，設堂扶鸞，一方面祈求神靈垂
降示方救世，一方面藉以代天宣化安定人心。由於鸞堂對戒除鴉片吸食頗具效
果，各地鸞堂所主導的戒除鴉片運動就應運產生，初期降筆會的禁煙活動，以
臺中縣為中心，迅速擴展到南臺灣，並因應需求出現蓬勃發展之象。而此時期
正當鴉片事業走上正軌，經濟價值顯現之時。使「總督府非常震驚，在臺南縣
開始壓制，運動雖最終被迫潰散，但此運動卻成為總督府專賣局官吏的夢魘。」
〔註1〕飛鸞降筆會的戒煙反對運動，給總督府的鴉片政策很大的衝擊，雖最終
被迫終止，但運動是臺灣早期抗日運動的一部分，目前大陸沒有專文進行探
討，本文僅就降筆會的禁煙抗爭進行梳理。

一、飛鸞降筆會的性質及傳入

　　降筆會的禁煙活動開始於 1901 年前後，該會以中國傳統信仰為宗旨，依

〔註1〕（日）《臺灣阿片專売制の展開過程》，《社會科學研究》第 44 卷第一號，早稻
　　　田大學アジア太平洋センタ，1898 年 9 月 30 日，第 1 頁。

靠宗教力量來醫治疾病。武裝反抗日本殖民統治者的鬥爭的失敗，使臺灣人的反抗情緒積悶在心中。降筆會一方面信仰中國的傳統神明，使人們的精神有所歸宿，另一方面，藉以戒除長期吸食鴉片的癖好，又可以反擊日本殖民統治。於是活動以臺中縣為中心，迅速席捲臺灣南部，參加者眾多，並持續出現大量戒除鴉片癮者，使飛鸞降筆會形成了漫及全島的禁煙運動。

1. 臺灣人的禁煙史

臺灣吸食鴉片之風已經很久，依據《臺海使槎錄》記載，康熙末年時，臺灣已有專門設有鴉片煙館，土人群聚吸之，索值數倍於常煙。1858 年臺灣開港後，至 1894 年割臺之前，每年都以鴉片為最大宗之進口貨品，幾乎占臺灣進口總金額之一半。自 1865 年至 1874 年這十年間，臺灣進口之鴉片，平均每年是 193,000 斤。其後至 1884 年，20 年間平均達 470,000 斤。而 1881 年，竟達 588,000 斤。〔註 2〕故自清代雍正朝以來，戒煙就成為臺灣社會的一種風尚，社會流傳著一些禁煙布告，還有一些傳世的戒煙詩或歌謠。除此以外，為了減少鴉片吸食量，用鴉片煙灰與其他物質混合，「改煙丸」、「戒煙丸」等各種戒煙藥也十分流行。

在 1848 年時，臺灣出現過所謂的「禁煙公約」，主張戒除鴉片煙，其內容中如：「外洋煙土，殘害中國生靈，稍有人心者，無不切齒痛恨，我朝深仁厚澤，中外同享太平之福。我今百姓，窮者窮，死者死，夷人發財得意，是販煙吃煙，皆助夷以害人且自害，以從夷興反叛何異？公議：自本年 11 月 1 日，立限兩月，大眾洗心改悔，咸與維新，限滿以後，先請文武官長，查察衙署內外人等，之及紳商士民。聞夷人吸食，夷酋首即殺之，並夷鬼之不如，而中其利己害人之計，至死不悟，為國家大患，人人得而誅之，此約。」〔註 3〕

此外，當時還有流行於全臺的紳民公約：「惟共嚴鴉片之禁，我百姓有吸煙者，與為娼同，有賣膏者，與盜同，有販土者，與謀反同，大家齊心告戒，勒限禁止，萬人一心，奸民絕而夷鬼遁，我朝百姓，子子孫孫，萬年太平之福也。此約。」〔註 4〕

由以上內容分析可見，戒除鴉片煙癮，一直是臺灣人民努力的方向。而降筆會在臺灣開始戒煙活動的時間，根據臺灣學者王世慶的研究，有「康熙四十

〔註 2〕黃叔敬，《臺海使槎錄》，第 43 頁。
〔註 3〕郭譽孚著，《自慚的主體的臺灣史》，汗漫書屋籌備處，1998 年 12 月，第 24 頁。
〔註 4〕郭譽孚著，《自慚的主體的臺灣史》，第 24 頁。

（1701）年代說」、「咸豐三（1853）年說」、「同治六、七（1867、1868）年說」、「同治九年（1870）說」、「光緒十九（1893）年說」。〔註5〕而根據《臺灣總督府事務成績提要》（第七篇）的記載，降筆會在臺灣的出現，是在 1888 年或 1889 年。「光緒十四五年時，澎湖島住民許太老，將此法傳授給宜蘭廳下頭圍街的楊士勞。當時降筆會的目的，是祈禱求得神明的指示，求得投藥之處方。」〔註6〕「成績提要」還記載，降筆會是由澎湖最先開始的，其最早是以宗教信仰方式來醫治疾病。鴉片煙癮，也屬疾病的一種，故用來進行戒煙。

根據郭譽孚在《自惕的主體的臺灣史》中的記載，在清朝時代，降筆會用於戒除鴉片煙癮，已經取得過很大的成效；「飛鸞會之戒煙風氣頗盛，在光緒26、7 年當時，勢如燎原之火。光緒 27 年，南北信徒，大見增加……全省戒煙情形如下：臺南、鳳山、東港、阿緱、蕃薯僚、大目降、麻豆、鹽水港及嘉義等九所，……依光緒 27 年 9 月底調查，戒絕煙癮者 37,072 人中，由飛鸞降筆會戒絕者達 34370 人。」〔註7〕所以，臺灣的鸞堂，在歷史上就與戒除鴉片煙癮有直接的關係。這也體現在鸞書賦中，出現不少以戒煙毒為其題材內容，如宜蘭喚醒堂之《渡世慈帆‧戒洋煙賦》，即是藉孚佑帝君登鸞降筆，以反覆強調鴉片為害之大之深之廣，以告誡世人遠離其毒害為主題。苗邑二湖莊重華堂的《達化新編‧戒洋煙賦》，是藉南宮孚佑帝君登鸞降筆，闡述鴉片之害，呼籲世人及早醒悟。〔註8〕

2. 降筆會的性質

臺灣各地降筆會的戒煙，主要是借助於「鸞堂」。鸞堂亦稱鑾堂、乩堂、鸞生堂、善堂、感化堂、仙壇、勸善堂等，又稱為「儒宗神教」，其信仰的主神稱為「恩主」，因此有學者以「恩主公崇拜叢」名之。日據時期的警察調查報告中，將其命名為「降筆會」。就宗教的屬性而言，「鸞堂」是一種介於「制度化宗教」與「普化的宗教」之間的宗教信仰。

鸞堂是由柳乩來傳達神意的地方，即「鸞堂者，聖神鸞駕所臨之堂，民人

〔註5〕王世慶，《日據初期臺灣之降筆會與戒煙運動》，《臺灣文獻》第三十七卷第四期，臺灣省文獻委員會，第 113 頁。此文由臺灣文獻館編纂徐國章先生幫助收集，在此表示感謝！

〔註6〕（日）《臺灣總督府事務成績提要》（第七篇），成文出版社，1985 年，第 77 頁。

〔註7〕井出和季太著，郭輝編譯，《日據下之臺政》第一冊，第 351 頁。

〔註8〕《全臺賦影像集》之《渡世慈航》，第 631、634 頁。

禮拜之所也。」〔註9〕日本人調查認為「鸞堂者宣講聖佛之教場,拜佛誦經,題詩作文,其意者原與帝國各宗教,大略相同也。勸人行忠孝行廉節得仁義行禮智。」〔註10〕「忠孝廉節仁義禮智」〔註11〕為行道之原則,可見鸞堂本身為宗教道場。

「扶鸞」是鸞堂的成員所進行的宗教活動,透過神靈附身於正鸞手,藉以推動桃筆於沙盤上寫字,為一種神人溝通的方式,也被認為是以有知識的人者來扮乩童,籍以傳達神的旨意。「普通神社佛閣前放上盛滿沙土之盆,兩名鸞生左右握著用桃木筆,一邊念神祈禱,筆在砂上自動寫了吉凶禍福之文字。」〔註12〕而「堂中施行之事,以降筆造書勸誡洋煙為主,其書中所引證者皆是善惡京九報之事,使民人若知警醒,不也為非。」〔註13〕

鸞堂一般是由讀書人共同出資設立,其中設有請善書、講善堂及休息處等設施,另外,還設有神堂,其內設神壇,奉祀關聖帝君等神明,為鸞堂中至為神聖之處。〔註14〕

降筆會祀奉的神,大概有十九位之多,第一位是關帝,第二位是觀音佛。根據日本人調查記載為:「關對帝君、孚祐帝君、司令帝君、文昌帝君、觀音佛母、五穀先帝、城隍老爺、天上聖母、福德正神、李仙翁、藍仙翁、孫仙翁、陳仙翁、張仙翁、周將軍、王天君、趙天君、張桓候、諸葛亮」〔註15〕等。

關帝即為關羽,是最受庶民百姓敬愛之義俠、除厄之神,另外,他還擅長心計重義氣,是商業、求財、信義的守護神;文昌帝是掌管士人功名祿位之神;五穀先帝是保佑五穀豐登之神;城隍老爺是城市守護神;天上聖母,是娘娘廟的神體,是女姓的守護神;福德正神是財神;張仙翁是求生男子的神仙;張桓候是「三國演義」中的燕人張飛。從降筆會所信奉的諸神來看,幾乎全部都是中國傳統上的諸神明。

〔註9〕 (日)《降筆金鸞堂主李緝庵開答記》,《降筆會相關書類級(原臺北縣)》(冊號:9141;門號:3;門別:警察;類別:高等警察)。

〔註10〕 (日)《鸞堂調查記》,《降筆會相關書類級(原臺北縣)》(冊號:9141;門號:3;門別:警察;類別:高等警察)。

〔註11〕 (日)《鸞堂調查記》。

〔註12〕 (日)《覆命書》,《降筆會相關書類級(原臺北縣)》(冊號:9141;門號:3;門別:警察;類別:高等警察)。

〔註13〕 (日)《降筆金鸞堂主李緝庵開答記》。

〔註14〕 陳進盛,《日據時期臺灣鴉片漸禁政策之研究(1895~1930)》,國立臺灣大學政治學研究所碩士論文,1988年,第98頁。

〔註15〕 (日)《覆命書》。

　　降筆會的儀式分為兩個階段。第一個階段為「降筆」，是向信奉的神體，來求指示——「筶示」，即由正副鸞生扶持柳筆，在神體前所設的細沙或香灰上寫出字跡，並由人逐字讀出，再將讀出內容記錄下來，合成一首詩或一篇文章。這些詩或文章，以神明的力量，來勸解信者禁止吸食鴉片。

　　降筆會儀式的第二階段為宣誓廢煙。祈求廢煙者持吸食器具，在神壇前參列，遂次向「筶示」叩頭禮拜，並把所持吸食器具投擲於地，如果器具壞損，則證明戒煙的意志堅強。之後堂主即拿出神壇的香灰，再加上神水，放入請求者所持的竹筒或陶器中。求得神水的祈願者，回家後犯煙癮時，將此水飲進，即馬上見效。對於一些重症癮者，降筆會還讓其臨時住於鸞堂附近的臨時小屋八日，其食宿費用都由降筆會提供，待其決意戒除鴉片後，再行返回家中。

　　降筆會的禁煙活動，是利用人們對神明的信仰，以自身的力量和控制力，達到少吸或不吸食鴉片，正如臺中的一位堂主李緝庵所言：「創設鸞堂者又何也？臺人信神垂二百年，相沿日久遂成風俗，始則因信而生敬，繼而因敬而生畏，凜凜乎在上、在旁，若有絲毫苟且，即不逃洞鑒之意。故百姓之畏王法常不及其畏神明，於是有以神道設教之說，謂中人以下責以道義，而不知愧恥，動以禍福，而始覺警心，此鸞堂所由法也。」〔註16〕

3. 降筆會的傳入及性質

　　臺灣飛鸞降筆會的戒煙運動，發起地為新竹地區。但用於治療鴉片煙癮較準確的記載，是1897年6月。是年「臺灣阿片令」正式公布，鴉片煙膏開始正式販賣，臺灣新竹東部樹杞林街的保甲長彭樹滋，赴廣東省惠州府陸豐縣省親，在一個叫五雲洞的地方認識道士彭廷華，遂接受其祈禱，長年的煙癮，很快成功戒除。

　　彭樹滋自廣東陸豐歸返回樹杞林後，開始向人們傳播此法戒煙事情之神奇，並將此事實告之當時任辦務署參事的彭殿華。此時恰好是1898年總督府開始實施鴉片漸禁政策，臺灣人吸食鴉片之風再起。彭樹滋及周圍聽聞戒煙之效果的人們，希望借助此法戒除鴉片並能請到彭廷華來臺。

　　彭殿華先請當時在宜蘭設堂祝福降筆的吳炳珠，到樹杞林舉行祈禱降筆戒煙。此次降筆戒煙，使彭殿華及九芎林莊長等數十人，成功戒除成癮之鴉片嗜好。於是彭殿華1898年又出資數百元，從廣東邀請彭錫亮、彭錦芳、彭藹珍、彭錫慶、彭錫瓊等五位鸞生渡臺，於次年2月在彭殿華的宅第設立鸞堂。

〔註16〕　（日）《降筆金鸞堂主李緝庵開答記》。

由彭錫亮等舉行扶鸞祈禱降筆戒煙，在九芎林、高槻頭兩個廟，以祀神求託降筆，對鴉片癮者進行祈禱治療。很快就有二百多人去除了鴉片之癮。根據鄭森松主編的《竹東鎮志·歷史篇·歷代名人列傳》記載：「光緒25年，彭殿華在自宅設鸞堂，以及受其主導的九芎林復善堂，帶動了全臺的戒煙運動，使吸食鴉片者免於家庭破碎，也促成各地建立『鸞堂』的風潮。」〔註17〕

彭錫亮將降筆戒煙方法傳授給九芎林之邱潤河、彭阿健，大肚莊之劉家冀、彭阿石等四人後，返回廣東。另外，彭殿華、林學源、魏盛唐等人又在文林閣內設立復善堂，主要是以著作、宣講及社會公益為主，從此鸞堂之祈禱戒煙到處盛行。此後運動由新竹開始轉向臺中，並向臺南方向發展，雖然降筆會所信奉的主神關聖公在臺南被警察所禁止，文昌帝、觀音佛等其他的神體，開始較多的出現在儀式中。

彭殿華熱心公益，對於扶鸞戒煙也出錢出力。樹杞林地區的鸞堂，舉行降筆戒煙最隆盛，最有勢力者為九芎林復善堂。主倡者除彭殿華外，尚有九芎林秀才學源，這些人大都是上流社會有信用者。復善堂之鸞生為邱潤河、彭阿健二人，在地方被稱為學者，在清代曾任教師。其次為大肚莊及燥坑飛鳳山之鸞堂。大肚莊鸞生劉家冀、彭阿石二人，當時均被日本政府任命為地方稅調查委員，劉家冀被稱為學者，彭阿石被尊稱為醫生。燥坑莊鸞堂之鸞生為楊福來、溫德貴二人，均為書房教師。〔註18〕

另外，彭殿華還編纂《現報新新》，以警示吸食鴉片煙者。這本書也成為客家人的第一部鸞書。書中言：「人心已變，習俗相因。洋膏為重，煙火是親。憂愁藉以解鬱，困憊反謂養神。鶴骨雞皮，吃久猶如故物。職虧業廢，生全無異亡人。為貪歡片刻，遂致誤終身。氣憊神昏，入局終難脫苦。現身設法，返樸自可歸真。」〔註19〕

這種自覺的發自草根的戒除鴉片煙癮的行動，從其信仰及崇拜的諸神來看，非常具有中國傳統宗教文化的意識。而根據日本學者山田毫一的研究，這些「箸示」充滿了反日色彩。諸如接近日本人，使用日本貨幣、食物或物品者，

〔註17〕鄭森松主編，《竹東鎮志·歷史篇·歷代名人列傳》，竹東鎮公所，2005年，第159頁。

〔註18〕黃榮洛，《橡棋林頭人》，《新竹文獻》第1期，新竹縣文化局，2000年，第13～19頁。

〔註19〕《魁斗星君·戒煙賦》，彭殿華，《現報新新》，新竹芎林明復堂，1899年，第57～58頁。

將遭到天誅；受雇於日本官廳、人家者也將遭到天誅；日本帶來了鼠疫，死於鼠疫者都是接近日本人的人。〔註20〕

　　從以上的記載來看，降筆會是在清朝開始傳入臺灣，最早可能是在康熙朝。降筆會先是由大陸傳至澎湖，然後再傳入臺灣本島。傳入之初所宣傳的宗旨為勸人向善，並採用降筆採方以治療疾病。利用降筆戒除鴉片煙癮，興起於日據之後，即是 1898 年總督府開始實施鴉片漸禁政策，臺灣人吸食鴉片之風再起之時。故筆者認為，這種運動是在臺灣人民在接受異族統治後，特別是以武力反抗行動均逐漸被鎮壓下以後，心底存在著的反抗意識，與民間通俗信仰相結合，所產生的對抗日本殖民地統治政策另外一種潛在力量。

二、降筆會鸞堂的分布

　　根據臺灣學者王世慶的研究，全臺除東部地區外，幾乎都有鸞堂的存在。這些鸞堂以扶鸞祈禱降筆投藥的方式，來戒除鴉片煙癮，並以卜卦吉凶等方式勸人向善。

1. 澎湖

　　澎湖是最早開設鸞堂之地，早在 1853 年，在媽祖宮初設普勸社，以關聖帝為信仰之神，創沙盤木筆，為全臺降筆之開始。1864 年，普勸社眾蘇清景從福建泉州府馬巷廳，請太醫院慈濟真君許遜金身一尊來澎湖開基。1885 年春，法軍侵略澎湖，此宣講暫時停頓下來。後林介仁等整頓社規，復又宣講。1887 年時，普勸社更名為「一新社」，此後開始大興宣講代天行道，關聖帝並降諭云：將來可以推廣至全臺各地。1891 年時，一新社於社內又設立了樂善堂。此後樂善堂主內，一新社主外，專行宣講與救濟。〔註21〕

　　1898 年臺灣本島鸞堂間傳言，初承關聖帝主降壇，大顯神通，肅清鴉片之毒害，戒除煙癮者甚眾。於是鸞堂扶鸞祈禱戒煙之方法，又由臺灣本島傳回到澎湖。1891 年 5 月 15 日，一新社的諸眾到城隍廟，請求為澎湖民求改鴉片煙毒，澎湖境主靈應侯方，乃降詩諭，曰：「鴉片毒煙害不輕，荒工廢事失經營，有心世道除民患，恩准開壇在此行。」5 月 27 日，又降詩諭，公布戒除鴉片條例六則，希大家遵守，並發放甘露水，以供戒煙者服用，果然以此法戒

〔註20〕（日）《臺灣阿片專賣制の展開過程》，第 18 頁。

〔註21〕王世慶，《日據初期臺灣之降筆會與戒煙運動》，《臺灣文獻》第三十七卷第四期，第 114 頁。

除煙癮者達千人。〔註22〕

澎湖地區開設的鸞堂

鸞堂名稱	成立時間	成立地點
日新社養善堂	1899 年正月	澎湖媽宮石泉
極妙社新善堂	1901 年 7 月 12 日	媽宮西街
向善堂	1901 年 11 月	湖西洪家
養性堂	1901 年	湖西
友善堂	1901 年	湖西龍門
陳善社存養堂	1902 年 6 月	湖西
歸化社從善堂	1902 年 8 月	媽宮西文
濟眾社新民堂	1903 年 6 月	媽宮紅埕
樂英堂	1904 年 3 月	西嶼合界頭

從上表來看，降筆會雖然最早出現在澎湖地區，但其興盛還是在戒煙運動興起之時。

2. 宜蘭地區

宜蘭地區的鸞堂，是在 1887、1888 年間，從澎湖傳入的到宜蘭頭圍街，由進士楊士芳創設喚醒堂，並自任堂主，宣講教化街莊民眾，並以扶鸞降筆的方式，進行施藥以救濟世人。後有宜蘭街碧霞宮，也開始設立鸞堂。1893 年時，宜蘭縣人吳炳珠、莊國香二人，赴廣東陸豐縣，見當地開設鸞堂教化人民，並以此來戒除洋煙，回臺後將傚仿之，開設鸞堂傳法以教化當地人戒除鴉片煙癮。故王世慶研究認為，宜蘭的吳炳珠、莊國香二人所設之鸞堂，為臺灣最早將鸞堂用於祈禱戒除鴉片煙癮之人。〔註23〕此後，鸞堂降筆戒煙在宜蘭盛行一時。

1899 年陰曆二月，新竹地區暴發了流行性惡疫，楊士芳乃派陳志德、吳炳珠等人，到各地宣講善書警世全篇，分贈各地廟堂及有識之民眾。1900 年前後，降筆會開始向南部轉移。〔註24〕

〔註22〕王世慶，《日據初期臺灣之降筆會與戒煙運動》，《臺灣文獻》第三十七卷第四
　　　　期，第 114 頁。
〔註23〕王世慶，《日據初期臺灣之降筆會與戒煙運動》，《臺灣文獻》第三十七卷第四
　　　　期，第 115 頁。
〔註24〕（日）《臺灣慣習記事》，第一卷第十號，明冶三十四年十月，第 87 頁。

3. 臺北縣

臺北縣內鸞堂分布較為廣泛，基隆辦務署管區、滬尾辦務署管區、臺北辦務署管區、桃仔園辦務署管區、大科崁辦務署管區、新竹辦務署管區等地，都設有鸞堂，筆者根據王世慶的研究，將其用表格歸納如下：

管區	地　點	名稱	時　間	基本情況
基隆辦務署管區	基隆辦務署直轄基隆街	正心堂	1899 年	此鸞堂係自臺北景尾街傳入。由基隆人許炳榮、許招春、張斗南等三人，獲知景尾街有鸞堂舉行扶鸞降筆，便在基隆新店街城隍廟內設鸞堂，信眾約有六十多人，主要信徒為前基隆街街長陳文貴之一派，時常在堂內扶鸞降筆，施藥方醫治病人，並為鴉片癮者戒除鴉片。
	瑞芳支署管區	黃春鸞堂		九份莊人黃春所設鸞堂，自任鸞主，其弟黃查某為鸞生，為信徒扶鸞降筆，施方治病、戒煙。黃春在 1901 年赴廈門，購買挽世全篇八冊及如心錄四冊，返臺後分贈給信徒。
	水返腳支署管區	明心堂		此堂的主導者為陳瑞彩等三人。陳瑞彩為擁有四萬餘元之資本家，任該堂正總理。1901 年時，該堂呈盛況，後關閉。
	北港烘內	福善堂		該堂鸞主為蘇慶月，任街莊長，鸞生多為街莊書記，主要信徒有五十多人，其主倡者二、二人為石碇堡之資產家。1901 年時鸞生蘇江波、廖心田二人，申請赴廈門購買《挽世全篇》。
滬尾辦務署管區	滬尾	仙堂（古聖廟）		此堂成立於割臺前，由李超雁、李宗範叔侄二人及李又桂、陳良全等倡導設立，舉行宣講勸善，扶鸞降乩，並曾降戒洋煙。臺灣割讓後的 1899 年，李超雁與信徒又損資二千，建設新的為廟宇，稱為古聖廟，以李宗範為堂主，舉行宣講，治療疾病及戒除鴉片煙癮，信眾甚多，為臺北地區最盛地區之一，1901 年 8 月 18 日被迫關閉，此堂改為書房。
	小基隆新莊	仙壇		舉行宣講勸善，扶鸞降筆，施藥方治療病人。
臺北辦務署管區	艋甲支署管區		1901 年	1901 年 5 月，廈門人李文堂與鹿港人林為益二人到艋籌設扶鸞降筆會，並在廈新街設立鸞堂，上李文堂任鸞主，林為益為鸞生，進行扶鸞降乩，施投藥方為病人治病。

大稻埕支署管區	共計有八座鸞堂		大稻埕中北街鸞堂、大稻埕國興街醒心堂、大稻埕永和街善化堂、北門外街鸞堂、日新街鸞堂、珪瑜粹街鸞堂、大龍洞鸞堂等，經常扶鸞降筆，為信徒祈禱戒煙，卜吉凶禍福，宣講勸善。有信徒三、四百人。
臺北辦署直轄管區			在大安十二甲莊有鸞生三、四人，舉行扶鸞降筆，為信徒治病、戒煙。
士林支署管區	講古堂		在士林街設有「講古」「教善」之講堂，經常舉行講古、教善，但不舉行扶鸞降筆。
新莊支署管區	集福堂		設在興直堡三重埔五穀王廟內，堂主林啟輝為二、三重埔著名之前清秀才，現任區長兼保甲局長，鸞堂之組織有股份 250 份，奉祀關聖帝及文昌帝，舉行宣講勸善，扶鸞祈禱降筆戒煙，與大稻埕之鸞堂信眾聯繫密切，為臺北近郊最盛地區之一。1901 年被迫解散。
枋橋支署管區	吾醒堂	1901 年	由林超英發起，在新埔莊江漢莊設鸞堂，上其任堂主，徐漢深、王笑文為鸞生，每月於三、六、九扶鸞施藥方，卜吉凶。
三角湧支署管區			管內各莊只有舊來之童乩十數人，但與扶鸞降筆會無關，尚無上流社會人士所舉行之扶鸞，故無鸞堂、鸞生。
桃仔園辦務署管區	竹北二堡二亭溪莊		1900 年 11 月，在關帝廟開鸞堂。
	中壢街	勸善堂		在老街及新街都設有勸善堂。
	竹北二堡紅瓦屋莊	勸善堂	1900 年	1900 年 3 月，設立鸞堂，稱為勸善堂，自四月起至八月，盛行扶鸞祈禱降筆戒煙.
		霄里社	1901 年	1901 年 8 月，銅鑼圈鸞生劉阿來，在三元宮宣講勸善，並請戒除鴉片。
大料崁辦務署管區	鹹菜硼支署管區	仙壇	1901 年	竹北二保湖肚莊仙壇，1901 年 2 月由陳阿春創設，自任鸞主，鸞生有陳理祿、范洪亮等，奉祀關聖帝，集合莊民扶鸞祈禱降筆戒煙。
新竹辦務署管區	樹杞林支署管區		1899 年	樹杞林街彭樹滋在自宅設立。
	新竹市街	宣化堂		1899 年樹杞林等創設鸞堂祈禱戒煙後，就有新竹城外水田街鄭坤生等五人，承傳鸞堂祈禱降筆戒煙之方法，並於新竹城外北門口水仙宮內設立鸞堂為病患、鴉片癮者扶鸞祈禱降筆施藥方治病戒煙，及宣講努善修身。一時奏奇效，信徒逐日

			增加。主倡者鄭坤生、陳子貞等均為資產家、名望家。鸞生為北門外水田莊人共福。至 1901 年 8 月初，因鸞遭火災關閉，但仍然設臨時講堂宣講勸善。
北埔 支署管區	樂善堂		福興莊由曾乾秀發起創設之鸞堂，設於關帝廟內，稱為樂善堂。信徒大多為鴉片癮者，為戒煙而來，認真祈禱戒煙，惟戒除效果不佳。為日本警察監視強迫於 1901 年解散。
頭份 支署管區	感化堂	1900	1900 年 12 月 17 日上頭份第一區街長陳維藻，教員饒鑒麟等九人為發起人，在竹南一堡牛莊羅阿鼎宅創立，奉祀關聖帝。聘後壠街醫生江志波為鸞主。初宣講勸善，自 1901 年 3、4 月開始，勸誘鴉片癮者參加扶鸞祈禱降筆戒煙。當時恰遇鴉片煙膏漲價，紛紛以為奇，有很多鴉片癮者參加祈禱戒煙。至是年 7 月臺中縣檢舉逮捕鸞主、鸞生等，恐懼罹難，乃漸趨衰退。
南莊 支署管區	育善堂	1901 年	竹南一堡屯營莊設立的鸞堂，由張阿麟與有志者創設，奉祀關聖帝等神明，扶鸞降筆施藥方治病戒煙，勸善良懲惡，一時興盛，參加信徒甚眾，每日有百餘人。主持者張阿麟為資產家，擁有四千元以上。
中港 支署管區	積善堂		又稱宣化堂，係 1900 年 9 月，竹南一保中港舊街許清文創設，自任鸞主奉祀關聖帝、九天同命真君子等神明。初只宣講勸善，信徒漸增多，乃為鴉片癮者扶鸞降筆，時恰遇鴉片煙膏漲價，很多癮者參加祈禱戒煙。後在日本警察的干涉下，於 1901 年關閉。

4. 臺中縣

　　臺中縣的鸞堂主要分布在苗栗辦務署管區及臺中地區。苗栗地區之鸞堂，係 1900 年 8 月，由樹杞林人彭殿華傳授給苗栗一堡沙坪莊富豪黃紫雲。黃氏乃在沙坪莊之觀音佛堂設鸞堂，奉祀關聖帝、觀音佛祖等神明，自任堂主。並且自同年十月起，捐資為戒煙參拜祈禱者提供飲食，吸引很多的鴉片癮者，因神靈最為顯著，一時從中港、頭份、新竹等地區前往進香祈禱者絡繹不絕，每日進香者多達數百人，能完全戒煙者亦不少。

　　除沙坪莊鸞堂外，是年在苗栗一堡開設之鸞堂尚有田寮莊、苗栗街、九湖莊、國湖莊等。田寮莊鸞堂之堂主為羅慶松、苗栗街鸞堂之堂主為梁上範，九湖莊鸞堂之堂主為吳義昌，四湖莊鸞堂之堂主為劉湘、金鑾堂之堂主為李緝

庵。每堂之主要信徒約有十二人，從事扶鸞祈禱降筆，勸誡洋煙，撰書警世。苗栗附近歸信之門徒有三千多人。至 1901 年 4 月止，到沙坪莊鸞堂祈禱戒煙飲神水戒煙者有六百多人。

臺中方面鸞堂之祈禱戒煙，係於 1900 年冬，由新竹、苗栗南進傳入，鐵砧山之劍泉寺、牛罵頭三座屋開山廟，也都重新安奉關帝神位舉行扶鸞祈禱戒煙。此外石崗莊，束東下堡麻滋事埔莊，貓霧峰慶，武東堡內灣莊等，均攤設有鸞堂。在臺中地區擁有依靠數萬人，群眾手執紅旗，鳴鑼擊鼓，男女老幼接踵成列，向關帝進香，鴉片癮者祈禱戒煙，情勢極為隆盛。

5. 臺南縣

鸞堂扶鸞祈禱降筆戒煙之風氣漸次南進，到 1901 年夏秋時節，臺南縣管內各地方設有多處鸞堂。管區內的嘉義、鹽水港、麻豆、臺南、大目降、蕃薯僚、風山、東港、阿猴等地區都受降筆戒煙運動波及，尤其以嘉義、鹽水港、麻豆三地區最盛，戒煙者甚多，鴉片之販賣人深受其影響，幾乎減至一半。〔註 25〕

從以上內容來看，臺灣東部地區幾乎遍布了降筆會的活動。

三、降筆會對鴉片政策的衝擊

總督府鴉片專賣制度確立後，1897 年 4 月 1 日從臺北市開始發放吸食許可證，接著 5 月在新竹、臺南，6 月在臺中、苗栗、彰化等開始實行。當年總督府的總歲入預算為 811 萬元，其中鴉片收入的預算，就高達 423 萬元，占總預算的一半以上，但當年鴉片的收入，卻只有 164 萬元，故總督府的財政收入出現了很大的赤字。當時總督府官制鴉片的價格，比市面上的鴉片低近一半左右，為了增加財政收入，總督府只好在許可費上做文章。當時制定的特許費用為，一等煙膏特許費為每年 36 元，二等煙膏特許費為每年 18 元，三等煙膏特許費為每年 20 元 40 錢。此費用一年分四次上交（三等每半年）。特許費用之所以定這樣高，是當時的民政長官後藤新平「認為吸食者全部是中毒者，即使特許費用高，也不能不吸。以這樣的金額來計算的話，一年可以百萬元的特許費收入囊中。」〔註 26〕但令總督府沒有想到的是，在警察的勸誘下，第一次交完後，就不再願意交付。

〔註 25〕（日）《臺灣慣習記事》，第一卷第十號，第 46～47 頁。
〔註 26〕（日）《臺灣阿片專売制の展開過程》，第 4 頁。

　　總督府為確保財政收入的穩定，1898 年將總督府製藥所生產的鴉片，由原先每罐 450 克，減少為每罐約 376 克。雖然每罐約減少 74 克，但價格維持不變，即一等煙膏每罐 12 元、二等煙膏每罐 9 元、三等煙膏每罐 7 元。這是一種變相提高煙膏價格的形式。總督府以這種形式，使臺灣的財政在 1898 年的 7,493,654.674 元，增加到 10,158,651.963 元。這其中，鴉片的收入，由 1898 年的 3,467,334.089 元，增加到 4,249,577.595 元。〔註 27〕

　　從以上數據分析來看，鴉片收入在當年所佔的比重達四成多。儘管這樣，總督府還不滿足，在 1901 年，又將各等鴉片煙膏的價格大幅提高。其中一等及二等煙膏，各漲了 3 元，三等煙膏也漲了 2 元。而此年恰好是總督府第一次網羅鴉片癮者結束時期，當時網羅的癮者達 169,064 人之多。而鴉片煙膏的飛漲，明顯地表明總督府將鴉片煙膏克數減少，又大幅度提高價格，利用行政控制鴉片煙膏的定價權，以達到其經濟上之榨取目的。

　　在總督府的財政目標下，臺灣製藥所生產的鴉片煙膏價格飛漲。下表為總督府的煙膏定價表：

定價時間	每罐定價（元）		
	一等（福）	二等（祿）	三等（壽）
1897 年 3 月 12 日	12	9	7
1898 年 3 月 12 日	12*	9*	7*
1901 年 4 月 12 日	15	12	9
1901 年 7 月 20 日	14	11	7
1910 年 5 月 12 日	21	—	13
1916 年 6 月 1 日	24	—	16
1917 年 4 月 1 日	28	—	20
1918 年 8 月 16 日	35	—	27
1919 年 12 月 1 日	40	—	30

《臺灣阿片志》第 293 頁。*及以下為每罐 376 克。

　　從上表分析來看，總督府的煙膏的價格，從 1897 年至 1919 年二十多年間，總體是呈現上漲的趨向，唯一的一次降價，就是在 1901 年 7 月 20 日。而影響總督府，使總督府將鴉片煙膏調低的直接原因，就是 1901 年扶鸞降筆戒煙運動快速興起。

〔註 27〕　（日）《臺灣總督府統計書第 4 回明治 33 年》，JACAR：A06031501800。

扶鸞降筆會的戒煙運動，在總督府鴉片政策開始實施時，就在臺灣南部開始興起。總督府也在密切地關注其動靜：「從前宗教家有戒鴉片之毒害，力以教化者，如今之狀況如何及島民是否相信？」〔註28〕

總督府雖然早知降筆會的存在，但沒有進行行政干涉。筆者認為，首先是當時在民間的武裝抗日還沒有被完全鎮壓，降筆會只是小規模的民間活動，其明確的宗旨以求戒除鴉片煙癮，其規模也限於個別地區，故不會對其鴉片政策造成影響；另外，也許是認為鴉片吸食者，已經成為癮者，難以停止其吸食行為；第三，可能也沒有想到，降筆會的戒煙運動，能產生那麼大的影響，並很快就席捲臺灣廣大的地域。從上面鴉片定價表中也看出，如果總督府顧及降筆會的戒煙活動，也不會在其活動興盛的 1901 年 4 月 12 日，將等級別的鴉片煙膏大幅度漲價。

1898 年降筆會戒煙成功以後，在各地迅速展開。由中國大陸渡臺的道士，將此方法又傳授九芎莊的邱潤阿、彭阿健，大肚莊的劉家異、彭阿石四人。這四人又將此法傳授到新竹、苗栗、瑞芳等地。根據《臺灣總督府事務成績提要》的記載，此運動在 1901 年時達到高潮：「明治三十四年（1901 年）以來信眾顯著增加，在四、五月份之時，鸞堂的數量亦大幅增加，各地都有增設。」〔註29〕

根據《臺灣慣習記事》對「臺南降筆會」的記載，可以看出其影響力之大。「現在全縣以下任何地方，並無降筆會之勢力所不能影響之外……」「降筆會先以一度占示：應予禁忌吸食鴉片以來，使各地吸煙著靡然奉以為信，因而據聞欲廢煙之人頗多，現今在於臺南所聞吸煙者之減少人數……本年 4 月 8 月兩月之鴉片請賣人數……幾乎將鴉片請賣者之數減半。而此減少之傾向，仍在繼續之中……由些可推察一般狀況，蓋以降筆會，其影響之大，可並以推測也。」〔註30〕

1901 年 7～9 月臺南等地降筆會廢煙前後人數對照表

署　別	七月份吸食者	廢煙者	再吸食者
臺南	12,526	937	613
鳳山	11,187	1,660	1,013

〔註28〕 臺灣省文獻委員會，《日據初期之鴉片政策》第二冊，1978 年，第 177 頁。
〔註29〕 （日）《臺灣總督府事務成績提要》，第七篇，明治三四年度，第 78 頁。
〔註30〕 《臺灣慣習記事》第一卷下，第十號，臺灣省文獻會，1984 年，第 175～176 頁。

東港	4,852	79	4
阿猴	4,050	114	65
蕃薯僚	1,365	58	9
大目降	3,814	390	305
麻豆	4,213	1,379	913
鹽水港	7,998	3,842	1,170
嘉義	14,910	6,295	1,220
合計	64,929	14,754	5,311

《臺灣慣習記事》第一卷第六期，明治三十四年六月二十二日。

1901 年降筆會對嘉義地區鴉片銷售情況的影響

月　別	一　月	二　月	三　月	四　月	五　月	六　月	七　月
二等煙膏	1,116 箱	1,152 箱	900 箱	756 箱	576 箱	468	180
一等煙膏	360 箱	144 箱	433 箱	144 箱	180 箱	144	36

此表根據嘉義縣於明治四十四年向總督府提交的《阿片及食鹽批發狀況報告》中之內容整理而成，資料來源為《機密文書綴（降筆會之部：臺南縣）》（冊號：9502；門號：3；門別：警察；類別：高等警察）。

　　從上兩表來看，在不到三個月的時間裏，臺南等地，由於降筆會的努力，戒煙者竟然高達一萬多人，占吸食總人數的近四分之一，雖然最後還有五千多人再吸食，但也說明降筆會在臺灣鴉片史上的歷史作用。另外，從嘉義地區鴉片批發銷售表分析也可以看出，由於降筆會的影響，其鴉片的批發基本逐月減少，特別是在七月降筆會活動高潮之時，其批發銷售量減至一月份的一成強，不能不說降筆會在戒除鴉片煙癮上所起的作用非常之大。

　　另外，根據日本人自己的統計，降筆會戒煙的成果也非常顯著。

區　別	廢煙者	再吸食者	未再吸食者
因為煙膏價格上漲	1,477	567	910
扶鸞降筆會的原因	34,370	14,419	19,951
其他原因	1,225	271	954
計	37,072	15,257	21,815

　　在總督府的統計中，因降筆會而戒煙者竟高達 34,370 人，而其中完全戒除，再沒有重新吸食者，也達到 19,951 人。但其統計的數字遠遠大於《臺灣

《慣習記事》統計的數字，更說明當時降筆會的戒煙運動的顯著成果。

是什麼原因造成 1901 年前後降筆會戒煙運動達到高潮？首先是鴉片煙膏的價格飛漲。前述 1898 年時，總督府製藥所將其生產的鴉片，各等級別的煙膏，分別減少了 74 克，但價格維持不變，即一等煙膏每罐 12 元、二等煙膏每罐 9 元、三等煙膏每罐 7 元。在 1901 年，又將各等鴉片煙膏的價格大幅提高，其中一等及二等煙膏，竟然各漲了 3 元，三等煙膏也漲了 2 元。而此年恰好是總督府第一次網羅鴉片癮者結束時期。當時網羅的癮者達 169,064 人之多。

由於短期內流失大量吸食者，鴉片煙膏的銷售量直線下降。

1901 年前後臺灣鴉片銷售情況表

年　代	鴉片專賣收入（元）	鴉片製造量（公斤）	販賣售出量（公斤）	販賣收入（元）
1900	4,234,980	209,839	197,465	4,616,762
1901	2,804,894	131,206	119,325	3,169,973
1902	3,008,488	108,197	128,843	3,291,106
1903	3,620,336	152,463	144,010	3,922,515

此表根據《臺灣省五十一年來統計提要》（1969 年，古亭書屋），第 1002、1039、1040 頁內容整理而成。

從上表分析來看，1901 年鴉片的售出數量，比上一年減少 78,140 公斤，鴉片的收入也減少了 1,446,789 元。另外，從總督府統計書中煙膏的銷售額，也可以看出鴉片銷售量的減少情況。1902 年總收入僅為 2,804,894.264 元，僅相當於 1901 年銷售額的 4,234,979.565 元的 66.2%。〔註31〕

另外，從各地鴉片專賣人的數量的快速萎縮，也說明降筆會的戒煙運動，對總督府鴉片政策的巨大影響。

1901 年 4～8 月臺南等地鴉片售賣人數變化表

署　別	4 月份售賣人	8 月份售賣人	差　數
臺南	128	81	47
鳳山	170	110	60
東港	94	60	34
阿猴	51	41	10

〔註31〕（日）《臺灣總督府統計書第 7 回明治 36 年》，JACAR；A06031502100。

蕃薯僚	26	24	2
大目降	78	50	28
麻豆	61	20	41
鹽水港	56	20	36
嘉義	101	35	66
合計	765	441	324

《臺灣慣習記事》第一卷第六期，明治三十四年六月二十三日。

　　從上表來看，以 1901 年臺南縣地方稅收預算，鴉片販賣業者應繳納之地方稅額為 312,704 元，其販賣者的數量為 924 人，而該年度 8 月，販賣者人數已經減少至 441 人，幾乎減少到一半，特准販賣業者應繳納之銷售金額千分之二為地方稅收亦頗受影響，其收入鴉片販賣的減少所帶來的收入上的減少也是可以想像的。

1898～1902 年度鴉片售賣情況表

年　　度	販賣人售賣吸煙人之鴉片		鴉片專賣收入（元）	與上年度之差（元）
	重量（公斤）	金額（元）		
1898 年	166,316	3,720,732	3,467,334	
1899 年	204,504	4,662,604	4,249,578	+782,244
1900 年	197,465	4,616,762	4,234,980	-14,598
1901 年	119,325	3,169,973	3,804,894	-1,430,086
1902 年	128,843	3,291,106	3,008,488	+205,594

此表轉引自王世慶，《日據初期臺灣之降筆會與戒煙運動》，《臺灣文獻》第三十七卷第四期，第 128 頁。

　　從上表來看，從 1901 年降筆會戒煙活動達到高潮之時，全臺之鴉片販賣是比上一年減少 78,140 公斤，販賣金額減少 1,446,829 元，鴉片收入減少 1,430,086 元之多。雖然這其中不排除有其他因素，但降筆會的戒煙活動所帶來的影響是非常巨大的。

　　從以上內容來看，由於各地降筆會的興盛，戒煙人數持續增加。日本人自己也記載認為當時降筆會戒煙活動，達到一定的影響：「到光緒二十七年七月十八日止，在 161,387 人特許吸煙者中，據九月底之調查，戒煙者有 37,072 人，其中男 34,744 人，女 2,328 人；其中自行戒煙者 1,477 人，男 1,392 人，女 85 人；由降筆會戒煙者 34,370 人，女 2,171 人；其他 1,225 人，男 1,153 人，女

72 人。」〔註 32〕根據此份資料來看，降筆會所主導的戒煙者，所佔比例竟達 92.7%，占特許吸者之 21.3%。可見降筆會在當時對總督府鴉片政府的影響之深。從財政意義上分析，1897 年日本實施鴉片專賣制度以後，於次年鴉片專賣實際的收入，就已經超出其預估之收入 300 萬元，而高達 3,467,000 多元，而當年之田賦收入 782,000 多元，多了 3.4 倍。1899 年時，鴉片收入高達 4,234,000 多元，則田賦收入則只有 912,000 多元，鴉片收入竟然比田賦收入多 3,320,000 多元，為田賦收入的 4.6 倍，可見其鴉片專賣收入在臺灣總督府財政上之重要性。〔註 33〕降筆會的禁煙運動在各地的興起，1901 年時，鴉片收入一下就銳減了 1,430,086 元，對臺灣總督府的鴉片政策很大的衝擊，甚至威脅到以鴉片為基本的專賣事業的臺灣財政體制。

四、總督府對降筆會的取締鎮壓

日據時期降筆會的戒煙活動，起始於總督府實施鴉片政策後，至 1899、1900 年前後開始漸成規模。地區上已經分布於新竹、苗栗、臺北、滬尾、基隆、臺中、臺南、澎湖等地。當時正處於日本據臺後的艱難期，雲林斗六、嘉義及南部以山、阿猴等地，反日義軍活動頻繁。日本警察制度也尚處於制定完善，各區的憲兵警力都全力對反日武裝的剿滅，故沒有對降筆會過多地重視。特別是運動開始時，日本警察僅是將降筆會作為一種迷信活動，並沒有投入太多的關注，但隨著降筆會的日益興盛，日本警察開始懷疑降筆會可能為一種秘密結社，特別是其在戒煙過程中，往往出現反日的言論，恐怕其與抗日義軍相互響應，故引起了日本警察的注意。

最先引起警察注意的是臺中縣苗栗辦務署之一堡沙坪莊。此莊的降筆會是由當地富豪黃紫雲所主持的觀音佛堂，後改設鸞堂來從事戒煙活動，其戒煙效果非常明顯，故到該堂進香戒煙者常常每日達數百人，成功戒除鴉片煙癮的人也不在少數，此種情況引起警察的注意。1901 年 4 月 20 日至 5 月 3 日，苗栗辦務署的警察約談苗栗一堡沙坪莊的鸞堂之主黃紫雲及黃力雲、麥瑞先及金鸞堂主李緝庵，就以下問題進行詢問調查：

第一、提出設立鸞堂設立必要之理由書。

〔註 32〕（日）《臺灣治績志》，327～328 頁。
〔註 33〕王世慶，《日據初期臺灣之降筆會與戒煙運動》，《臺灣文獻》第三十七卷第四期，第 127 頁。

第二、鸞堂之起源及其相承。

第三、從來之布教傳道的方法。

第四、主神名稱及信徒扶鸞之法語。

第五、鸞堂之地址，有無維持經費及堂主之職業姓名。

第六、奉誦之經典，其版權所有者及資本金。

第七、現在信徒總數及其教化人民之顯著事蹟。

第八、信徒、鸞堂總監、主宰、管長之姓名及被談人之履歷。〔註34〕

　　金鸞堂李緝庵給予的答覆為：「臺人信神垂二百年，相沿日久遂成風俗，始則因信而生敬，繼而因敬而生畏，故百姓之畏王法，常不及其畏神明，於是有以神道設教之說，此鸞堂之所由設也。堂中施行之事，以降筆勸誡洋煙為主，其書中所引證者皆是善惡報應之事，使民人若知警者不敢為非，有關於風化，若戒煙一事又屬顯然之利益也。至於堂內組織之人，係為行善起見，各皆自備飯食，並不敢取分文，豈邪太師巫惑世圖利者，所可同年而語哉！各鄉村街莊有二、三有志者共設一鸞堂著作詩文，宣講勸善戒惡。近日蒙警官諭令停止，疑為降筆會邪說惑人等因，但未察此鸞堂之由，天下事豈有忠義反日為邪說者乎？則國家設官分職教民撫民之事亦邪事之舉。但未知身犯何罪？律犯何條？誠令人不解也。尚政府欲加以罪，吾等有殺身成仁之美。惟願不道父母官，大發慈心，勿聽讒說，體恤下情，准此宗教盛行，從此風清俗美，官聞民樂，共享升平之世豈不美哉？社稷幸甚！民生幸甚！」〔註35〕

　　李緝庵大義凜然從容淡定地向警察簡述了從歷史上臺人信神，以降筆勸誡洋煙並非邪說。從李緝庵的答覆中還可發現，當時總督府已經下諭停止鸞堂的戒煙活動。推測可能在1901年4月時，就已經開始禁止鸞堂進行戒除鴉片的活動。

　　另外，根據資料顯示，警察根據對一堡沙坪莊的調查，瞭解到此莊的鸞堂，相承於樹杞林彭殿華。因樹杞林是在臺北縣境內，於是臺中縣警部長小林三郎，以高秘第二十九號函附苗栗沙坪莊鸞堂的調查書，照會臺北縣警部長西美波，請將臺北縣鸞堂降筆會從傳入至今之情況、根底、反映之情形及取締狀況等示知參考。

　　臺北縣警察署在接到臺中縣警察部的照會後，知降筆會乃從新竹發起，便

〔註34〕（日）《鸞堂調查記》。

〔註35〕（日）《降筆金鸞堂主李緝庵開答記》。

著手對管內之降筆會進行調查。5 月 21 日（1901 年）警察局高秘第六五二事情之信函，申請新竹辦務署就以下事項進行調查：

1. 降筆會之由來沿革及現況。
2. 嬌祠之方法。
3. 道士之姓名性行。
4. 信徒之種類人數。
5. 迷信之結果是否對身體生命有危險。
6. 一般民心所反映之現象。
7. 是否有必要取締及其方法意見。〔註36〕

新竹辦務署署長里見義正收到照會後，立即令樹杞林支署長進行調查。該署保安課高等警察警部小山謙會同各支署警員進行了一周的偵察。他們通過調查向上級遞交了《樹杞林支署長報告》，從七個方面進行了報告，認為新竹辦務署管內之降筆會為迷信行為，並非排日之政治性的秘密結社，不過要注意防範有雄心之信徒利用迷信團結之力量。其雖為非政治性秘密結社，但對社會當然沒有任何益處，惟對迷信極為深厚之臺民，如馬上斷然禁止之，則必然謠言四起，祭祀活動也將轉入地下，更加難以查辦，故宜採取徐徐加以誘導，改變其迷信心態，故需要警察繼續加以偵查。〔註37〕

雖然新竹辦署內的調查並沒有大問題，滬尾管署內之降筆會，則有此不同。此署管內之降筆會事件，被稱為「仙壇事件」。

六月十八日村上署長的報告則稱：

1. 管內之仙壇事件，表面上係宣傳勸善懲惡之道，為病人及鴉片癮者扶鸞祈禱，稱為宣託神仙降示藥方，頻傳有其靈驗，但無進一步之功效，故依靠乃半信半疑，目前已經漸次衰退之情況。
2. 然而觀察其會員之中重要人物，則其實情為如製鹽業、樟腦業、鴉片業等最有利益之事業，俱收是為官方之實業。因此日本據臺以後，民間之種營業均遂日見衰退，加之種稅捐逐年增加，人民陷於塗炭之中，人民之利益比清代有雲泥之差，故以與中國義民

〔註36〕（日）《降筆會的由來兼現今狀況》，《機密文書級（降筆會之部臺南縣）》（冊號：9503；門號：3；門別：警察；類別：高等警察）。
〔註37〕（日）《樹杞林支署長報告》，《機密文書級（降筆會之部臺南縣）》（冊號：9503；門號：3；門別：警察；類別：高等警察）。

相謀，在暗中或公然排斥日本人，當為目前之急務。此亦為仙壇之宣託。

3. 事實如此，其外表之行為在政治上雖無不妥，但重要傳所說者，為眾人所相信，則無不麻煩，故正在嚴密偵查何人為其首領力倡其事。〔註38〕

七月三日時，村上署長再向村上知事報告：

1. 有關樟腦業、鴉片業、製鹽業，納稅事件及排斥日本人等之謠言，並非僅限於本辦務署管內，似為從宜蘭、新竹、甚至遠自臺中地方傳入。本管內唱和者，有芝蘭三堡林仔街莊李又桂，興化店莊李宗範、盧犀，灰磘莊陳良全等，漸次在管轄內隨時流傳。

2. 仙壇之組織似為一種秘密結社，信徒間定有內規，頗為秘密，雖是父子也互相守密。其目的心在於欲將臺灣復歸中國，然而此事業並非容易可成功。

3. 此事以居中於中國廈門之隱龍林維源為主魁，而與臺灣全島各地之仙壇密切聯繫。運動費用之支出毫不吝嗇。彼等活動之主要人物多為地方名望家族、資產家、文人等，擲私財，自費往來各地，到福州、廈門旅行者亦頗頻繁。本事件絕不可視為一片之杞憂。〔註39〕

總督府鑒於降筆會的戒除活動，已經出現反日跡象，更因前述降筆會戒煙運動使臺灣各地的鴉片銷售受到很大影響。時任臺灣總督府民政長官，鴉片制度的創始人後藤新平考慮對降筆會採取壓製取締政策。此時，臺灣各地的武裝反抗鬥爭已經接近尾聲，總督府的政策開始轉向經濟，以擺脫財政上長期依賴於日本內地之困境。對於降筆會之戒煙活動帶給財政上的影響，密令各縣廳長：「在目下之狀況，立即採取強制的制止手段非為良策，宜加以懇切勸告。警察上則應防止該會再蔓延擴其他方面，同時對迷信者多勸說其理由，以免陷入虛說誆惑，希切實加以取締。」

從後藤新平的密令內容來看，並不主張採取強制的手段，而是要以懇切勸告之方式。後藤新平之所以希望採取此種方式，在筆者看來可能是出於以

〔註38〕（日）《仙壇一名飛鸞降筆會ノ報告》，《降筆會相關書類級（原臺北縣）》，（冊號：9141；門號：3；門別：警察；類別：高等警察）。

〔註39〕轉引自王世慶，《日據初期臺灣之降筆會與戒煙運動》，《臺灣文獻》第三十七卷第四期，第131頁。

下幾點：

　　首先、自 1895 年據臺以來的武裝反日鬥爭已經日漸消沉，如果對降筆會這種以迷信方式出現的帶有反日情緒的活動，也以強制的手段來進行鎮壓的話，可能會引起臺灣社會民眾仇日情緒再次高潮。

　　其次、各地方降筆會之主倡者，多為前清之秀才、辦務署的參事、街莊長、保甲局長等地方有識者，及有名望及地方地主富豪。

　　在後藤密令發出後，總督府開始對鸞堂進行強力監視，於 7 月 3 日召開的辦務署第二課長會議時下發了「注意監視鸞堂」〔註 40〕的指示，並提出具體的處理意見：「自本年二、三月起，在新竹、滬尾等地方流行鸞堂扶鸞降筆，稱可治癒鴉片癮者，尤其以客家部落最為隆盛。因為迷信誑惑愚民，但鸞主、鸞生有學識名望者不少，是以警察上須特別注意之存在。據說臺中縣內極其隆盛，且漸次南進，信徒激增，而且往往有鼓吹排日主義者。據滬尾辦務署長之報告，亦認為其內部多少有排日之傾向，本縣管轄內雖尚未見須憂慮之現象，但徵之臺灣歷史，奸雄之徒利用迷信者騷擾者不乏其例，不趁嫩芽割除終須用斧，希先按下記方法嚴密加以注意：利用瞭解事理之地方有力者，列舉事實教訓里民；將鸞主、鸞生列為第二種須要監視之人，果斷偵察其行動；對鸞堂之說教及神筆，應暗中不斷採取極秘密的方法偵探；對民心之反映應加以最高度的注意；關於降筆會之狀況及鸞生、鸞主之行動，暫時應每週報告一次。」〔註 41〕

　　同時按照上極的指示，頭份支署長、南莊支署長、新埔支署長、北埔支署長、中港支署長及樹杞林支署長都進行了報告。總督府根據各署長之報告，在 8 月 2 日又向以辦務署發布了「降筆會相關注意之件」，以臺中縣戒煙出現死亡者為由要求對鸞堂禁為進行「嚴重警戒」。〔註 42〕辦務署遵照指示，召集各管內街莊長、保甲局長、保正、甲長及地方重要人物等開會，要求各地方盡快強制解散關閉鸞堂。

　　各地積極執行辦務署的命令，向管轄內民眾發布告示，嚴禁民眾參加降筆會，臺南縣發布告示內容如下：

〔註 40〕（日）《鸞堂ニ対する注意》,《機密文書綴（降筆會之部臺南縣）》（冊號：9503；門號：3；門別：警察；類別：高等警察）。
〔註 41〕（日）《鸞堂ニ対する注意》。
〔註 42〕（日）《鸞堂ニ対する注意ノ件》,《降筆會ニ關シ臺北隊臺中臺南ノ各縣知事及廳長ニ注意》（冊號：4643；門號：6；門別：衛生；類別：阿片）。

嚴禁設壇降鸞，以安人心，而靖地方事。照得奸民謀為不軌，假神道以惑眾，久垂禁令之中。本知事訪聞，近有所謂降筆會者，假關帝降乩名目，用沙水為人改斷煙癮，及治一切疾病，由北路波及臺南、嘉義一帶，民人先受其煽惑，幾有舉國若狂之勢，今已經蔓延至本城及南路。無知之徒，亦聞風響應信以為真，謂一飲沙水，便能斷癮。相率所請，無非愚昧不明正理，以故易受欺騙。試就支那論之，漢末張角、明代徐鴻儒、清國王倫、李方成、齊王氏等，均假神佛教以惑民，而即以害民，即如去年北京義和拳匪，亦同一派，受其愚者，遭降鏑而死亡，尤指不勝屈，實屬可歎可憫之至。夫神降於莘，論者謂憑依在德，是人慾，求神佑靜修己德，無不護報之理，所謂作善降祥者，此也。若沙水煽惑愚蒙，斷非正神所為，且人慾戒煙，祗需立定心志，甘耐艱苦，加以調養工夫，不信便能斷癮，若立志不定，目前改煙，日後再吸，雖飲神水何益乎？總之光天化日之中，決不容偽託神佛，煽惑愚民。本知事為民父母，臺南之民，皆赤子也，子有過誤，為父母者，尤宜大聲疾呼，以醒其迷，而免其陷於刑辟，為此示仰盡屬民人知悉，爾等須知妖言惑世，律有名條，切不可相互附和，以假為真，前往祈請，尤不可出頭鳩貲，會眾設立乩壇。夫乩壇名為勸善良，其實匪僻之徒，暗伏其中，以便私圖，大則貽禍全島，小亦貽禍一家。亟宜及早警醒，不為所愚，方是盛世良民。若甘受欺騙，不知猛者，一經發現，咎有應得，首事之人，照律懲辦，督府法令森嚴，到時悔已無及。本知事亦不能為爾等解免也，其懍之慎之，警聽毋違，切切特示。〔註43〕

各地高等警察也積極偵查所管片區的降筆會的動向並將降筆會的鸞主、鸞生及主要信徒列為第二種須要監視人，不間斷監視其行動。甚至在彰化辦務署管轄區，以捏造謠言而逮捕了武東堡內灣莊開設鸞堂的黃拱振，並以刑法第四百二十七條第十一項給予處分。在各地辦務署及警察機構的努力下，臺灣的鸞堂基本在1901年底基本被迫關閉。

小結

綜上所述，降筆會即為中國傳統民間宗教的一種，扶鸞儀式是鸞堂的重要儀式，其用來勸人戒除鴉片是教化的一種運用，早在清朝時候就已經存在。但臺灣能在1900年前後形成遍及整個東部的戒除鴉片煙癮的運動，有其深刻的

〔註43〕（日）《告喻第三號》，《機密文書級（降筆會之部臺南縣）》（冊號：9503；門號：3；門別：警察；類別：高等警察）。

政治背景，即是臺灣陷入異族之統治，各地的武裝起義都被日本憲兵及警察強力鎮壓下去，人民反抗心理得不到宣洩。臺灣知識分子精英意識到總督府實施的所謂鴉片「漸禁專賣」，又是只針對臺灣人民的殖民地經濟榨取手段，並深悉鴉片對身體的大害，故自發地出錢出力成立鸞堂，利用臺灣人信仰神明的習慣，用宗教的教化力量，幫助鴉片吸食者戒除煙癮，以革除傳統陋習，以求得自強之目的。但隨著降筆會在各地的發展及戒除者的增多，使鴉片的收入大幅銳減，對本就入不敷出的總督府經濟基礎給予了很大的打擊。加之反對鴉片吸食，即是反對日本殖民統治政策，且排日言論的出現也可能發展成大規模的反日運動，故殖民統治者表面上採取懷柔政策，實際上卻予以取締，強制關閉解散各地的鸞堂，使臺民自發的戒煙運動最終被鎮壓下去。